Das Erste Japanische Lesebuch für Studenten

Miku Ono

Das Erste Japanische Lesebuch für Studenten

Zweisprachig mit Japanisch-deutscher Übersetzung

Stufe A1 und A2

Audiodateien inkl.

LANGUAGE
PRACTICE
PUBLISHING

Das Erste Japanische Lesebuch für Studenten
von Miku Ono

Audiodateien: www.audiolego.com/Japanese/FJRS/

Homepage: www.lppbooks.com

Umschlaggestaltung: Audiolego Design
Umschlagfoto: Audiolego Studio
Audiodateien: Audiolego Studio
1. Ausgabe

Druck: KN Digital Printforce GmbH, Ferdinand-Jühlke-Straße 7, 99095 Erfurt

ISBN: 9788366011618

目次

Inhaltsverzeichnis

So steuern Sie die Geschwindigkeit der Audiodateien

Das Buch ist mit den Audiodateien ausgestattet. Die Adresse der Homepage des Buches, wo Audiodateien zum Anhören und Herunterladen verfügbar sind, ist am Anfang des Buches auf der bibliographischen Beschreibung vor dem Copyright-Hinweis aufgeführt. Mithilfe von QR-Codes kann man im Handumdrehen eine Audiodatei aufrufen, ohne Webadressen manuell eingeben. Öffnen Sie einfach ihre Kamera-App und halten ihr Smartphone über den gedruckten QR-Code. Ihr Smartphone erkennt was sich hinter dem Code verbirgt und bittet Sie dem eingescannten Audiodateilink zu folgen.

Android: Nach der Installation von VLC Media Player, klicken Sie auf die Audiodatei am Anfang eines Kapitels. Wählen Sie "Open with VLC". Wenn Sie Schwierigkeiten beim Öffnen von Audiodateien mit VLC haben, ändern Sie die Standard-App für den Musik-Player. Gehen Sie zu Einstellungen -> Apps, wählen Sie VLC und klicken Sie auf "Open by default" oder "Set default".
Kindle Fire: Nach der Installation von VLC Media Player, klicken Sie auf eine Audiodatei am Anfang eines Kapitels. Wählen Sie "Complete action using -> VLC".
iOS: Nach der Installation von VLC Media Player kopieren Sie den Link zu der Audiodatei am Anfang eines Kapitels und fügen Sie ihn in den Download-Bereich des VLC Media Players ein. Nachdem der Download abgeschlossen ist, gehen Sie zu "Alle Dateien" und starten Sie die Audiodatei.
Windows: Starten Sie VLC Media Player und öffnen Sie eine Audiodatei von der Registerkarte oder einfach durch einen Doppelklick auf die Datei. Gehen Sie nun in die Wiedergabe (Playback) und navigieren Sie die Geschwindigkeit.
MacOS: Starten Sie eine Audiodatei mit VLC Media Player oder Sie können von der Medien-Menü die benötigte Datei öffnen. Nun, navigieren Sie zum Playback und öffnen die Optionen von Geschwindigkeit. Navigieren Sie die Geschwindigkeit.

Aussprache

Hiragana	Katakana	Romaji	Hiragana	Katakana	Romaji
あ	ア	a	せ	セ	se
い	イ	i	そ	ソ	so
う	ウ	u	しゃ	シャ	sha /sya
え	エ	e	しゅ	シュ	shu /syu
お	オ	o	しょ	ショ	sho /syo
や	ャ	ya	た	タ	ta
ゆ	ュ	yu	ち	チ	chi /ti
よ	ョ	yo	つ	ツ	tsu /tu
か	カ	ka	て	テ	te
き	キ	ki	と	ト	to
く	ク	ku	ちゃ	チャ	cha /tya
け	ケ	ke	ちゅ	チュ	chu /tyu
こ	コ	ko	ちょ	チョ	cho /tyo
きゃ	キャ	kya	な	ナ	na
きゅ	キュ	kyu	に	ニ	ni
きょ	キョ	kyo	ぬ	ヌ	nu
さ	サ	sa	ね	ネ	ne
し	シ	shi /si	の	ノ	no
す	ス	su	にゃ	ニャ	nya

Hiragana	Katakana	Romaji
にゅ	ニュ	nyu
にょ	ニョ	nyo
は	ハ	ha
ひ	ヒ	hi
ふ	フ	fu /hu
へ	ヘ	he
ほ	ホ	ho
ひゃ	ヒャ	hya
ひゅ	ヒュ	hyu
ひょ	ヒョ	hyo
ま	マ	ma
み	ミ	mi
む	ム	mu
め	メ	me
も	モ	mo
みゃ	ミャ	mya
みゅ	ミュ	myu
みょ	ミョ	myo
や	ヤ	ya
ゆ	ユ	yu

Hiragana	Katakana	Romaji
よ	ヨ	yo
ら	ラ	ra
り	リ	ri
る	ル	ru
れ	レ	re
ろ	ロ	ro
りゃ	リャ	rya
りゅ	リュ	ryu
りょ	リョ	ryo
わ	ワ	wa
ゐ	ヰ	i /wi /i
ゑ	ヱ	e /we /e
を	ヲ	o /wo /o
ん	ン	n-n'(-m)/n-n'
が	ガ	ga
ぎ	ギ	gi
ぐ	グ	gu
げ	ゲ	ge
ご	ゴ	go
ぎゃ	ギャ	gya

Hiragana	Katakana	Romaji
ぎゅ	ギュ	gyu
ぎょ	ギョ	gyo
ざ	ザ	za
じ	ジ	ji /zi
ず	ズ	zu
ぜ	ゼ	ze
ぞ	ゾ	zo
じゃ	ジャ	ja /zya
じゅ	ジュ	ju /zyu
じょ	ジョ	jo /zyo
だ	ダ	da
ぢ	ヂ	ji /di /zi
づ	ヅ	zu /du /zu
で	デ	de
ど	ド	do
ぢゃ	ヂャ	ja /dya /zya
ぢゅ	ヂュ	ju /dyu /zyu

Hiragana	Katakana	Romaji
ぢょ	ヂョ	jo /dyo /zyo
ば	バ	ba
び	ビ	bi
ぶ	ブ	bu
べ	ベ	be
ぼ	ボ	bo
びゃ	ビャ	bya
びゅ	ビュ	byu
びょ	ビョ	byo
ぱ	パ	pa
ぴ	ピ	pi
ぷ	プ	pu
ぺ	ペ	pe
ぽ	ポ	po
ぴゃ	ピャ	pya
ぴゅ	ピュ	pyu
ぴょ	ピョ	pyo

1

氷(こおり)を砕(くだ)く

Brich das Eis

” ママ(まま)、今日(きょう)ぼくは勇敢(ゆうかん)だったんだ！” と幼(おさな)い男(おとこ)の子(こ)はお母さんに言(い)いました。” 大(おお)きな、生(い)きてる虫(むし)を見(み)てたんだけど逃(に)げ出(だ)さなかったんだ！”

„Mama, ich war heute mutig!“ sagt ein kleiner Junge zu seiner Mutter. „Ich habe mir einen großen, lebenden Käfer angesehen und bin nicht weggelaufen!“

mama, kyō boku wa yūkan datta n da! to osanai otokonoko wa okāsan ni iimashita. ōkina, ikiteru mushi o miteta n da kedo nigedasanakatta n da!

キッチン

Die Küche

A

単語

Vokabeln

1. 〜から、〜の外へ [〜kara, 〜no sotohe] - aus, von
2. 〜と一緒に [〜to isshoni] - mit
3. 〜にある、〜がある [〜ni aru, 〜ga aru] - es gibt, es sind
4. 〜に位置する, 〜にある [〜ni ichisuru, 〜niaru] - sich befinden
5. 〜に入る [〜ni hairu] - eingehen
6. 〜のため、〜にとって [〜notame, 〜nitotte] - für
7. 〜の近く、〜のそば [〜no chika-ku, no soba] - nah, in der Nähe
8. 〜の後ろ、〜のため [〜no ushiro, 〜no tame] - hinter
9. 〜の向かいに [〜no mukaini] - gegenüber
10. 〜の上 [〜no ue] - auf
11. 〜も [〜mo] - auch
12. いいえ;〜は(が)ない [iie, 〜ha(ga) nai] - nein; es gibt kein(e /en)
13. かける、かかる、つるさがる [kakeru, kakaru, tsurusagaru] - hängen
14. かわいい、美しい [kawaii, utsukushii] - schön
15. きれい、きれいにする [kirei, ki-reinisuru] - sauber
16. これ [kore] - das

17. そして [soshite] - und
18. どこ [doko] - wo
19. にわとり 、チキン [niwatori, chikin] - das Hühnchen
20. ぬくもりのある 、心地の良い [nukumorinoaru, kokochinoyoi] - gemütlich
21. ねこ [neko] - die Katze
22. はい [hai] - ja
23. または [mataha] - oder
24. カップボード 、たんす 、本棚 [kappubo-do, tansu] - der Schrank, das Regal
25. ガス [gasu] - das Gas
26. ガラス [garasu] - das Glas
27. キッチン [kicchin] - die Küche
28. グレー [gure-] - grau
29. コーヒーメーカー [ko-hi-me-ka-] - die Kaffeemaschine
30. コップ [koppu] - die Tasse
31. ゴム [gomu] - der Gummi
32. シャンデリア [shanderia] - der Kronleuchter
33. シンク [sinku] - der Ausguss, das Becken
34. スタンド [sutando] - stehen
35. ストーブ [suto-bu] - der Herd
36. スプーン [supu-n] - der Löffel
37. テーブル [te-buru] - der Tisch
38. テーブルクロス [te-burukurosu] - das Tischtuch
39. ティーポット [ti-potto] - der Teekessel
40. トースター [to-suta-] - der Toaster
41. ドア [doa] - die Tür
42. ドライヤー [doraiya-] - der Trockner, der Fön (für die Haare)
43. ナプキン [napukin] - die Serviette
44. ハンドル [handoru] - der Griff
45. フォーク [fo-ku] - die Gabel
46. ブレンダー [burenda-] - der Blender
47. ミキサー [mikisa-] - der Mixer
48. 椅子 [isu] - der Stuhl
49. 飲む [nomu] - trinken
50. 右に [migini] - rechts
51. 汚い [kitanai] - schmutzig
52. 黄色 [kiiro] - gelb
53. 屋根 [yane] - das Dach
54. 何 [nani] - was
55. 家 [ie] - das Haus
56. 家で [iede] - zu IIause
57. 花 [hana] - die Blume
58. 海 [umi] - die See, das Meer
59. 角 [kado] - die Ecke
60. 丸い [marui] - rund
61. 気を付ける 、注意する [ki wo tsukeru, chuuisuru] - sorgfältig
62. 魚 [sakana] - der Fisch
63. 金属 [kinzoku] - metallen, Metall
64. 犬 [inu] - der Hund
65. 古い [furui] - alt
66. 光 [hikari] - das Licht; leicht
67. 広い [hiroi] - geräumig
68. 紅茶 [koucha] - der Tee
69. 左に [hidarini] - links
70. 皿 、プレート [sara, pure-to] - der Teller
71. 私たち [watashitachi] - wir
72. 写真 、絵 [shashin, e] - das Bild

73. 小さい [chiisai] - klein
74. 上に [ueni] - obere
75. 食器 [shokki] - das Geschirr
76. 心地の良い [kokochinoyoi] - bequem
77. 新しい [atarashii] - neu
78. 水 [mizu] - das Wasser
79. 赤 [aka] - rot
80. 洗濯機 、～洗機 、洗っている [sentakuki, ～senki, aratteiru] - das Waschen
81. 船 [fune] - das Schiff
82. 窓 [mado] - das Fenster
83. 走る [hashiru] - laufen
84. 大きい [ookii] - groß
85. 町 [machi] - die Stadt
86. 庭 [niwa] - der Garten
87. 天井 [tenjou] - die Decke
88. 盗む [nusumu] - stehlen
89. 踏みつける [fumitsukeru] - treten, trampeln
90. 道 、道路 [michi, douro] - die Straße
91. 白 [shiro] - weiß
92. 彼 /彼女 /それ [kare /kanojo /sore] - er /sie /es
93. 壁 [kabe] - die Wand
94. 木製の [mokuseino] - Holz
95. 欲しい [hoshii] - wollen
96. 緑 [midori] - grün
97. 冷蔵庫 [reizouko] - der Kühlschrank
98. 廊下 [rouka] - der Flur

B

これは町(まち)です。それは大(おお)きくて美(うつく)しいです。それは海(うみ)の近(ちか)くに位置(いち)しています。	kore ha machi desu. sore ha ookikute utsukushi desu. sore ha umi no chikaku ni ichi shite imasu.	*Das ist eine Stadt. Sie ist groß und schön. Sie liegt in der Nähe der See.*
これは道(みち)です。それは町(まち)の中(なか)にあります。道(みち)は大(おお)きくてきれいです。	kore ha michi desu. sore ha machi no naka ni arimasu. michi ha ookikute kirei desu.	*Das ist eine Straße. Sie liegt in der Stadt. Die Straße ist groß und sauber.*
これは家(いえ)です。家(いえ)は道(みち)に建(た)っています。それはきちんとしていて	kore ha ie desu. ie ha michi ni tatteimasu.	*Das ist ein Haus. Das Haus liegt an der Straße. Es ist*

美(うつく)しいです。壁(かべ)は白(しろ)です。屋根(やね)は赤(あか)です。どあは新(あたら)しいです。それは木製(もくせい)です。	sore ha kichinto shiteite utsukushi desu. kabe ha shiroi desu. yane ha aka desu. doa ha atashi desu. sore ha mokusei desu.	*angenehm und schön. Die Wände sind weiß. Das Dach ist rot. Die Tür ist neu. Sie ist aus Holz.*
これは庭(にわ)です。庭(にわ)は家(いえ)の近(ちか)くに位置(いち)します。それは大(おお)きくて緑(みどり)です。犬(いぬ)が庭(にわ)でにわとりを追(お)いかけています。それは花(はな)を踏(ふ)みつけています。	kore ha niwa desu. niwa ha ie no chikaku ni ichi shimasu. Sore ha ookikute midori desu. inu ga niwa de niwatori wo oikakete imasu. sore ha hana wo fumitsukete imasu.	*Das ist ein Garten. Der Garten liegt an dem Haus. Er ist groß und grün. Ein Hund verfolgt ein Hühnchen im Garten. Er trampelt über die Blumen.*
私(わたし)たちは家(いえ)の中(なか)に入(はい)ります。これは廊下(ろうか)です。廊下(ろうか)は広(ひろ)くそして心地(ここち)が良(よ)いです。	watashitachi ha ie no naka ni hairi masu. kore ha rouka desu. rouka ha hiroku soshite kokochi ga ii desu.	*Wir gehen ins Haus ein. Das ist der Flur. Der Flur ist geräumig und bequem.*
きっちんは右(みぎ)にあります。きっちんは大(おお)きくて明(あか)るいです。壁(かべ)は黄色(きいろ)です。天井(てんじょう)は白(しろ)です。天井(てんじょう)にしゃんでりあがあります。それは大(おお)きくて美(うつく)しいです。	kicchin ha migi ni ari masu. kicchin ha ookikute akarui desu. kabe ha kiiro desu. tenjou ha shiro desu. tenjou ni shanderia ga arimasu. soreha ookikute utsukushii desu.	*Rechts ist die Küche. Die Küche ist groß und hell. Die Wände sind gelb. Die Decke ist weiß. Es gibt einen Kronleuchter unter der Decke. Er ist groß und schön.*

これはてーぶるです。それは大(おお)きくて丸(まる)いです。てーぶるにはてーぶるくろすがあります。	kore ha te-buru desu. sore ha ookikute marui desu. Te-buru niha te-burukurosu ga arimasu.	*Das ist ein Tisch. Er ist groß und rund. Ein Tisch-tuch liegt auf dem Tisch.*
これはみきさーです。それはてーぶるの上(うえ)にあります。それは心地(ここち)よくて小(ちい)さいです。	kore ha mikisa- desu. sore ha te-buru no ue ni arimasu. sore ha kokochiyokute chiisai desu.	*Das ist ein Mixer. Er liegt auf dem Tisch. Er ist be-quem und klein.*
これはぐらすです。それもてーぶるの上(うえ)にあります。それはがらすでできています。そのぐらすはきれいです。	kore ha gurasu desu. sore mo te-buru no ue ni ari masu. sore ha garasu de dekite imasu. Sono gurasu ha kirei desu.	*Das ist ein Glas. Es steht auch auf dem Tisch. Es ist gläsern. Das Glas ist sauber.*
てーぶるの近(ちか)くに椅子(いす)があります。それは木製(もくせい)です。その椅子(いす)は座(すわ)り心地(ごこち)がよいです。	Te-buru no chikaku ni isu ga arimasu. sore ha mokusei desu. Sono isu ha suwarigokochi ga yoi desu.	*Neben dem Tisch steht ein Stuhl. Er ist aus Holz. Der Stuhl ist bequem.*
これは冷蔵庫(れいぞうこ)です。それはぐれーです。その冷蔵庫(れいぞうこ)は新(あたら)しいです。それは角(かく)に位置(いち)します。その冷蔵庫(れいぞうこ)の近(ちか)くにはねこがいます。彼(かれ)は冷蔵庫(れいぞうこ)から魚(さかな)を盗(ぬす)みたいと考(かんが)えています。	kore ha reizouko desu. sore ha gure- desu. Sono reizouko ha atarashi desu. soreha kado ni ichi shimasu. Sono reizouko no chikaku niha neko ga imasu. kare ha reizouko kara sakana wo nusumitai to kangaete imasu.	*Das ist ein Kühl-schrank. Er ist grau. Der Kühl-schrank ist neu. Er steht in der Ecke. Eine Katze sitzt neben dem Kühl-schrank. Sie will aus dem Kühl-schrank einen Fisch stehlen.*

これはとーすたーです。それは冷蔵庫（れいぞうこ）の上（うえ）にあります。そのとーすたーは小（ちい）さくて便利（べんり）です。	kore ha to-suta- desu. sore ha reizouko no ue ni arimasu. Sono to-suta- ha chiisakute benri desu.	*Das ist ein Toaster. Er steht auf dem Kühlschrank. Er ist klein und praktisch.*
これはこーひーめーかーです。それはしんくの近（ちか）くにあります。そのこーひーめーかーは汚（きたな）いです。	kore ha ko-hi-me-ka-desu. Sore ha shinku no chikaku ni arimasu. Sono ko-hi-me-ka- ha kitanai desu.	*Das ist eine Kaffeemaschine. Sie steht neben dem Ausguss. Die Kaffeemaschine ist schmutzig.*
これはぶれんだーです。それも冷蔵庫（れいぞうこ）の上（うえ）にあります。それは白（しろ）いです。そのぶれんだーは古（ふる）いです。	kore ha burenda- desu. sore mo reizouko no ue ni arimasu. sore ha shiroi desu. sonoburenda- ha furui desu.	*Das ist ein Blender. Er steht auch auf dem Kühlschrank. Er ist weiß. Der Blender ist alt.*
冷蔵庫（れいぞうこ）の向（む）かいに窓（まど）があります。それは大（おお）きくてきれいです。	reizouko no mukai ni mado ga arimasu. sore ha ookikute kirei desu.	*Gegenüber des Kühlschranks gibt es ein Fenster. Es ist groß und sauber.*
これはすとーぶです。窓（まど）の近（ちか）くに位置（いち）します。それは新（あたら）しくて便利（べんり）です。	kore ha suto-bu desu. mado no chikaku ni ichi shimasu. sore ha atarashikute benri desu.	*Das ist ein Herd. Er befindet sich neben dem Fenster. Er ist neu und praktisch.*
これはけとるです。それはがすすとーぶの上（うえ）にあります。それは金属（きんぞく）でごむのはんどるが付（つ）いて	kore ha ketoru desu. sore ha gasusuto-bu no ue ni arimasu. sore ha kinzoku de gomu no handoru ga tuiteimasu.	*Das ist ein Teekessel. Es steht auf dem Gasherd. Es ist metallen und hat einen Griff aus*

います。		*Gummi.*
れいぞうこ　ちか　しょく 冷蔵庫の近くには食 あらいき　ひだり 洗器があります。左には、 しょっき 食器のためのどらいやーがあります。	reizouko no chikaku niha shokusenki ga arimasu. hidari niha, shokki notame no doraiya- ga arimasu.	*Neben dem Kühlschrank steht eine Spülmaschine. Links gibt es einen Trockner für das Geschirr.*
これはかっぷぼーどです。しんくの うえ　もくせい 上にあります。それは木製です。	kore ha kappubo-do desu. shinku no ue ni arimasu. sore ha mokusei desu.	*Das ist ein Regal. Er hängt über dem Ausguss. Er ist aus Holz.*
これはなぷきんです。それはきっち なか んのかっぷぼーどの中にありま ちい す。それは小さくてきれいです。	kore ha napukin desu. sore ha kicchinn no kappubo-do no naka ni arimasu. soreha chiisakute kirei desu.	*Das ist eine Serviette. Es liegt in dem Küchenregal. Es ist klein und sauber.*
しゃしん　かべ これは写真です。それは壁に え　なか　うみ かけてあります。絵の中には海 ふね と船があります。	kore ha shashin desu. sore ha kabe ni kakete arimasu. e no naka ni ha umi to fune ga arimasu.	*Das ist ein Bild. Es hängt auf der Wand. Es gibt das Meer und ein Schiff auf dem Bild.*
これはきっちんてーぶるです。それ かく　いち　おお は角に位置します。それは大き もくせい くて木製です。	kore ha kicchin te-buru desu. sore ha kado ni ichi shimasu. sore ha ookikute mokusei desu.	*Das ist der Küchentisch. Er steht in der Ecke. Er ist groß und hölzern.*
これはふぉーくです。それはてーぶるのうえにあります。ふぉーくは	kore ha fo-ku desu. sore ha te-buru no ue ni arimasu. fo-ku ha kinzoku desu. sore ha	*Das ist eine Gabel. Sie liegt auf dem Küchentisch. Die Gabel ist aus Me-*

金属(きんぞく)です。それはきれいです。	kirei desu.	*tall. Sie ist klein.*
これは皿(さら)です。それはきっちんてーぶるの上(うえ)にあります。その皿(さら)は黄色(きいろ)です。それは小(ちい)さくて美(うつく)しいです。	kore ha sara desu. sore ha kicchin no te-buru no ue ni arimasu. Sono sara ha kiiro desu. sore ha chiisakute utsukushii desu.	*Das ist ein Teller. Er steht auf dem Küchentisch. Der Teller ist gelb. Er ist klein und schön.*
これはこっぷです。それもきっちんてーぶるの上(うえ)にあります。そのこっぷは赤(あか)です。ねこはそのこっぷから水(みず)を飲(の)みます。	kore ha koppu desu. sore mo kicchin no te-buru no ue ni arimasu. Sono koppu ha aka desu. neko ha sono koppu kara mizu wo nomi masu.	*Das ist eine Tasse. Sie steht auch auf dem Küchentisch. Die Tasse ist rot. Eine Katze trinkt Wasser aus der Tasse.*
これはてぃーすぷーんです。それはこっぷの中(なか)に位置(いち)します。そのすぷーんは金属(きんぞく)です。それは小(ちい)さいです。	kore ha ti-supu-n desu. sore ha koppu no naka ni ichi shimasu. supu-n ha kinzoku desu. sore ha chiisai desu.	*Das ist ein Teelöffel. Er befindet sich in einer Tasse. Der Löffel ist aus Metall. Er ist klein.*

C

質問と答え	***Fragen und Antworten***
- 町(まち)はどこですか？	*- Wo ist die Stadt?*
- 海(うみ)の近(ちか)くに位置(いち)します。	*- Sie liegt in der Nähe der See.*
- 道(どう)は大(おお)きいですかそれとも小(ちい)さいですか？	*- Ist die Straße groß oder klein?*

どう　おお
- 道 は 大 きいです。

か
-家はどこですか？

か　みち
-家は 道 にあります。

にわ
- 庭 はどこにありますか？

にわ　いえ　ちか　　いち
- 庭 は 家 の 近 くに位置します。

にわ　おお　　　　　　　　　　ちい
- 庭 は 大 きいですかそれとも 小 さいですか？

にわ　おお
- 庭 は 大 きいです。

ろうか　ひろ
- 廊 下 は 広 いですか？

ろうか　ひろ
-はい、 廊 下 は 広 いです。

-きっちんはどこですか？

みぎ
-きっちんは 右 にあります。

-みきさーはどこですか？

うえ
-みきさーはてーぶるの 上 にあります。

うえ
-てーぶるくろすはてーぶるの 上 にありますか？

うえ
-はい、てーぶるくろすはてーぶるの 上 にあります。

うえ　なに
-てーぶるの 上 には 何 がありますか？

うえ
-てーぶるの 上 にはぐらすがあります。

きたな
-それは 汚 いですか？

-いいえ、ぐらすはきれいです。

れいぞうこ
- 冷 蔵 庫 はどこですか？

- Die Straße ist groß.

- Wo ist das Haus?

- Das Haus ist in der Straße.

- Wo ist der Garten?

- Der Garten befindet sich neben dem Haus.

- Ist der Garten groß oder klein?

- Der Garten ist groß.

- Ist der Flur geräumig?

- Ja, der Flur ist geräumig.

- Wo ist die Küche?

- Die Küche ist rechts.

- Wo ist der Mixer?

- Der Mixer liegt auf dem Tisch.

- Gibt es ein Tischtuch auf dem Tisch?

- Ja, es gibt ein Tischtuch auf dem Tisch.

- Was gibt es auf dem Tisch?

- Es gibt ein Glas auf dem Tisch.

- Ist das Glas schmutzig?

- Nein, das Glas ist sauber.

- Wo ist der Kühlschrank?

- Der Kühlschrank steht in der Ecke.

- Wo ist die Katze?

-冷蔵庫(れいぞうこ)は角(かく)にあります。

-ねこはどこですか？

-ねこは冷蔵庫(れいぞうこ)の近(ちか)くにいます。

-こーひーめーかーはどこですか？

-こーひーめーかーはしんくの近(ちか)くにあります。

-こーひーめーかーはきれいですか？

-いいえ、それは汚(きたな)いです。

-きっちんの中(なか)に窓(まど)はありますか？

-はい、窓(まど)は冷蔵庫(れいぞうこ)の向(む)かい側(がわ)にあります。

-窓(まど)は大(おお)きいですか？

-はい、それは大(おお)きいです。

-ふぉーくはどこですか？

-ふぉーくはきっちんてーぶるの上(うえ)にあります。

-皿(さら)もきっちんてーぶるの上(うえ)にありますか？

-はい、皿(さら)はきっちんてーぶるの上(うえ)にあります。

-なぷきんはきっちんの中(なか)にありますか？

-はい、なぷきんはきっちんのかっぷぼーどの中(なか)にあります。

-きれいなこっぷはきっちんにありますか？

-はい、きれいなこっぷはてーぶるの上(うえ)にあります。

- Die Katze sitzt neben dem Kühlschrank.

- Wo ist die Kaffeemaschine?

- Die Kaffeemaschine ist neben dem Ausguss.

- Ist die Kaffeemaschine sauber?

- Nein, sie ist schmutzig.

- Gibt es ein Fenster in der Küche?

- Ja, das Fenster ist gegenüber des Kühlschranks.

- Ist das Fenster groß?

- Ja, es ist groß.

- Wo ist die Gabel?

- Sie liegt auf dem Küchentisch.

- Ist der Teller auch auf dem Küchentisch?

- Ja, es gibt auch einen Teller auf dem Küchentisch.

- Gibt es Servietten in der Küche?

- Ja, es gibt Servietten in dem Küchenregal.

- Gibt eine saubere Tasse in der Küche?

- Ja, es gibt eine saubere Tasse in der Küche.

-こっぷは 赤(あか) いですか？

-はい、それは 赤(あか) いです。

- *Ist die Tasse rot?*

- *Ja, sie ist rot.*

2

Die Audiodatei

氷(こおり)を砕(くだ)く

Brich das Eis

幼(おさな)い二人(ににん)の少年(しょうねん)が話(はな)しています。

”弟(おとうと)の名前(なまえ)どうやって決(き)めた？”と一人(いちにん)の男(おとこ)の子(こ)が聞(き)きます。

”僕(ぼく)はばっとまんって名前(なまえ)が良(よ)かったんだけど、ぱぱとままがとむって名前(なまえ)にしたんだ。”と深(ふか)くため息(いき)をつきながら答(こた)えました。

Zwei kleine Jungen reden.
„Wie hast du deinen jüngeren Bruder genannt?“, fragt einer von ihnen den anderen.
„Ich wollte ihn Batman nennen“, antwortete der Junge und seufzte tief, „aber meine Eltern nannten ihn Tom.“

osanai ni nin no shōnen ga hanashiteimasu. otōto no namae dō yatte kimeta? to ichi nin no otokonoko ga kikimasu. boku wa Battoman tte namae ga yokatta n da kedo, papa to mama ga Tomu tte namae ni shita n da. to fukaku tameiki o tsuki nagara kotaemashita.

ダイニングルームはどこですか？

Wo ist das Speisezimmer?

単語

Vokabeln

1. 3 、三 [san, san] - drei
2. 4 、四 [yon, yon] - vier
3. 6 、六 [roku, roku] - sechs
4. ～でない [～denai] - nicht
5. かびん [kabin] - die Vase
6. ここ [koko] - hier
7. これ [kore] - diese /r
8. これら(複数) [korera (fukusuu)] - diese (Pl.)
9. どれ 、何 [dore, nani] - welche(r /s), was für ein(e)
10. どれくらい 、いくら [dorekurai, ikura] - wieviel
11. カーペット [ka-petto] - der Teppich

12. ダイニングルーム [daininguru-mu] - das Speisezimmer
13. ナイフ [naifu] - das Messer
14. プラスチック [purasuchikku] - der Kunststoff
15. 鏡 [kagami] - der Spiegel
16. 空 [kara] - leer
17. 座る [suwaru] - sitzen
18. 床 [yuka] - der Fußboden, die Etage
19. 色 [iro] - die Farbe
20. 新しい [atarashii] - neu
21. 青 [ao] - blau
22. 赤 [aka] - rot
23. 棚 、シェルフ [tana, sherufu] - das Regal
24. 茶色 [chairo] - braun
25. 入る [hairu] - (her)einkommen
26. 白 [shiro] - weiß
27. 彼ら(複数) [karera (fukusuu)] - sie (Pl.)
28. 部屋 [heya] - das Zimmer
29. 腕時計 [udedokei] - anschauen

B

-これがキッチンですか？
-kore ga kicchin desuka?

- Ist das die Küche?

-はい、これはキッチンです。
-hai, kore ha kicchin desu.

- Ja, das ist die Küche.

-ダイニングルームはどこですか？
-daininguru-mu ha doko desuka?

- Wo ist das Speisezimmer?

ひだり
-だいにんぐるーむは 左 にあります。
-daininguru-mu ha hidari ni arimasu.

- Das Speisezimmer ist links.

わたし はいる
私 たちはだいにんぐるーむに 入 ります。
watashitachi ha daininguru-mu ni hairi masu.

Wir treten in das Speisezimmer ein.

なに
-これは 何 ですか？
-kore ha nandesuka?

- Was ist das?

-これはテーブルです。
-kore ha te-buru desu.

- Das ist ein Tisch.

-テーブルはプラスチックですか？
-te-buru ha purasuchikku desuka?

- Ist er aus Kunststoff?

き
-いいえ、それは木でできています。

-iie, sore ha ki de dekite imasu.

- Nein, er ist hölzern.

つくえ　うえ　　なに
-　机　の　上　には　何　がありますか？

-tsukue no ue niha nani ga arimasuka?

- Was gibt es auf dem Tisch?

さら
-これらは　皿　とすぷーんです。

-korera ha sara to supu-n ga desu.

- Es gibt Teller und Löffel.

-それらはきれいですか？

-sorera ha kirei desuka?

- Sind sie sauber?

-はい、それらはきれいです。

-hai, sorera ha kirei desu.

- Ja, sie sind sauber.

-テーブルのそばにはなにがありますか？

-te-buru no sobą niha nani ga arimasuka?

- Was gibt es an dem Tisch?

いす
-これは椅子です。

-kore ha isu desu.

- Das ist ein Stuhl.

あたら
-それは　新　しいですか？

-sore ha atarashii desuka?

- Ist er neu?

あたら　　　すわ　ごこち　よ
-はい、それは　新　しくて　座　り　心　地　が良いです。

-hai, sore ha atarashiku te suwarigokochi ga ii desu.

- Ja, er ist neu und bequem.

いす　なんしょく
-椅子は　何　　色　ですか？

-isu ha naniiro desuka?

- Welche Farbe hat dieser Stuhl?

いす　いろ　ちゃいろ
-椅子の　色　は　茶　色　です。

-isu no iro ha chairo desu.

- Der Stuhl ist braun.

へや　なか　　　　　いす
-この部屋の　中　にはいくつ椅子がありますか？

-kono heya no naka niha ikutsu isu ga arimasuka?

- Wie viele Stühle gibt es in diesem Raum?

へや　なか　いす
-この部屋の　中　には椅子が４つがあります。

- Es gibt vier Stühle in diesem Raum.

-kono heya no naka niha isu ga yottsu arimasu.
-コップはどこですか？
-koppu ha doko desuka?
-こっぷはてーぶるの上(うえ)にあります。
-koppu ha te-buru no ue ni arimasu.
-ティーケトルはどこにありますか？
-ti-ketoru ha doko ni arimasuka?
-けとるはすとーぶの上(うえ)にあります。
-ketoru ha suto-bu no ue ni arimasu.
-それは空(そら)ですか？
-soreha kara desuka?
-いいえ、それは空(そら)ではありません。ねこがてぃーぽっとの上(うえ)にいます。
-iie, soreha kara deha arimasen. neko ga ti-potto no ue ni imasu.
-壁(かべ)には何(なに)がかけてありますか？
-kabe niha nani ga kakete arimasuka?
-それは絵(え)です。
-sore ha e desu.
-絵(え)は新(あたら)しいですかそれとも古(ふる)いですか？
-e ha atarashi desuka soretomo furui desuka?
-それは美(うつく)しくて古(ふる)いです。
-sore ha utsukushikute furui desu.
-ナプキンはどこですか？
-napukin ha doko desuka?
-なぷきんは戸棚(とだな)にあります。
-napukin ha todana ni arimasu.

- Wo sind die Tassen?

- Die Tassen stehen auf dem Tisch.

- Wo ist der Teekessel?

- Der Teekessel ist auf dem Herd.

- Ist er leer?

- Nein, er ist nicht leer. Die Katze sitzt in dem Teekessel.

- Was hängt auf der Wand?

- Das ist ein Bild.

- Ist das Bild neu oder alt?

- Es ist schön und alt.

- Wo sind die Servietten?

- Die Servietten sind im Schränkchen.

- Wo ist das Schränkchen?

-戸棚(とだな)はどこにありますか？

-todana ha doko ni arimasuka?

-それは絵(え)の近(ちか)くに立(た)っています。

-sore ha e no chikaku ni tatte imasu.

-戸棚(とだな)は何色(なんしょく)ですか？

-todana ha naniiro desuka?

-それは白(しろ)です。

-sore ha shiro desu.

-戸棚(とだな)にはいくつ棚(たな)がありますか？

-todana niha ikutsu tana ga arimasuka?

-戸棚(とだな)には３つ棚(たな)があります。

-todana niha mittsu tana ga arimasu.

-フォークはどこにありますか？

-fo-ku ha doko ni arimasuka?

-ふぉーくも戸棚(とだな)の中(なか)にあります。

-fo-ku mo todana no naka ni arimasu.

-これは何(なに)ですか？

-kore ha nan desuka?

-これは鏡(かがみ)です。犬(いぬ)が鏡(かがみ)をのぞいています。

-kore ha kagami desu. inu ga kagami wo nozoite imasu.

-床(ゆか)の上(うえ)には何(なに)がありますか？

-yuka no ue ni ha nani ga arimasuka?

-これはカーペットです。

-kore ha ka-petto desu.

-このかーぺっとは何色(なんしょく)ですか？

- Es steht in der Nähe des Bildes.

- Welche Farbe hat das Schränkchen?

- Es ist weiß.

- Wie viele Regale gibt es im Schränkchen?

- Das Schränkchen hat drei Regale.

- Wo sind die Gabeln?

- Die Gabeln sind auch im Schränkchen.

- Was ist das?

- Das ist ein Spiegel. Der Hund schaut in den Spiegel.

- Was liegt auf dem Fußboden?

- Das ist ein Teppich.

- Welche Farbe hat der Teppich?

-kono ka-petto ha naniiro desuka?

あお
-このかーぺっとは 青 です。

-kono ka-petto ha ao desu.

てんじょう なんしょく
- 天 井 は 何 色 ですか？

-tenjou ha naniiro desuka?

てんじょう
- 天 井 はぐれーです。

-tenjou ha gure- desu.

てんじょう なに
- 天 井 には 何 がつるさがっています
か？

-tenjou niha nani ga tsurusagatte imasuka?

-これはシャンデリアです。

-kore ha shanderia desu.

なんしょく
-このしゃんでりあは 何 色 ですか？

-kono shanderia ha naniiro desuka?

あお しろ
-このしゃんでりあは 青 と 白 です。

-kono shanderia ha ao to shiro desu.

れいぞうこ
-冷 蔵 庫 はどこですか？

-reizouko ha doko desuka?

なか
-きっちんの 中 にあります。

-kicchin no naka ni arimasu.

れいぞうこ おお
-冷 蔵 庫 は 大 きいですか？

-reizouko ha ookii desuka?

おお
-はい、それは 大 きいです。

-hai, sore ha ookii desu.

れいぞうこ なんしょく
-冷 蔵 庫 は 何 色 ですか？

-reizouko ha naniiro desuka?

- Der Teppich ist blau.

- Welche Farbe hat die Decke?

- Die Decke ist grau.

- Was hängt unter der Decke?

- Das ist ein Kronleuchter.

- Welche Farbe hat der Kron-leuchter?

- Der Kronleuchter ist blau und weiß.

- Wo ist der Kühlschrank?

- Er steht in der Küche.

- Ist der Kühlschrank groß?

- Ja, er ist groß.

- Welche Farbe hat der Kühl-schrank?

- Der Kühlschrank ist grau. Die Katze frißt einen Fisch aus dem

れいぞうこ　　　　　　　　　　れいぞうこ
−冷蔵庫はぐれーです。ねこが冷蔵庫

さかな　と　た
から魚を取って食べています。

-reizouko ha gure- desu. neko ga reizouko kara sakana wo totte tabete imasu.

−ぶれんだーはどこですか？

-burenda- ha doko desuka?

れいぞうこ　うえ
−それは冷蔵庫の上にあります。

-sore ha reizouko no ue ni arimasu.

あたら
−そのぶれんだーは新しいですか？

-sono burenda- ha atarashii desuka?

あたら
−はい、それは新しいです。

-hai, sore ha atarashii desu.

-コーヒーメーカーはどこですか？

-ko-hi-me-ka- ha doko desuka?

ちか
−それはしんくの近くにあります。

-sore ha shinku no chikaku ni arimasu.

-コーヒーメーカーはきれいですか？

-ko-hi-me-ka- ha kirei desuka?

きたな
−いいえ、それは汚いです。

-iie, sore ha kitanai desu.

-トースターはどこですか？

-to-suta- ha doko desuka?

とだな　なか
−それはきっちんの戸棚の中にあります。

-sore ha kicchin no todana no naka ni arimasu.

うえ　なに
−てーぶるの上には何がありますか？

-te-buru no ue niha nani ga arimasuka?

-これはかびんです。

-kore ha kabin desu.

Kühlschrank.

- Wo ist der Blender?

- Er liegt auf dem Kühlschrank.

- Ist der Blender neu?

- Ja, er ist neu.

- Wo ist die Kaffeemaschine?

- Sie steht neben dem Ausguss.

- Ist die Kaffeemaschine sauber?

- Nein, sie ist schmutzig.

- Wo ist der Toaster?

- Er ist im Küchenregal.

- Was gibt es auf dem Tisch?

- Das ist eine Vase.

- Ist sie gläsern?

- Ja, sie ist gläsern.

-これはガラスですか？
-kore ha garasu desuka?
-はい、これはガラスです。
-hai, kore ha garasu desu.
なか　なに　た
-かびんの 中 には 何 が立っていますか？
-kabin no naka niha nani ga tatte imasuka?
はな
-そこには 花 があります。
-soko niha hana ga arimasu.
なか　はな　なんほん
-かびんの 中 には 花 が 何 本 あります
か？
-kabin no naka ni ha hana ga nanbon arimasuka?
なか　はな　ほん
-かびんの 中 には 花 が６ 本 あります。
-kabin no naka ni ha hana ga roppon arimasu.
はな　なんしょく
-これらの 花 は 何 色 ですか？
-korera no hana ha naniiro desuka?
あか
-それらは 赤 です。
-sorera ha aka desu.
-ここにミキサーはありますか？
-koko ni mikisa- ha arimasuka?
-いいえ、ミキサーはキッチンにあります。
-iie, mikisa- ha kicchin ni arimasu.
とだな　なか
-ないふは 戸 棚 の 中 にありますか？
-naifu ha todana no naka ni arimasuka?
とだな　なか
-はい、ないふは 戸 棚 の 中 にあります。
-hai, naifu ha todana no naka ni arimasu.
しょっき　なんしょく
-この 食 器 は 何 色 ですか？
-kono shokki ha naniiro desuka?
あお
-これは 青 です。

- Was steht in der Vase?

- Es sind Blumen da.

- Wie viele Blumen gibt es in der Vase?

- Es sind sechs Blumen in der Vase.

- Welche Farbe haben diese Blumen?

- Sie sind rot.

- Gibt es den Mixer hier?

- Nein, der Mixer ist in der Küche.

- Gibt es Messer im Schränkchen?

- Ja, es sind Messer im Schränkchen.

- Welche Farbe hat dieser Teller?

-kore ha ao desu.

- Er ist blau.

かべ　なんしょく
–この 壁 は 何　色　ですか？

-kono kabe ha naniiro desuka?

- Welche Farbe hat diese Wand?

みどり
–これは　緑　です。

-kore ha midori desu.

- Sie ist grün.

3

Die Audiodatei

氷(こおり)を砕(くだ)く

Brich das Eis

一人(いちにん)のお母(かあ)さんが息子(むすこ)の様子(ようす)を確認(かくにん)しようと息子(むすこ)の寝室(しんしつ)に入(はい)っていきました。彼(かれ)は

Eine Mutter kommt ins Schlafzimmer und sieht ihren kleinen

床(ゆか)に寝転(ねころ)がっています。

”ぽーる、寝(ね)ているの？”とお母(かあ)さんはぽーるに聞(き)きます。

”違(ちが)うよ、遊(あそ)んでるんだ”とぽーるは答(こた)えました。

それを聞(き)いたお母(かあ)さんは寝室(しんしつ)を後(ご)にしました。

10分後(ふんご)、様子(ようす)を見(み)に息子(むすこ)の寝室(しんしつ)に戻(もど)ってきたのです。彼(かれ)はまだ、同(おな)じ場所(ばしょ)に寝転(ねころ)がったままです。

”どんなお遊(あそ)びをしているの？”とお母(かあ)さんは息子(むすこ)に聞(き)きました。

”壊(こわ)れたろぼっとの真似(まね)げーむをしているんだ”と彼(かれ)は言(い)いました。

Sohn auf dem Boden liegen.

„Paul, schläfst du?“, fragt die Mutter.

„Nein, ich spiele“, antwortet der Sohn.

Die Mutter geht weg. Sie kommt zehn Minuten später in das Schlafzimmer zurück. Ihr Sohn liegt auf dem Boden an der gleichen Stelle.

„Welches Spiel spielst du?“, fragt sie.

„Ich spiele einen Roboter. Einen kaputten Roboter.”

ichi nin no okāsan ga musuko no yōsu o kakuninshiyou to musuko no shinshitsu ni haitteikimashita. kare wa yuka ni nekorogatteimasu. Po-Ru, neteiru no? to okāsan wa po-ru ni kikimasu. chigau yo, asonderu n da to po-ru wa kotaemashita. sore o kiita okāsan wa shinshitsu ogo ni shimashita. 10 fungo, yōsu o mi ni musuko no shinshitsu ni modottekita no desu. kare wa mada, onaji basho ni nekorogatta mama desu. donna o asobi o shiteiru no? to okāsan wa musuko ni kikimashita. kowareta robotto no mane ge-mu o shiteiru n da to kare wa iimashita.

廊下

Der Saal

A

単語

Vokabeln

1. 〜かどうか、もし [〜kadouka, moshi] - ob
2. 〜で、〜の近くで、〜のそばで [〜de, 〜no chikakude, 〜no soba-de] - bei, an
3. 〜の下 [〜no shita] - unter
4. 〜も [〜mo] - auch
5. だんろ [danro] - der Kamin
6. まくら [makura] - das Kissen
7. もっと、よりおおくの、まだ [motto, yoriookuno, mada] - mehr, noch
8. アームチェア [a-muchea] - der Sessel
9. コーヒーテーブル [ko-hi-te-buru] - das Tischlein
10. シェイクスピア [sheikusupia] - Shakespeare
11. スイッチ [suicchi] - der Schalter
12. ソファー、カウチ [sofa-, kauchi] - das Sofa
13. チューリップ [chu-rippu] - die Tulpe
14. テレビセット [terebisetto] - der Fernseher

15. バラ [bara] - die Rose
16. パス [pasu] - vergehen
17. ベージュ [be-ju] - beigefarben, beige
18. ラジオ [rajio] - der Rundfunk, das Radio
19. ランプ [ranpu] - die Lampe
20. 横になっている [yokoninatteiru] - liegen
21. 近く [chikaku] - nah
22. 黒 [kuro] - schwarz
23. 紫 [murasaki] - purpurrot
24. 写真 [shashin] - das Foto
25. 柔らかい [yawarakai] - weich
26. 小さなテーブル [chiisanate-buru] - das Tischlein
27. 真っすぐ [massugu] - geradeaus
28. 沢山 、とても [takusan, totemo] - viele
29. 動く 、機能する [ugoku, ki-nousuru] - arbeiten, funktionieren
30. 本 [hon] - das Buch
31. 面白い 、興味深い [omoshiroi, kyoumibukai] - interessant
32. 廊下 、通路 [rouka, tsuuro] - der Saal, die Halle

B

ろうか
－廊 下 はどこですか？
-rouka ha doko desuka?

- Wo ist der Saal?

ろうか ま ぜんぽう
－廊 下 は真っすぐ 前 方 にあります。
-rouka ha massugu zenpou ni arimasu.

- Der Saal ist geradeaus.

わたし ろうか いどう へや おお
私 たちは 廊 下 に 移 動 します。部屋は 大
いごこち よ てんじょう
きくそして 居 心 地 が良いです。 天 井 はぐ
かべ みどり
れーです。 壁 は 緑 です。
Watashitachi ha rouka ni idou shimasu. heya ha ookiku soshite kokochi ga ii desu. tenjou ha gure-desu. kabe ha midori desu.

Wir treten in den Saal ein. Der Raum ist groß und gemütlich. Die Decke ist grau. Die Wände sind grün.

ゆか うえ なに
－ 床 の 上 には 何 がありますか？
-yuka no ue niha nani ga arimasuka?

- Was gibt es auf dem Fußboden?

ゆか うえ
－ 床 の 上 にはかーぺっとがあります。それは
やわ むらさき
柔 らかいです。そのかーぺっとは 紫 です。

- Ein Teppich liegt auf dem Fußboden. Er ist weich. Der Teppich ist purpurrot.

-yuka no ue niha ka-petto ga arimasu. sore ha yawarakai desu. Sono ka-petto ha murasaki desu.

-かーぺっとの上(うえ)には何(なに)が立(た)っていますか？
-ka-petto no ue niha nani ga tatte imasuka?

- Was steht auf dem Teppich?

-かーぺっとの上(うえ)にはこーひーてーぶるがあります。それはがらすです。てーぶるの上(うえ)には面白(おもしろ)い本(ほん)があります。それはぐれーです。
-ka-petto no ue niha ko-hi-te-buru ga arimasu. sore ha garasu desu. te-buru no ue niha omoshiroi hon ga arimasu. sore ha gure- desu.

- Es gibt ein Tischlein auf dem Teppich. Es ist aus Glas. Ein interessantes Buch liegt auf dem Tischlein. Es ist grau.

-アームチェアはどこですか？
-a-muchea ha doko desuka?

- Wo ist der Sessel?

-あーむちぇあはこーひーてーぶるの後(うし)ろにあります。それは巨大(きょだい)で座(すわ)り心地(ごこち)が良(よ)いです。
-a-muchea ha ko-hi-te-buru no ushiro ni arimasu.sore ha kyodai de suwarigokochi ga ii desu.

- Der Sessel steht hinter dem Tischlein. Er ist groß und bequem.

-そふぁーはこの部屋(へや)の中(なか)にありますか？
-sofa ha kono heya no naka ni arimasuka?

- Gibt es ein Sofa in diesem Raum?

-はい、そふぁーは窓(まど)の近(ちか)くにあります。ねこは魚(さかな)と一緒(いっしょ)にかうちに座(すわ)っています。それらは紫(むらさき)です。まくらは柔(やわ)らかく、そして心地(ここち)が良(よ)いです。
-hai, sofa ha mado no chikaku ni arimasu. neko ha sakana to issho ni kauchi ni suwatte imasu. sorera ha murasaki desu. makura ha yawarakaku soshite ko-kochi ga ii desu.

- Ja, ein Sofa steht in der Nähe des Fensters. Eine Katze sitzt auf dem Sofa mit dem Fisch. Kissen liegen auch auf dem Sofa. Sie sind purpurrot. Die Kissen sind weich und bequem.

- 壁(かべ)には何(なに)がかけてありますか？
-kabe niha nani ga kakete arimasuka?

- Was hängt an der Wand?

- 壁(かべ)には絵(え)がかけてあります。
-kabe ni ha e ga kakete arimasu.

- Ein Bild hängt an der Wand.

へや　なか
-だんろはこの部屋の 中 のどこにありますか？
-danro ha kono heya no naka no doko ni arimasuka?

- Wo ist der Kamin in diesem Raum?

え　した　　　　　　　おお
-だんろは絵の 下 にあります。それは 大 きくて
うつく
美 しいです。
-danro ha e no shita ni arimasu. sore ha ookikute utsukushii desu.

- Der Kamin ist unter dem Bild. Er ist groß und schön.

うえ　なに
-まんとるぴーすの 上 には 何 がありますか？
-mantorupi-su no ue niha nani ga arimasuka?

- Was gibt es auf dem Sims?

うえ　しゃしん
-まんとるぴーすの 上 は 写 真 とかびんがあります。
-mantorupi-su no ue ni ha shashin to kabin ga arimasu.

- Es gibt ein Foto und eine Vase auf dem Sims.

なか　なに
-かびんの 中 には 何 がありますか？
-kabin no naka niha nani ga arimasuka?

- Was gibt es in der Vase?

なか　うつく　きいろ
-かびんの 中 には 美 しい 黄 色 いばらがあります。
-kabin no naka ni ha utsukushii kiiroi bara ga arimasu.

- Es gibt schöne gelbe Rosen in der Vase.

なか　なんほん
-かびんの 中 には 何 本 のばらがありますか？
-kabin no naka ni ha nanbon no bara ga arimasuka?

- Wie viele Rosen gibt es in der Vase?

なか　ほん
-かびんの 中 には６ 本 のばらがあります。
-kabin no naka ni ha roppon no bara ga arimasu.

- Es gibt sechs Rosen in der Vase.

へや　なか　はな
-この部屋の 中 には 花 はもっとありますか？
-kono heya no naka ni ha hana ha motto arimasuka?

- Gibt es mehr Blumen in diesem Raum?

まどべ　うえ
-はい、ちゅーりっぷが 窓 辺 の 上 にあります。
-hai, chu-rippu ga madobe no ue ni arimasu.

- Ja, es gibt Tulpen auf der Fensterbank.

ほん　へや
- 本 は部屋にありますか？
-hon ha heya ni arimasuka?

- Gibt es Bücher in diesem Raum?

たくさん　ほん　ほんだな　なか
-はい、 沢 山 の 本 が 本 棚 の 中 にあります。
-hai, takusan no hon ga hondana no naka ni arimasu.

- Ja, es gibt viele Bücher im Bücherschrank.

ほんだな
－本棚はどこですか？
-hondana ha doko desuka?
ちか
－どあの近くにあります。
-doa no chikaku ni arimasu.
ほんだな なか なに
－本棚の中には何がありますか？
-hondana no naka niha nani ga arimasuka?
ほんだな なか ほん しゃしん
－本棚の中には本と写真があります。
-hondana no naka ni ha hon to shashin ga arimasu.
ほん ほんだな
－しぇいくすぴあの本は本棚にありますか？
-sheikusupia no hon ha hondana ni arimasuka?
あか
－はい、それらは赤です。
-hai, soreraha aka desu.
ほんだな なか たな
－本棚の中には棚がいくつありますか？
-hondana no naka ni ha tana ga ikutsu arimasuka?
ほんだな なか たな
－本棚の中には棚が４つあります。
-hondana no naka niha tana ga yottsu arimasu.
てんじょう なに
－天井には何がありますか？
-tenjou niha nani ga arimasuka?
てんじょう あたら
－天井には新しいしゃんでりあがあります。
-tenjou niha atarashii shanderia ga arimasu.
-スイッチはどこですか？
-suicchi ha doko desuka?
かべ みぎ
－すいっちは壁の右にあります。
-suicchi ha kabe no migi ni arimasu.
へや
－この部屋にはもっとらんぷがありますか？
-kono heya niha motto ranpu ga arimasuka?
ちか
－そふぁーの近くにもう１つらんぷがあります。
-sofa no chikaku ni mou hitotsu ranpu ga arimasu.
なんしょく
－らんぷは何色ですか？

- Wo ist das Bücherschrank?

- Es steht in der Nähe der Tür.

- Was gibt es in dem Bücherschrank?

- Es gibt Bücher und Fotos im Bücherschrank.

- Gibt es Bücher von Shakespeare im Schrank?

- Ja, sie sind rot.

- Wie viele Regale gibt es im Bücherschrank?

- Es gibt vier Regale im Bücherschrank.

- Was gibt es auf der Decke?

- Ein neuer Kronleuchter hängt von der Decke.

- Wo ist der Schalter?

- Der Schalter ist auf der Wand auf der rechten Seite.

- Gibt es mehr Lampen in diesem Raum?

- Es gibt noch eine Lampe neben dem Sofa.

- Welche Farbe hat diese Lampe?

-ranpu ha naniiro desuka?

-それはベージュです。
-sore ha be-ju desu.

- *Sie ist beige.*

-あなたはてれびを持(も)っていますか？
-anata ha terebi wo motteimasuka?

- *Hast du einen Fernseher?*

-はい、それは 角(かく) にあります。
-hai, sore ha kado ni arimasu.

- *Ja, er ist in der Ecke.*

-てれびは 大(おお) きいですかそれとも 小(ちい) さいですか？
-terebi ha ookii desuka soretomo chiisai desuka?

- *Ist der Fernseher groß oder klein?*

-それは 大(おお) きくて 黒(くろ) いです。
-sore ha ookikute kuroi desu.

- *Er ist groß und schwarz.*

-このらじおは 機能(きのう) しますか？
-kono rajio ha kinou shimasuka?

- *Funktioniert dieses Radio?*

-はい、それは 機能(きのう) します。
-hai, sore ha kinou shimasu.

- *Ja, es funktioniert.*

4

氷(こおり)を砕(くだ)く

Brich das Eis

お父(とう)さんと娘(むすめ)は公園(こうえん)から帰宅(きたく)しました。娘(むすめ)は公園(こうえん)に戻(もど)って遊(あそ)びたいらしく。駄々(だだ)をこね始(はじ)めたのです。

”どうしたの？”とお母(かあ)さんは娘(むすめ)に聞(き)くと。”ぱぱがね…子供(こども)たちをいじめているんだ！”と娘(むすめ)は叫(さけ)んだのです。

”子供(こども)たち？”とお母(かあ)さんは言(い)いました。

Ein Vater und seine kleine Tochter kehren vom Spielplatz heim. Die Tochter will zurück zum Spielplatz gehen und das Spielen fortsetzen. Sie beginnt zu weinen.

„Was ist passiert?“, fragt die Mutter.

„Dieser Papa… unser Papa foltert Kinder!“, schreit das Mädchen.

„Welche Kinder?“, fragt die Mutter.

„Mich!“, antwortet die Tochter.

”私よ！”

わたし

otōsan to musume wa kōen kara kitakushimashita. musume wa kōen ni modotte asobitai rashiku. dada o konehajimeta no desu. dō shita no? to okāsan wa musume ni kiku to. papa ga ne kodomotachi o ijimeteiru n da! to musume wa sakenda no desu. kodomotachi? to okāsan wa iiimashita. watashi yo!

バスルーム

Das Badezimmer

A

単語

Vokabeln

1. (シャワーを)浴びる、(薬を)飲む [(shawa- wo) abiru, (kusuri wo) nomu] - nehmen
2. ～と一緒に [～to isshoni] - mit
3. ～を聞く [～wo kiku] - hören
4. きれい [kirei] - reinigen, sauber machen
5. の隣に、近く [no tonarini, chika-ku] - neben
6. ゴミ、生ごみ [gomi, namagomi] - der Müll, der Abfall
7. シャワー [shawa-] - die Dusche
8. タオル [taoru] - das Handtuch
9. トイレ、バスルーム [toire, basu-ru-mu] - die Toilette
10. バスケット [basuketto] - der Korb
11. バスタブ [basutabu] - dic Badc-wanne

12. バスルーム [basuru-mu] - das Badezimmer, das Bad
13. ブラシ [burashi] - die Bürste
14. 可能な 、できる [kanouna, dekiru] - möglich
15. 機械 [kikai] - die Maschine
16. 休む 、リラックス [yasumu, rirakkusu] - sich ausruhen, sich erholen
17. 作る [tsukuru] - machen
18. 紙 [kami] - das Papier
19. 歯 [ha] - der Zahn, die Zähne
20. 自分の体を洗う [jibunno karada wo arau] - sich waschen
21. 蛇口 、栓 [jaguchi, sen] - der Wasserhahn
22. 取っ手 [totte] - die Hand
23. 小さいラグ 、マット [chiisairagu, matto] - der Läufer, der Bettvorleger
24. 食べる [taberu] - essen
25. 食べ物 [tabemono] - das Essen
26. 石鹸 [sekken] - die Seife
27. 洗う 、きれいにする [arau, kireinisuru] - waschen
28. 洗濯 、洗う [sentaku, arau] - das Waschen
29. 洗濯物 、下着 、リネン [sentakumono, shitagi, rinen] - die Wäsche, die Unterwäsche
30. 洗面台 [senmendai] - das Waschbecken
31. 読む [yomu] - lesen
32. 熱い [atsui] - heiß
33. 用意する 、料理する [youisuru, ryourisuru] - zubereiten
34. 冷たい 、寒い [tsumetai, samui] - kühl
35. 話す 、喋る [hanasu, shaberu] - sprechen, plaudern

B

私(わたし)たちはばするーむへ移動(いどう)します。ばするーむは小(ちい)さくて明(あか)るいです。ばするーむの中(なか)の壁(かべ)は青(あお)です。天井(てんじょう)は白(しろ)です。

watashitachi ha basuru-mu he idou shimasu. basuru-mu ha chiisakute akarui desu. basuru-mu no naka no kabe ha ao desu. tenjou ha shiro desu.

Wir gehen weiter ins Badezimmer. Das Bad ist klein und hell. Die Wände im Badezimmer sind blau. Die Decke ist weiß.

–これは何(なに)ですか？

-kore ha nan desuka?

- Was ist das?

-これはバスタブです。

- Das ist die Badewanne.

-kore ha basutabu desu.

-それはぷらすちっくですかまたは金属(きんぞく)ですか？

-sore ha purasuchikku desuka mataha kinzoku desuka?

- Ist sie aus Kunststoff oder aus Metall?

-そのタブはプラスチックです。

-sono tabu ha purasuchikku desu.

- Die Badewanne ist aus Kunststoff.

-ばすたぶの上(うえ)には何(なに)がありますか？

-basutabu no ue niha nani ga arimasuka?

- Was gibt es über der Badewanne?

-これは蛇口(じゃぐち)としゃわーです。熱(あつ)い水(みず)の栓(せん)と冷(つめ)たい水(みず)の栓(せん)があります。

-kore ha jaguchi to shawa- desu. atsui mizu no sen to tsumetai mizu no sen ga arimasu.

- Das ist der Wasserhahn und die Dusche. Es gibt einen Hahn mit warmem und mit kaltem Wasser.

- 壁(かべ)には何(なに)がかけてありますか？

-kabe ni ha nani ga kakete arimasuka?

- Was hängt an der Wand?

-これはきれいなたおるです。それは青(あお)です。

-kore ha kirei na taoru desu. sore ha ao desu.

- Das ist ein sauberes Handtuch. Es ist blau.

-ばすたぶの近(ちか)くの床(ゆか)には何(なに)が横(よこ)たわっていますか？

-basutabu no chikaku no yuka ni ha nani ga yokotawatte imasuka?

- Was liegt neben der Badewanne auf dem Fußboden?

-まっとがばすたぶの近(ちか)くに横(よこ)たわっています。

-matto ga basutabu no chikaku ni yokotawatte imasu.

- Ein Läufer liegt neben der Badewanne.

-その右(みぎ)には何(なに)がありますか？

-sono migi niha nani ga arimasuka?

- Was gibt es rechts?

-これは洗面台(せんめんだい)です。鏡(かがみ)が洗面台(せんめんだい)の上(うえ)にかけてあります。そこには熱(あつ)い水(みず)と冷(つめ)たい水(みず)の栓(せん)もあります。

- Das ist ein Waschbecken. Über dem Waschbecken hängt ein Spiegel. Es gibt auch einen Hahn mit war-

-koreha senmendai desu. kagami ga senmendai no ue ni kakete arimasu. soko niha atsui mizu to tsumetai mizu no sen mo arimasu.

うえ　なに
-しんくの 上 には 何 がありますか？

-shinku no ue niha nani ga arimasuka?

うえ　せっけん　は
-しんくの 上 には 石 鹸 と歯ぶらしがあります。

-shinku no ue ni ha, sekken to haburashi ga arimasu.

ちか　なに
-しんくの 近 くには 何 がありますか？

-shinku no chikaku ni ha nani ga arimasuka?

せんたくき　しろ
-それは 洗 濯 機 です。それは 白 です。その
せんたくき　あたら
洗 濯 機は 新 しいです。

-sore ha sentakki desu. sore ha shiro desu. Sono sentakki ha atarashii desu.

せんたくき　ちか　なに
- 洗 濯 機の 近 くには 何 がありますか？

-sentakki no chikaku niha nani ga arimasuka?

きたな　せんたくぶつ
- 汚 い 洗 濯 物 のためのばすけっとが
せんたくき　ちか
洗 濯 機の 近 くにあります。

-kitanai sentakki no tameno basuketto ga sentakki no chikaku ni arimasu.

かく　なに
- 角 には 何 がありますか？

-kado ni ha nani ga arimasuka?

ばこ　かく
-ごみ 箱 が 角 にあります。

-gomibako ga kado ni arimasu.

せんめんだい　うし　なに
- 洗 面 台 の 後 ろには 何 がありますか？

-senmendai no ushiro ni ha nani ga arimasuka?

せんめんだい　うし
-といれが 洗 面 台 の 後 ろにあります。

mem und kaltem Wasser.

- Was gibt es auf dem Waschbecken?

- Auf dem Waschbecken gibt es Seife und Zahnbürsten.

- Was gibt es neben dem Waschbecken?

- Das ist eine Waschmaschine. Sie ist weiß. Die Waschmaschine ist neu.

- Was gibt es neben der Waschmaschine?

- Neben der Waschmaschine steht ein Korb mit schmutziger Wäsche.

- Was gibt es in der Ecke?

- In der Ecke steht ein Mülleimer.

- Was gibt es hinter dem Waschbecken?

- Hinter dem Waschbecken

-toire ga senmendai no ushiro ni arimasu.

gibt es eine Toilette.

べんき　ちか　　なに
–便 器の 近 くには 何 がありますか？

-benki no chikaku ni ha nani ga arimasuka?

- Was gibt es neben der Toilette?

-これはトイレットペーパーとトイレブラシです。

-kore ha toirettope-pa- soshite toireburashi desu.

- Das ist Toilettenpapier und eine Toilettenbürste.

なか　　なに
–ばするーむの 中 では 何 ができますか？

-basuru-mu no naka de ha nani ga dekimasuka?

- Was kann man im Badezimmer machen?

なか　　　　　　て　あら
–ばするーむの 中 では、あなたは手を 洗 ったり、

からだ　あら　　　　ふろ　はい
体 を 洗 ったり、お風呂に 入 ったり、そして

は　みが
歯を 磨 くことができます。

-basuru-mu no naka deha, anata ha te wo arattari, karada wo arattari, ofuro ni haittari, soshite ha wo migaku koto ga dekimasu.

- Im Badezimmer kann man die Hände waschen, sich waschen, ein Bad nehmen oder die Zähne putzen.

なか　　なに
–きっちんの 中 では 何 ができますか？

-kicchin no naka de ha nani ga dekimasuka?

- Was kann man in der Küche machen?

なか　　　　　　た　もの　りょうり
–きっちんの 中 では、あなたは食べ 物 を 料 理

しょっき　あら
したり、そして 食 器 を 洗 うことができます。

-kicchin no naka de ha, anata ha tabemono wo ryouri shitari, soshite shokki wo arau koto ga dekimasu.

- In der Küche kann man Essen zubereiten und das Geschirr waschen.

なか　　なに
–だいにんぐるーむの 中 では 何 ができますか？

-daininguru-mu no naka de ha nani ga dekimasuka?

- Was kann man im Speisezimmer machen?

なか　　　　　　りょうり
–だいにんぐるーむの 中 では、あなたは 料 理 を

た　　　　　はなし
食べたり、そして 話 をすることができます。

-daininguru-mu no naka de ha, anata ha ryouri wo tabetari, soshite hanashi wo suru koto ga dekimasu.

- Im Speisezimmer kann man essen und sprechen.

なか　　なに
–りびんぐるーむの 中 では 何 ができますか？

- Was kann man im Wohn-

-ribinguru-mu no naka de ha nani ga dekimasuka?

-りびんぐるーむの中(なか)では、あなたはりらっくすしたり、てれびを見(み)たり、らじおを聴(き)いたり、話(はなし)をしたり、そして読(よ)むことができます。

-ribinguru-mu no naka de ha, anata ha rirakkusu shitari, terebi wo mitari, rajio wo kiitari, hanashi wo shitari,soshite yomu koto ga dekimasu.

zimmer machen?

- Im Wohnzimmer kann man sich erholen, fernsehen, Rundfunk hören, lesen oder sprechen.

5

Die Audiodatei

氷(こおり)を砕(くだ)く

Brich das Eis

”あなたのくらすには何人(なんにん)女(おんな)の子(こ)がいるの？”とお母(かあ)さんは娘(むすめ)に聞(き)きました。

”七人(ななにん)いるよ”と娘(むすめ)は答(こた)えます。

”男(おとこ)の子(こ)は？”とお母(かあ)さんが聞(き)くと。

”いっぱいいるけど、いつも走(はし)り回(まわ)ってるから数(かぞ)えるのは無理(むり)だよ”と答(こた)えました。

“Wie viele Mädchen sind in deiner Klasse?“, fragt eine Mutter ihre kleine Tochter.

„In meiner Klasse sind sieben Mädchen“, antwortet das Mädchen.

„Was ist mit den Jungen?“, fragt die Mutter.

„Es sind viele Jungen. Aber sie rennen immer hin und her. Es ist unmöglich, sie zu zählen“, antwortet das Mädchen.

anata no kurasu ni wa nan nin onnanoko ga iru no? to okāsan wa musume ni kikimashita. nana nin iru yo to musume wa kotaemasu. otokonoko wa? to okāsan ga kiku to.ippai iru kedo, itsumo hashirimawatteru kara kazoeru no wa muri da yo to kotaemashita.

あなたはドイツ語またはスペイン語を話せますか？

Kannst du Deutsch oder Spanisch sprechen?

A

単語

Vokabeln

1. (電話を)かける [(denwa wo)kakeru] - anrufen
2. ～である [～de aru] - sein
3. ～の後 [～no ato] - nach
4. あなた [anata] - du, Sie
5. あなたの [anatano] - dein
6. おそらく [osoraku] - wahrschein-lich
7. かもしれない [kamoshirenai] - vielleicht
8. きれいにする 、かたづける [ki-reinisuru, katazukeru] - aufräumen
9. しかし 、けれども [shikashi, keredomo] - aber

10. しなければならない、せざるをえない [shinakerebanaranai, sezaruwoenai] - sollen
11. できる、することができる [dekiru, surukotoga dekiru] - können
12. なぜ、どうして [naze, doushite] - warum
13. カフェ [kafe] - das Café
14. コンピューター [konpyu-ta-] - der Computer
15. ノートブック [notobukku] - das Heft
16. バスケットボール [basukettoboru] - der Basketball
17. フランス語 [furansugo] - Französisch
18. 一生懸命働く [isshoukenmei hataraku] - sich bemühen
19. 映画館 [eigakan] - das Kino
20. 英語 [eigo] - Englisch
21. 家へ帰る道 [ie he kaerumichi] - nach Hause
22. 教える [oshieru] - lehren, beibringen
23. 兄弟 [kyoudai] - der Bruder
24. 言語 /言葉 [gengo/kotoba] - die Sprache/die Zunge
25. 行く、散歩をする、歩く [iku, sanpo wo suru, aruku] - gehen
26. 今 [ima] - jetzt
27. 今日 [kyou] - heute
28. 私 [watashi] - ich
29. 私たちの [watashitachino] - unser
30. 私の [watashino] - mein
31. 取る [toru] - nehmen
32. 書く [kaku] - schreiben
33. 助ける、手伝う [tasukeru, tetsudau] - helfen
34. 少し、少量の [sukoshi, suuryouno] - ein bisschen
35. 他の [hokano] - andere(r /s)
36. 待つ [motsu] - warten
37. 置く [oku] - legen
38. 喋る [shaberu] - sprechen
39. 店 [mise] - das Geschäft, der Laden
40. 電話する [denwasuru] - das Telefon
41. 働く、仕事 [hataraku, shigoto] - die Arbeit
42. 彼に、彼を、彼の [kareni, karewo, kareno] - ihn, sein
43. 必要がある、しなければならない [hitsuyouga aru, shinakerebanaranai] - brauchen
44. 病気になる [byoukininaru] - krank werden, erkranken
45. 名前で呼ぶ、名前をつける [namaede yobu, namae wo tsukeru] - rufen, nennen
46. 明日 [ashita] - morgen
47. 木 [ki] - der Baum
48. 夜に [yoruni] - abends, am Abend
49. 友達 [tomodachi] - der Freund
50. 遊ぶ [asobu] - spielen
51. 良い、上手い [yoi, umai] - gut

B

1

1

えいご　　　　　ご　よ
–あなたは英語またはふらんす語を読むことができますか？

-anata ha eigo mataha furansugo wo yomukoto ga dekimasuka?

- Kannst du Englisch oder Französisch lesen?

わたし　えいご　　　　　ご　よ　か
– 私 は英語とふらんす語の読み書きができます。

-watashi ha eigo to furansugo no yomi kaki ga dekimasu.

- Ich kann beide auf Englisch und auf Französisch lesen und schreiben.

げんご　しゃべ
–これらの言語を 喋 れますか？

-korera no gengo wo shaberemasuka?

- Kannst du diese Sprachen sprechen?

わたし　えいご　すこ　はな　　　わたし
– 私 は英語を少し話せます。 私 は

ご　はな
ふらんす語は 話 しません。

-watashi ha eigo wo sukoshi hanase masu. Watashi ha furansugo ha hanashimasen.

- Ich spreche ein bisschen Englisch. Ich kann Französisch nicht sprechen.

ご　　　　　ご　しゃべ
–あなたはどいつ語またはすぺいん語を 喋 る
ことができますか？

-anata ha doitsugo mataha supeingo wo shaberukoto ga dekimasuka?

- Kannst du Deutsch oder Spanisch sprechen?

わたし　　　ご　　　　ご　うま
–はい、 私 はどいつ語とすぺいん語を上手く
はな
話 せます。

-hai, watashi ha doitsugo to supeingo wo umaku hanasemasu.

- Ja, ich spreche Deutsch und Spanisch gut.

ご　しゃべ　かた　わたし　おし
–すぺいん語の 喋 り方を 私 に教えてくれますか？

-supeingo no shaberikat wo oshiete kuremasuka?

- Kannst du mich Spanisch lehren?

おし　　　　　　　　　　がんば
-はい、教えれますよ。しかしあなたは頑張

べんきょう
って勉強しないといけません。

-hai, oshieremasuyo. shikashi anata ha ganbatte benkyou shinaito ikemasen.

- Ja, ich kann. Aber du musst dich bemühen.

2

2

-あなたはばすけっとぼーるはできますか？

-basukettobo-ru ha dekimasuka?

- Kannst du Basketball spielen?

わたし　　　まな
-いいえ、けれども私はそれを学ぶことはできます。

-iie, keredomo watashi ha sore wo manabukoto ha dekimasu.

- Nein, aber ich kann es lernen.

あしたしあい
-明日試合をするのはどうですか？

-ashita shiai wo suruno ha doudesuka?

- Vielleicht spielen wir morgen?

あした　　　　　きょう
-明日はできませんが、今日はできます。

-ashita ha dekimasen ga, kyou ha dekimasu.

- Morgen kann ich nicht, aber ich kann heute spielen.

こんや
-それなら今夜はどうですか？

-sorenara konya ha doudesuka?

- Vielleicht heute Abend?

わたし　よる　しあい
-はい、私は夜には試合ができます。あ

ともだち　よ
なたの友達を呼べますか？

-hai, watashi ha yoru niha shiai ga dekimasu. anata no tomocachi wo yobemasuka?

- Ja, ich kann am Abend spielen. Kannst du deine Freunde anrufen?

よ
-はい、呼べます。

-hai, yobemasu.

- Ja, ich kann.

3

3

あに
-あなたの兄どこですか？

-anata no ani ha dokodesuka?

- Wo ist dein Bruder?

わたし　　かれ　ま
-私たちは彼を待たなければいけません。

- Wir müssen auf ihn warten.

-watashitachi ha kare wo matanakereba narimasen.

– 彼(かれ)はおそらく来(き)ません。帰(かえ)ってもいいですか？

-kare ha osoraku kimasen. kaettemo iidesuka?

- Wahrscheinlich wird er nicht kommen. Kann ich nach Hause gehen?

–はい、帰(かえ)ってもいいです。

-hai, kaettemo iidesu.

- Ja, du kannst.

4

–この本(ほん)を持(も)って行ってもいいですか？

-kono hon wo motte itte mo iidesuka?

- Kann ich dieses Buch nehmen?

–いいえ、この本(ほん)を持(も)って行ってはいけません。

-iie, kono hon wo motte itte ha ikemasen.

- Nein, du kannst dieses Buch nicht nehmen.

–このこっぷを持(も)って行ってもいいですか？

-kono koppu wo motte itte mo iidesuka?

- Kann ich diese Tasse nehmen?

–いいえ、このこっぷを持(も)って行ってはいけません。きっちんから他(た)のこっぷを持(も)って行ってもいいですよ。

-iie, kono koppu wo motte itte ha ikemasen. kicchin kara hoka no koppu wo motte itte mo iidesuyo.

- Nein, du kannst diese Tasse nicht nehmen. Du kannst eine andere Tasse aus der Küche nehmen.

–あなたの友達(ともだち)はどこですか？

-anata no tomodachi ha dokodesuka?

- Wo ist dein Freund?

– 彼(かれ)はおそらく外(そと)です。

-kare ha osoraku soto desu.

- Er ist wahrscheinlich draußen.

5

– 私(わたし)はおそらく映画(えいが)を観(かん)に行(い)きます。あ

- Ich werde wahrscheinlich ins Kino gehen. Kannst du mitkommen?

わたし　いっしょ　こ
なたは　私　と　一　緒　に来れますか？

-watashi ha osoraku eiga wo mini iki masu. anata ha watashi to issho ni koremasuka?

い　　　　わたし　しごと
-いいえ、行けません。　私　は仕　事をしなければいけません。

-iie, ikemasen. watashi ha shigoto wo shinakereba ikemasen.

しごと　のち　　い
-あなたは仕　事の　後　には行けますか？

-anata ha shigoto no ato niha ikemasuka?

しごと　のち　　い
-はい、仕　事の　後　には行くことができます。

-hai, shigoto no ato iku koto ga dekimasu.

わたし　ほん
- 私　の本はどこですか？

-watashi no hon ha doko desuka?

ほんだな　なか
-おそらくそれは本　棚　の　中　にあります。

-osoraku hondana no naka ni arimasu.

もい
-あなたのぺんを持　って行ってもいいですか？

-anata no pen wo motte ittemo iidesuka?

ほんだな　　　　もい
-はい、本　棚　からぺんを持　って行ってもいいです。

-hai, hondana kara pen wo motte ittemo iidesu.

6

もい
-このの一とぶっくを持　って行ってもいいですか？

-kono no-tobukku wo motte ittemo iidesuka?

もい
-いいえ、このの一とぶっくを持　って行ってはいけません。

-iie, kono no-tobukku wo motte itteha ikemasen.

- Nein, ich kann nicht. Ich muss arbeiten.

- Vielleicht kannst du nach der Arbeit gehen?

- Ja, ich kann nach der Arbeit gehen.

- Wo ist mein Buch?

- Es ist wahrscheinlich in dem Bücherschrank.

- Kann ich deinen Kugelschreiber nehmen?

- Ja, du kannst einen Kugelschreiber aus dem Bücherschrank nehmen.

6

- Kann ich dieses Heft nehmen?

- Nein, du kannst dieses Heft nicht nehmen.

- Kann ich mich am Tisch setzen?

つ
-てーぶるに着いてもいいですか？

-te-buru ni suwattemo iidesuka?

つ
-はい、着いてもいいです。

-hai, suwattemo iidesu.

わたし　　　　　　　　　　　　お
- 私 ののーとぶっくをここに置いてもいいですか？

-watashi no no-tobukku wo koko ni oitemo iidesuka?

お
-はい、置いてもいいです。

-hai, oitemo iidesu.

あそ
-そのこんぴゅーたーで 遊 んでもいいですか？

-sono konpyu-ta- de asondemo iidesuka?

いまあそ
-はい、 今 遊 んでもいいです。

-hai, ima asondemo iidesu.

わたし　でんわ
- 私 は 電 話 をしなければいけません。この

でんわ　もい
電 話を 持 って行ってもいいですか？

-watashi ha denwa wo shinakereba narimasen. kono denwa wo motte ittemo iidesuka?

もい
-はい、 持 って行ってもいいです。

-hai, motte ittemo iidesu.

いっしょ　　　　　い
- 一 緒 にかふぇに行けますか？

-issho ni kafe ni itkemasuka?

わたし　しごと　い
-いいえ、 私 は 仕 事 に行かなければいけません。

-iie, watashi ha shigoto ni ikanakereba ikemasen.

- Ja, du kannst.

- Kann ich meinen Heft hier legen?

- Ja, du kannst.

- Kann ich jetzt Computerspiele spielen?

- Ja, du kannst jetzt spielen.

- Ich muss jetzt telefonieren. Kann ich dieses Telefon nehmen?

- Ja, du kannst es nehmen.

- Können wir zum Café gehen?

- Nein, ich muss arbeiten gehen.

7

わたし
– 私 たちのねこはどこですか？

-watashitachi no neko ha doko desuka?

- Wo ist unsere Katze?

かれ　き　なか
– 彼 はおそらく木の 中 です。

-kare ha osoraku ki no naka desu.

- Sie ist wahrscheinlich auf dem Baum.

かれ　いえ
–もしかしたら 彼 は 家 にいるかもしれませんか？

-moshikashitara kare ha ie ni iru kamo shiremasenka?

- Vielleicht ist sie zu Hause?

かれ　いえ　なか
–いいえ、 彼 は 家 の 中 にはいません。

-iie, kare ha ie no naka niha imasen.

- Nein, sie ist nicht zu Hause.

8

ともだち　こ
–どうしてあなたの 友 達 は来なかったのですか？

-doushite anata no tomodachi ha konakatta nodesuka?

- Warum ist dein Freund nicht gekommen?

かれ　びょうき
– 彼 はおそらく 病 気 です。

-kare ha osoraku byouki desu.

- Er ist wahrscheinlich krank.

こん
–あなたは 今 りびんぐるーむをきれいにする
ひつよう
必 要 があります。

-anata ha ima ribinguru-mu wo kirei ni suru hitsuyou ga arimasu.

- Du musst jetzt das Wohnzimmer aufräumen.

てつだ
–あなたは 手 伝 ってくれますか？

-anata ha tetsudatte kuremasuka?

- Vielleicht kannst du mir helfen?

わたし　しょっき　あら
–いいえ、 私 は 食 器 を 洗 わなければいけません。

-iie, watashi ha shokki wo arawanakereba ikemasen.

- Nein, ich muss das Geschirr waschen.

9

9

は
-歯ぶらしはどこですか？

-haburashi ha dokodesuka?

- Wo sind die Zahnbürsten?

せんたくき　うえ
-それらは 洗 濯 機 の 上 にあるかもしれません。

-sorera ha sentakki no ue ni arukamo shiremasen.

- Vielleicht liegen sie auf der Waschmaschine.

わたし　あか
- 私 の 赤 いのーとぶっくはどこですか？

-watashi no akai no-tobukku ha dokodesuka?

- Wo ist mein rotes Heft?

うえ
-それはおそらくかうちの 上 にあります。

-sore ha osoraku kauchi no ue ni arimasu.

- Es ist wahrscheinlich auf dem Sofa.

わたし　いっしょ　みせ　き
-あなたは 私 と 一 緒 に 店 まで来てくれますか？

-anata ha watashi to issho ni mise made kite kuremasuka?

- Vielleicht kannst du mit mir zum Geschäft gehen?

わたし　い
-はい、 私 は行けます。

-hai, watashi ha ikemasu.

- Ja, ich kann mitgehen.

6

Die Audiodatei

氷を砕く

Brich das Eis

お父(とう)さんはたまに、幼(おさな)い娘(むすめ)のためにしんでれらを読(よ)んであげます。

”私(わたし)の事(こと)を愛(あい)してくれる人(ひと)なんか現(あらわ)れないのだわ”とお父(とう)さんは読(よ)み上(あ)げました。娘(むすめ)はお父(とう)さんから本(ほん)を取(と)り上(あ)げてこう言(い)いました。

”現(あらわ)れるわよ！”と娘(むすめ)は言(い)い、本(ほん)をひっくり返(かえ)しながら”王子様(おうじさま)があなたのことを愛(あい)してくれるわ！”と言(い)ったのでした。

Ein Vater liest seiner kleinen Tochter manchmal die Geschichte von Cinderella vor. Heute liest er sie wieder. „Ich werde niemals jemanden haben, der mich liebt, sagte Cinderella und weinte traurig“, liest der Vater laut. Die Tochter nimmt schnell das Buch aus seinen Händen. „Wirst du! Wirst du!“, sagt sie und blättert durch das Buch, „Der Prinz wird dich lieben!“

otōsan wa tamani, osanai musume no tameni Shinderera o yondeagemasu. watashi no koto o aishitekureru hito nanka arawarenai no da wa to otōsan wa yomiagemashita. musume wa otōsan kara hon o toriagete kō iimashita. arawareru wa yo! to musume wa ii, hon o hikkurikaeshi nagara ōji sama ga anata no koto o aishitekureru wa! to itta no deshita.

助けてくれませんか？

Kannst du mir helfen?

単語

Vokabeln

1. 5 、五 [go, go] - fünf
2. しかし、けれども 、～の間 、そして [shikashi, keredomo, ～no aida, soshite] - aber, doch, und
3. すべて [subete] - alles
4. そこ [soko] - dort
5. そして [soshite] - damals, dann
6. ねこ [neko] - die Katze
7. の上 、に沿って [no ue, ni sotte] - über
8. もちろん [mochiron] - natürlich
9. やく [yaku] - über
10. イタリア人 [itariajin] - der Italiener
11. ガレージ 、車庫 [gare-ji, shako] - die Garage
12. コレクション [korekushon] - die Sammlung
13. サッカー [sakka-] - der Fußball
14. スイッチを入れる [suicchi wo ireru] - einschalten

15. スペイン人 [supeinjin] - der Spanier
16. ツアー客 [tsua-kyaku] - der Tourist
17. バイク 、オートバイ [baiku, o-tobai] - das Motorrad
18. パパ [papa] - der Papa
19. ママ [mama] - die Mutter, Mama
20. 愛 、愛する 、好き [ai, aisuru, suki] - die Liebe, lieben
21. 飲む [nomu] - trinken
22. 何年 [nannen] - wie viele Jahre
23. 眼鏡 [megane] - die Brille
24. 牛乳 [gyuunyuu] - die Milch
25. 近所 [kinjo] - der Nachbar
26. 警察 [keisatsu] - die Polizei
27. 見つける [mitsukeru] - finden
28. 見る [miru] - sehen
29. 好き 、好む [suki, konomu] - gefallen
30. 紅茶 [koucha] - der Tee
31. 行く /乗って行く [iku/notteiku] - gehen, wegfahren
32. 姉妹 [shimai] - die Schwester
33. 私の(私の物) [watashino (watashinomono)] - mein
34. 持つ 、所有する 、飼う [motsu, shoyuusuru, kau] - haben
35. 時間 [jikan] - die Zeit
36. 自由 、タダ [jiyuu, tada] - frei
37. 住む [sumu] - leben
38. 書く [kaku] - aufschreiben
39. 女性 [josei] - die Frau
40. 少し 、いくつか [sukoshi, ikutsuka] - wenig
41. 乗る [noru] - fahren
42. 新しくない [atarashikunai] - nicht neu
43. 数字 、番号 [suuji, bangou] - die Nummer
44. 誰 [dare] - wer
45. 誰の [dareno] - wessen
46. 探偵 [tantei] - der Detektiv
47. 男性 [dansei] - der Mann
48. 電話 [denwa] - das Telefon
49. 年 [toshi] - das Jahr
50. 歩く 、行く [aruku, iku] - gehen
51. 冒険 [bouken] - das Abenteuer
52. 明かり 、電気 [akari, denki] - das Licht
53. 洋服 、ローブ [youfuku, ro-bu] - die Kleidung

B

1

–あなたのの一とぶっくを持(もい)って行ってもいいですか？

-no-tobukku wo motte ittemo iidesuka?

1

- Kann ich dein Heft nehmen?

もい
−はい、 持 って行ってもいいです。それはて

うえ わたし
ーぶるの 上 にあります。 私 ののーとぶっ

あお
くは 青 です。

-hai, motte ittemo iidesu. sore ha te-buru no ue ni arimasu. watashi no no-tobukku ha ao desu.

- Ja, du kannst. Es ist auf dem Tisch. Mein Heft ist blau.

わたし み
− 私 はそれを見つけることができません。

-watashi ha mitsukeru koto ga dekimasen.

- Ich kann es nicht finden.

わたし うえ
− 私 ののーとぶっくはかうちの 上 にある

かもしれません。

-watashi no no-tobukku ha kauchi no ue ni aru kamo shiremasen.

- Vielleicht ist mein Heft auf dem Sofa.

うえ
−はい、それはかうちの 上 にあります。

-hai, sore ha kauchi no ue ni arimasu.

- Ja, es ist auf dem Sofa.

も
−あなたはもう１つぺんを持っていますか？

わたし でんわばんごう か ひつよう
私 は電 話 番 号 を書きとめる 必 要

があります。

-anata ha mou hitotsu pen wo motte imasuka? watashi ha denwabangou wo kakitomeru hitsuyou ga arimasu.

- Hast du noch einen Kugelschreiber? Ich muss eine Telefonnummer aufschreiben.

わたし うえ
− 私 のぺんはてーぶるの 上 にあります。

きんぞく
それは 金 属 です。

-watashi no pen ha te-buru no ue ni arimasu. sore ha kinzoku desu.

- Mein Kugelschreiber liegt auf dem Tisch. Er ist aus Metall.

2

なんさい
−あなたのねこは 何 才 ですか？

-anata no neko ha nansai desuka?

2

- Wie alt ist eure Katze?

わたし　さい
– 私　たちのねこは5 才 です。

-watashitachi no neko ha gosai desu.

- Unsere Katze ist fünf Jahre alt.

なに　た　す
–あなたのねこは 何 を食べるのが好きです
か？

-anata no neko ha nani wo taberuno ga suki desuka?

- Was frißt eure Katze am liebsten?

わたし　ぎゅうにゅう　の
– 私　たちのねこは 牛　乳 を飲むのが
す
好きです。

-watashitachi no neko ha gyunyu wo nomuno ga suki desu.

- Unsere Katze mag Milch trinken.

かのじょ　なんさい
– 彼　女 のねこは 何　才 ですか？

-kanojo no neko ha nansai desuka?

- Wie alt ist ihre Katze?

かのじょ　さい
– 彼　女 のねこは3 才 です。

-kanojo no neko ha sansai desu.

- Ihre Katze ist drei Jahre alt.

3

3

たくさんともだち
–あなたには 沢　山　友　達 がいますか？

-anata niha takusan tomodachi ga imasuka?

- Hast du viele Freunde?

わたし　たくさんともだち
–はい、 私 には 沢　山　友　達 がいま
す。

-hai, watashi niha takusan tomodachi ga imasu.

- Ja, ich habe viele Freunde.

わたし　まち　なか　ともだち
– 私　はこの 町 の 中 に 友　達 がいませ
ん。

-watashi ha kono machi no naka ni tomodachi ga imasen.

- Ich habe keine Freunde in dieser Stadt.

わたし　よる　わたし　ともだち
– 私　たちは 夜 に 私　の 友　達 と
いっしょ　えいが　い
一　緒 に 映 画 に行くかもしれません。あな

- Vielleicht werde ich am Abend mit meinen Freunden ins Kino gehen. Kannst du mitkommen?

わたし　　　いっしょ　こ
たは　私　たちと　一　緒　に来れますか？

-watashitachi ha yoru ni watashi no tomodachi to issho ni eiga ni ikukamo shiremasen. anata ha watashitachi to issho ni koremasuka?

い
-はい、行けます。

-hai, ikemasu.

- Ja, ich kann.

あね　わたし　　　いっしょ　こ
-あなたの　姉　は　私　たちと　一　緒　に来れますか？

-anata no ane ha watashitachi to issho ni koremasuka?

- Kann deine Schwester auch mitkommen?

わたし　かのじょ　でんわ
-　私　は　彼　女　に　電　話　できます。

-watashiha kanojo ni denwa dekimasu.

- Ich kann sie anrufen.

わたし　よる　　　　　でんわ
-　私　は　夜　にあなたに　電　話　します。

-watashi ha yoruni anata ni denwa shimasu.

- Ich werde dich am Abend anrufen.

ともだち　　　まち　す
-あなたの　友　達　はこの　町　に住んでいますか？

-anata no tomodachi ha kono machi no naka ni sunde imasuka?

- Wohnen deine Freunde in dieser Stadt?

わたし　ともだち　　　　　　　まち
-はい、　私　の　友　達　はみんなこの　町　に
す
住んでいます。

-hai, watashi no tomodachi ha minna kono machi ni sundeimasu.

- Ja, alle meine Freunde wohnen in dieser Stadt.

4

4

わたし　へや
-　私　は部屋をきれいにしなければなりませ
てつだ
ん。手　伝　ってくれませんか？

-watashi ha heya wo kireini shinakereba narimasen. tetsudatte kuremasenka?

- Ich muss das Zimmer aufräumen. Kannst du mir helfen?

-いいえ、私(わたし)は私(わたし)の電話(でんわ)を探(さが)さないといけません。

-iie, watashi ha watashi no denwa wo sagasanaito ikemasen.

- Nein, ich muss mein Telefon finden.

-あなたの電話(でんわ)はきっちんにあるかもしれません。

-anata no denwa ha kicchin ni arukamo shiremasen.

- Vielleicht ist dein Telefon in der Küche.

- 私(わたし)の電話(でんわ)を探(さが)すのを手伝(てつだ)ってください、そしたら私(わたし)はあなたが部屋(へや)をきれいにするのを手伝(てつだ)います。

-watashi no denwa wo sagasuno wo tetsudatte kudasai. Soshitara watashi ha anata ga heya wo kirei ni suruno wo tetsudaimasu.

- Hilf mir, mein Telefon zu finden und ich werde dir mit dem Saubermachen helfen.

5

-あなたは何(なに)か面白(おもしろ)い本(ほん)は持(も)っていませんか？

-anata ha nani ga omoshiroi hon ha motte imasenka?

- Hast du irgendwelche interessanten Bücher?

- 私(わたし)は本(ほん)のこれくしょんを沢山(たくさん)持(も)っています。多(おお)くの本(ほん)は冒険(ぼうけん)についてです。愛(あい)についての本(ほん)もあります。

-watashi ha hon no korekushon wo takusan motte imasu. ooku no hon ha bouken ni tsuite desu. ai ni tsuiteno hon mo arimasu.

- Ich habe eine große Buchsammlung. Viele meiner Bücher sind über Abenteuer. Ich habe auch Bücher über Liebe.

-あなたは探偵(たんてい)の本(ほん)を持(も)っていますか？

-anata ha tantei no hon wo motte imasuka?

- Hast du Detektivromane?

-いくつかあります。

- Ja, einige.

-ikutsuka arimasu.

み
–それらを見てもいいですか？

-sorera wo mitemo iidesuka?

- *Kann ich sie sehen?*

み　　　　　　　　　　ほんだな
–はい、見てもいいです。それらは 本　棚 の
うえ　　　　　たな　みぎがわ　うえ
上 にあります。 棚 の 右　側 の 上 にあり
ます。

-hai, mitemo iidesu. Sorera ha hondana no ue ni arimasu. tana no migigawa no ue ni arimasu.

- *Ja, du kannst. Sie sind im Regal. In dem Regal rechts.*

わたし　　かあ　　ほん
– 私　のお 母 さんも 本 のこれくしょんを
も
持っています。

-watashi no okaasan mo hon no korekushon wo motte imasu.

- *Meine Mutter hat auch eine Büchersammlung.*

6

わたし　　　めがね　さが　ひつよう
– 私　はぱぱの眼 鏡 を 探 す 必　要 があ
ります。それらはどこですか？

-watashi ha papa no megane wo sagasu hitsuyou ga arimasu. sorera ha dokodesuka?

6

- *Ich muss Papas Brille finden. Wo ist sie?*

かれ　めがね　たな　うえ
– 彼 の 眼 鏡 は 棚 の 上 にあるかもしれま
せん。

-kare no megane ha tana no ue ni arukamo shiremasen.

- *Vielleicht ist seine Brille im Regal.*

かれ　めがね
–いいえ、 彼 の 眼 鏡 はそこにはありませ
ん。

-iie, kare no megane ha sokoniha arimasen.

- *Nein, seine Brille ist nicht dort.*

へや　なか　　　　　　うえ
–そしたらそれは部屋の 中 のてーぶるの 上
にあります。

-soshitara sore ha heya no naka no te-buru no ue ni arimasu.

- *Dann ist sie im Zimmer auf dem Tisch.*

かれ めがね み
– 彼 の 眼 鏡 を見つけました。

-kare no megane wo mitsuke mashita.

- Ich habe die Brille gefunden.

7

7

わたし わたし あら
– 私 は 私 たちのこっぷを 洗 う
ひつよう
必 要 があります。

-watashi ha watashitachi no koppu wo arau hitsuyou ga arimasu.

- Ich muss unsere Tassen waschen.

いまあら
–あなたはこっぷを 今 洗 わなければいけませんか？

-anata ha koppu wo ima arawanakereba ikemasenka?

- Musst du die Tassen jetzt waschen?

わたし いまあら
–はい、 私 はそれらを 今 洗 わなければなりません。

-hai, watashi ha sorera wo ima arawanakereba narimasen.

- Ja, ich muss sie jetzt waschen.

へや なか
–この部屋の 中 にきれいなこっぷはありますか？

-kono heya no naka ni kireina koppu ha arimasuka?

- Gibt es saubere Tassen in diesem Zimmer?

たな うえ たくさん
–はい、そこの 棚 の 上 に 沢 山 きれいなこっぷがあります。

-hai, soko no tana no ue ni takusan kireina koppu ga arimasu.

- Ja, es gibt mehrere saubere Tassen in diesem Regal.

わたし
–どのこっぷが 私 のですか？

-dono koppu ga watashi no desuka?

- Welche Tasse ist für mich?

きいろ わたし
–あなたのこっぷは 黄 色 、しかし 私 のは
あお
青 です。

-anatano koppu ha kiiro, shikashi watashino ha ao

- Deine Tasse ist gelb, aber meine ist blau.

desu.

8

8

だんせい　わたし
–この 男　性 は　私　のぱぱです。これはぱ
いえ
ぱの 家 です。

-kono dansei ha watashi no papa desu. kore ha papa no ie desu.

- Dieser Mann ist mein Papa. Das ist Papas Haus.

かれ　いえ　あたら
– 彼 の 家 は　新　しいですか？

-kare no ie ha atarashii desuka?

- Ist sein Haus neu?

かれ　いえ　あたら
–いいえ、 彼 の 家 は　新　しくありません
。

-iie, kare no ie ha atarashiku arimasen.

- Nein, es ist nicht neu.

くるま
–これはあなたの　車　ですか？

-kore ha anata no kuruma desuka?

- Ist das dein Auto?

くるま　あお
–いいえ、この　車　は 青 です、そして
わたし　　くるま　あか
私　たちの　車　は 赤 です。

-iie, kono kuruma ha ao desu, soshite watashitachi no kuruma ha aka desu.

- Nein, dass ist ein blaues Auto, und unser Auto ist rot.

9

9

わたし
–これは　私　のままです。

-kore ha watashi no mama desu.

- Das ist meine Mutter.

かのじょ　で　い
– 彼　女 は出て行くところですか？

-kanojo ha deteiku tokoro desuka?

- Geht sie weg?

かのじょ　しごと　い
–はい、 彼　女 は 仕 事 に行きます。

-hai, kanojo ha shigoto ni ikimasu.

- Ja, sie geht arbeiten.

かのじょ　くるま
–これは 彼　女 の　車　ですか？

-kore ha kanojo no kuruma desuka?

- Ist das ihr Auto?

わたし　かあ　くるま
-はい、これは 私 のお 母 さんの 車 で
かのじょ　くるま　あたら
す。彼 女 の 車 は 新 しいです。

-hai, kore ha watashi no okaasan no kuruma desu.kanojo no kuruma ha atarashii desu.

くるま　も
-あなたのぱぱも 車 を持っていますか？

-anata no papa mo kuruma wo mochimasuka?

かれ　くるま　なか
-はい、彼 の 車 はがれーじの 中 にあり
ます。

-hai, kare no kuruma ha gare-ji no naka ni arimasu.

10

いぬ　す
-あなたは 犬 が好きですか？す。

-anata ha inu ga suki desuka?

わたし　いぬ　か
-いいえ、しかし 私 のままは 犬 を飼って
います。

-iie, shikashi watashi no mama ha inu wo katte imasu.

いぬ　いぬ
-この 犬 があなたのままの 犬 ですか？

-kono inu ga anata no mama no inu desuka?

いぬ　かのじょ　いぬ
-はい、この 犬 が 彼 女 の 犬 です。

-hai, kono inu ga kanojo no inu desu.

11

へや
-あなたの部屋はどこですか？

-anata no heya ha doko desuka?

わたし　へや　みぎ
- 私 の部屋は 右 にあります。そこはきれ
あか
いで 明 るいです。

-watashi no heya ha migi ni arimasu. soko ha kirei

- Ja, das ist das Auto meiner Mutter. Ihr Auto ist neu.

- Hat dein Papa auch ein Auto?

- Ja, sein Auto steht in der Garage.

10

- Magst du Hunde?

- Nein, aber meine Mutter hat einen Hund.

- Gehört dieser Hund deiner Mutti?

- Ja, das ist ihr Hund.

11

- Wo ist dein Zimmer?

- Mein Zimmer ist rechts. Es ist sauber und hell.

de akarui desu.

ひだり　　だれ　へや
– 左 には 誰 の部屋がありますか？

-hidari niha dare no heya ga arimasuka?

- *Wessen Zimmer ist links?*

かあ　　へや　　かのじょ
–これはお 母 さんの部屋です。 彼 女 の

へや　おお　　うつく
部屋は 大 きくて 美 しいです。

-kore ha okaasan no heya desu. kanojo no heya ha ookikute utsukushii desu.

- *Das ist das Zimmer meiner Mutter. Ihr Zimmer ist groß und schön.*

12

12

なか　みず
–けとるの 中 に 水 はありますか？

-ketoru no naka ni mizu ha arimasuka?

- *Gibt es Wasser im Teekessel?*

なか　　みず　すこ
–はい、けとるの 中 には 水 が 少 しありま す。

-hai, ketoru no naka niha mizu ga sukoshi arimasu.

- *Ja, es gibt ein wenig Wasser im Teekessel.*

こうちゃ
– 紅 茶 をもらってもいいですか？

-koucha wo morattemo iidesuka?

- *Kann ich mir Tee machen?*

-はい、もちろん。

-hai, mochiron.

- *Ja, natürlich.*

13

13

わたし　　　　ぎゅうにゅう　すこ
– 私 たちのねこは 牛 乳 を 少 しし

の
か飲みませんでした。

-watashitachi no neko ha gyunyu wo sukoshi shika nomimasen deshita.

- *Unsere Katze hat nur ein wenig Milch getrunken.*

わたし　かのじょ　びょうき　　おも
– 私 は 彼 女 は 病 気 だったと 思 い ます。

-watashi ha kanojo ha byouki dattato omoi masu.

- *Ich denke dass sie krank war.*

14

14

まち　たくさん　　　じん
–この 町 には 沢 山 のいたりあ 人 とすぺ

- *Gibt es viele Italiener und Spanier in dieser Stadt?*

　　じ
いん人はいますか？

-kono machi niha takusan no itariajin to supeinjin ha imasuka?

　　　たくさん　　　　きゃく
-はい、沢　山のつあー　客　がいます。

- *Ja, es gibt viele Touristen hier.*

-hai, takusan no tsua-kyaku ga imasu.

わたし　　　まち　うつく
- 私　たちの町は　美　しいです。

- *Unsere Stadt ist schön.*

-watashitachi no machi ha utsukushii desu.

わたし　　　　す　　　す
- 私　はここに住むのが好きです。

- *Ich mag es, hier zu leben.*

-watashi ha koko ni sumuno ga suki desu.

15

　　ひと　だれ
-その人は誰ですか？

- *Wer ist das?*

-sonohito ha dare desuka?

　　ひと　わたし　ともだち
-この人は私の友　達のろばーとです。

- *Das ist mein Freund, Robert.*

-konohito ha watashi no tomodachi no roba-to desu.

かれ　ふく　ふる
- 彼の服は古いです。

- *Er hat alte Kleidung.*

-kare no fuku ha furui desu.

かれ　か　もの　きら
- 彼は買い物が嫌いです。

- *Er mag das Einkaufen nicht.*

-kare ha kaimono ga kirai desu.

16

　　じょせい　とお　　む　　がわ　いえ
-この女　性は通りの向こう側の家に
す
住んでいますか？

- *Wohnt diese Frau in dem Haus gegenüber?*

-kono josei ha toori no mukougawa no ie ni sunde imasuka?

　　　かのじょ　わたし　　　　きんじょ
-はい、彼　女は私　たちのご近　所さんです。

- *Ja, sie ist unsere Nachbarin.*

-hai, kanojo ha watashitachi no gokinjosan desu.

-そこにあるのは彼女(かのじょ)のおーとばいですか？

-soko ni aruno ha kanojo no o-tobai desuka?

- Ist das ihr Motorrad?

-はい、それは彼女(かのじょ)のおーとばいです。

-hai, sore ha kanojo no o-tobai desu.

- Ja, das ist ihr Motorrad.

17

-この部屋(へや)は、明(あ)かりが少(すく)ないです。電気(でんき)をつけてくれますか？

-konoheya ha, akari ga sukunai desu. denki wo tsukete kuremasuka?

- Es gibt wenig Licht in diesem Zimmer. Kannst du das Licht einschalten?

-はい、つけます。

-hai, tsuke masu.

- Ja, ich kann.

18

-今日町(きょうまち)には沢山(たくさん)の警察官(けいさつかん)がいますか？

-kyou machi niha takusan no keisatsukan ga imasuka?

- Gibt es heute viele Polizisten in der Stadt?

-はい、今日(きょう)はふっとぼーるの試合(しあい)です。

-hai, kyou ha futtobo-ru no shiai desu.

- Ja, heute gibt es ein Fußballspiel.

-ふっとぼーるまっちに行(い)きませんか？

-futtobo-rumacchi ni ikimasenka?

- Vielleicht können wir zum Fußballspiel gehen?

-はい、私(わたし)は沢山(たくさん)の自由時間(じゆうじかん)があります。

-hai, watashi ha takusan no jiyujikan ga arimasu.

- Ja, ich habe viel Freizeit.

7

氷を砕く

Brich das Eis

誕生日会(たんじょうびかい)には沢山(たくさん)の子供(こども)たちが参加(さんか)をしており、みんなでてーぶるを囲(かこ)んでけーきを見(み)ています。けーきの上(うえ)にはちょこでできた動物(どうぶつ)が飾(かざ)られています。

”誰(だれ)かしまうま欲(ほ)しい？”とお母(かあ)さんは子供(こども)たちに聞(き)きます。

”しまうまさんください”と女(おんな)の子(こ)は言(い)いました。

”お魚(さかな)さんください”ともう一人(いちにん)の女(おんな)の子(こ)

Es sind viele kleine Kinder bei einer Geburtstagsparty. Sie alle sitzen am Tisch. Ein großer Kuchen ist auf dem Tisch. Auf dem Kuchen sind Schokoladentiere.
„Wer will das Zebra?", fragt die Mutter die Kinder.
„Gib mir bitte das Zebra", sagt ein Mädchen.
„Gib mir bitte den Fisch", sagt ein weite-

が言(い)いました。

”きりんさんください”と男(おとこ)の子(こ)が言(い)いました。

”すぷーんください”と別(べつ)の男(おとこ)の子(こ)が言(い)いました。

res Mädchen.
„Gib mir bitte die Giraffe“, sagt ein Junge.
„Gib mir bitte einen Löffel“, sagt ein weiterer Junge.

tanjōbikai ni wa takusan no kodomotachi ga sanka o shiteori, minna de te-buru o kakonde ke-ki o miteimasu. ke-ki no ueni wa choko de dekita dōbutsu ga kazarareteimasu. dare ka shimauma hoshii? to okāsan wa kodomotachi ni kikimasu. shimauma san kudasai to onnanoko wa iimashita. o sakana san kudasai to mō ichi nin no onnanoko ga iimashita. kirin san kudasai to otokonoko ga iimashita. supu-n kudasai to betsu no otokonoko ga iimashita.

あなたの名前は何ですか？

Wie heißt du?

単語

Vokabeln

1. 12 、十二 [juuni, juuni] - zwölf
2. 18 、十八 [juuhachi, juuhachi] - achtzehn
3. 1 、一 [ichi, ichi] - ein
4. 20 、二十 [nijuu, nijuu] - zwanzig
5. 2 、二 [ni, ni] - zwei
6. 40 、四十 [yonjuu, yonjuu] - vierzig

7. 8、八 [hachi, hachi] - acht
8. ～から、どこから [～kara, doko-kara] - woher
9. ～へ [～he] - zu, nach
10. ～まで [～made] - bis
11. いくつか、いくらか [ikutsuka, ikuraka] - irgendwelcher
12. いつ [itsu] - wann, als
13. いつも [itsumo] - immer
14. お父さん [otousan] - der Vater
15. こんにちは [konnichiwa] - Hallo
16. そう遠くない昔、最近 [soutookunaimukashi, saikin] - letztens, kürzlich
17. とても [totemo] - sehr
18. どうやって [douyatte] - wie
19. のどが渇く [nodoga kawaku] - dreißig
20. よく [yoku] - oft
21. イギリス [igirisu] - England
22. イギリスの女性 [igirisuno josei] - die Engländerin
23. イタリア [itaria] - Italien
24. クッキー [kukki-] - der Keks, das Törtchen
25. クラブ [kurabu] - der Klub
26. ゲスト [gesuto] - der Gast
27. サーモン [sa-mon] - der Lachs
28. サッカー [sakka-] - der Fußball
29. サッカー選手 [sakka-senshu] - der Fußballspieler
30. スタンプ [sutanpu] - die Briefmarke
31. ドイツの [doitsuno] - Deutsch
32. ナポリ [napori] - Neapel
33. ピザ [piza] - die Pizza
34. フランク [furanku] - Frank
35. メカニック [mekanikku] - der Mechaniker
36. ライター、作家、記者 [raita-, sakka, kisha] - die Schriftstellerin /der Schriftsteller
37. 医者、医師 [isha, ishi] - der Arzt
38. 育児室 [takujishitsu] - Kinderkrippe
39. 英国 [eikoku] - Großbritannien
40. 何年も [nannenmo] - Jahre
41. 家、家庭 [ie, katei] - das Haus
42. 家族 [kazoku] - die Familie
43. 学校 [gakkou] - die Schule
44. 寒い [samui] - kalt, kühl
45. 休暇 [kyuuka] - der Urlaub, die Ferien
46. 国 [kuni] - das Land
47. 国籍 [kokuseki] - die Nationalität
48. 国民 [kokumin] - national
49. 皿 [sara] - die Speise, das Gericht
50. 産まれる [umareru] - geboren sein
51. 子供 [kodomo] - das Kind
52. 私たち [watashitachi] - uns
53. 自動車、車 [jidousha, kuruma] - das Auto, der Wagen
54. 車のサービス [kurumano sa-bisu] - der Autoservice
55. 修復、修理 [shuufuku, shuuri] - die Renovierung
56. 乗る、行く [noru, iku] - fahren
57. 職業、専門職 [shokugyou, senmonshoku] - der Beruf, das Fach
58. 人生 [jinsei] - das Leben

59. 専門家、プロフェッショナル [senmonka, purofesshonaru] - professionell
60. 全体、すべて [zentai, subete] - ganze
61. 素晴らしい [subarashii] - herrlich
62. 代理店、紹介所 [dairiten, shoukaijo] - die Agentur, das Büro
63. 大学 [daigaku] - die Universität
64. 知り合いになる、習得する、習う [shiriaininaru, shuutokusuru, narau] - kennenlernen
65. 知る [shiru] - kennen
66. 動物 [doubutsu] - das Tier
67. 年上 [toshiue] - älter
68. 売る [uru] - verkaufen
69. 不動産 [fudousan] - die Immobilie, das Grundbesitz
70. 勉強する、学ぶ [benkyousuru, manabu] - lernen
71. 郵便局 [yuubinkyoku] - das Postamt
72. 旅行 [ryokou] - reisen
73. 両親 [ryoushin] - die Eltern

1	*1*
-こんにちは。 -konnichiha.	*- Hallo.*
なまえ　なに -こんにちは。あなたの名前は何ですか？ -konnichiha. anata no namae ha nan desuka?	*- Hallo. Wie heißt du?*
わたし　なまえ - 私の名前はふらんくです。そしてあなた なまえ　なに の名前は何ですか？ -watashi no namae ha furanku desu. soshite anata no namae ha nan desuka?	*- Ich heiße Frank. Und du?*
わたし　なまえ - 私の名前はまりおです。 -watashi no namae ha mario desu.	*- Ich heiße Mario.*
なんさい -あなたは何才ですか？ -anata ha nansai desuka?	*- Wie alt bist du?*
わたし　さい - 私は18才です。 -watashi ha juuhassai desu.	*- Ich bin achtzehn Jahre alt.*

–あなたの国籍(こくせき)は何(なに)ですか？

-anata no kokuseki ha nan desuka?

- Welcher Nationalität bist du?

– 私(わたし)は英国(えいこく)で生(う)まれそして生活(せいかつ)しています。私(わたし)のぱぱはすぺいん人(じ)です。私(わたし)のままはいぎりすの女性(じょせい)です。そしてあなたはどこから来(き)ましたか？

-watashi ha eikoku de umare soshite seikatsushite imasu. watashi no papa ha supeinjin desu. watashi no mama ha igirisu no josei desu. soshite anata ha dokokara kimashitaka?

- Ich bin in Großbritannien geboren und ich lebe dort. Mein Vater ist Spanier und meine Mutter Engländerin. Und woher bist du?

– 私(わたし)はいたりあの国籍(こくせき)です。私(わたし)はなぽりに住(す)んでいます。あなたは働(はたら)いていますか、もしくは勉強(べんきょう)していますか？

-watashi ha itaria no kokuseki desu. watashi ha napori ni sunde imasu. anata ha hataraite imasuka, moshikuha benkyou shiteimasuka?

- Ich bin Italiener. Ich wohne in Neapel. Arbeitest du oder studierst?

– 私(わたし)はなしょなる大学(だいがく)の生徒(せいと)です。そしてあなたの職業(しょくぎょう)は何(なに)ですか？

-watashi ha nashonaru daigaku no seito desu. soshite anata no shokugyou ha nan desuka?

- Ich studiere and der Nationalen Universität. Und was bist du von Beruf?

– 私(わたし)の職業(しょくぎょう)はめかにっくです。

私(わたし)は自分(じぶん)の自動車(じどうしゃ)さーびすをいたりあに持(も)っています。

-watashi no shokugyou ha mekanikku desu. watashi ha jibun no jidoushasa-bisu wo itaria ni

- Ich bin Mechaniker. Ich habe einen eigenen Autoservice in Italien.

motteimasu.

す
-あなたはいぎりすは好きですか？

-anata ha igirisu ha suki desuka?

- Magst du England?

わたし　くに　す
- 私 はこの 国 が好きです、けれどもここは

さむ　わたし　こんたくさんりょこう
寒いです。 私 は今 沢 山 旅 行 して

りょこう
います。あなたは 旅 行 がすきですか？

-watashi ha konokuni ga suki desu. keredomo koko ha samui desu. watashi ha ima takusan ryokou shiteimasu. Anata ha ryokou ga suki desuka?

- Ich mag dieses Land, aber es ist kalt hier. Ich reise jetzt viel. Magst du reisen?

わたし　りょこう　す　わたし
- 私 は 旅 行 が好きです、しかし 私 は

いま　すこ　じかん
今 ほんの 少 しの 時 間 しかありません。

-watashi ha ryokou ga suki desu. shikashi watashi ha ima honno sukoshino jikan shika arimasen.

- Ich reise gern, aber jetzt habe ich sehr wenig Zeit.

かぞく　いっしょ　わたし
-あなたはあなたの 家 族 と 一 緒 に 私 の

き
ところに来てくれませんか？

-anata ha anata no kazoku to issho ni watashi no tokoro ni kite kuremasenka?

- Könntest du mich mit deiner Familie besuchen?

いま　たくさん
-いいえ、それはできません。 今 は 沢 山

べんきょう
勉 強 しないといけません。

-iie, sore ha dekimasen. ima ha takusan benkyou shinai to ikemasen.

- Ich kann nicht. Jetzt muss ich viel lernen.

2

2

いえ　す
-あなたはいつもこの 家 に住んでいましたか？

-anata ha itsumo kono ie ni sunde imashitaka?

- Hast du immer in diesem Haus gewohnt?

わたし　う　す
-はい、 私 は生まれてからずっとここで過ごしています。

- Ja, ich habe mein ganzes Le-

-hai, watashi ha umarete kara zutto koko de sugoshite imasu.

ben lang hier gewohnt.

うつく　いえ　も
-あなたは 美 しい 家 を持っていますね！

-anata ha utsukushii ie wo motte imasune!

- Du hast ein schönes Haus!

わたし　さいきんしゅうり
-はい、 私 たちは 最 近 修 理 しました
。

-hai, watashitachi ha saikin shuuri shimashita.

- Ja, wir hatten kürzlich eine Renovierung.

にわ　たくさんうつく　はな　も
-あなたは 庭 に 沢 山 美 しい 花 を持っ
ています。

-anata ha niwa ni takusan utsukushii hana wo motte imasu.

- Du hast viele schönen Blumen im Garten.

わたし　はな　す
-はい、 私 のままは 花 が好きです。

-hai, watashi no mama ha hana ga suki desu.

- Ja, meine Mutter mag Blumen.

3

3

こうちゃ　いっしょ　の
- 紅 茶 を 一 緒 に飲みませんか？

-koucha wo issho ni nomimasenka?

- Vielleicht trinken wir Tee?

い
-はい、きっちんに行きましょう。

-hai, kicchin ni ikimashou.

- Ja, lass uns in die Küche gehen.

も
-あなたはぶらっくてぃーを持っていますか？

-anata ha burakkuti- wo motte imasuka?

- Hast du schwarzen Tee?

わたし
-はい、 私 たちはぶらっくとぐりんてぃーを
も
持っています。

-hai, watashitachi ha burakku to gurinti- wo motteimasu.

- Ja, wir haben schwarzen und grünen Tee.

た　もの　す
-あなたはどんな食べ 物 が好きですか？

-anata ha donna tabemono ga suki desuka?

- Welches Essen magst du am besten?

わたし　ようい　りょうり
- 私 はままが 用 意 するさーもん 料 理 が

好(す)きです。彼女(かのじょ)はおいしいくっきーも作(つく)ります。

-watashi ha mama ga youisuru sa-mon ryouri ga suki desu. kanojo ha oishii kukki- mo tsukurimasu.

- Ich mag es, wenn meine Mutter Speisen mit Lachs zubereitet. Sie macht auch gute Kekse.

-そして私(わたし)はとてもぴざが好(す)きです。

-soshite watashi ha totemo piza ga suki desu.

- Ich esse Pizza wirklich gern.

-あなたはぴざを作(つく)れますか？

-anata ha piza wo tsukuremasuka?

- Kannst du Pizza machen?

-はい、作(つく)れます。私(わたし)は料理(りょうり)が好(す)きです。

-hai, tsukuremasu. watashi ha ryouri ga suki desu.

- Ja, ich kann. Ich mag kochen.

4

-あなたはぺっとを飼(か)っていますか？

-anata ha petto wo katte imasuka?

- Hast du Haustiere?

-はい、私(わたし)は犬(いぬ)を飼(か)っています。彼(かれ)の名前(なまえ)はじょにーです。

-hai, watashi ha inu wo katte imasu. kare no namae ha joni- desu.

- Ja, ich habe einen Hund. Er heißt Johnny.

- 彼(かれ)は何才(なんさい)ですか？

-kare ha nansai desuka?

- Wie alt ist er?

- 彼(かれ)は6才(さい)です。

-kare ha rokusai desu.

- Er ist sechs Jahre alt.

- 私(わたし)もいたりあに犬(いぬ)を飼(か)っています。

-watashi mo itaria ni inu wo katte imasu.

- Ich habe auch einen Hund in Italien.

5

-あなたはどいつ語(ご)を知(し)っていますか？

-anata ha doitsugo wo shitte imasuka?

- Kannst du gut Deutsch sprechen?

-はい、私(わたし)はお父(とう)さんとそれを学(まな)びました。あなたの家族(かぞく)は全員(ぜんいん)どいつ語(ご)を話(はな)しますか？

-hai, watashi ha otousan to sore wo manabimashita. anata no kazoku ha zenin doitsugo wo hanashimasuka?

- Ja, ich habe es mit meinem Vater gelernt. Spricht jeder Deutsch in deiner Familie?

-はい、私(わたし)たちは全員(ぜんいん)どいつ語(ご)を話(はな)します。

-hai, watashitachi ha zenin doitsugo wo hanashimasu.

- Ja, wir sprechen alle Deutsch.

-あなたは他(た)の言語(げんご)を知(し)っていますか？

-anata ha hoka no gengo wo shitte imasuka?

- Kennst du auch eine andere Sprache?

- 私(わたし)はふらんす語(ご)を少(すこ)し話(はな)します。

-watashi ha furansugo wo sukoshi hanashimasu.

- Ich kann ein bisschen Französisch sprechen.

6

6

-このてーぶるの上(うえ)にある本(ほん)はあなたのですか？

-konote-buru no ue ni aru hon ha anata no desuka?

- Gehört das Buch auf dem Tisch dir?

-はい、この本(ほん)は私(わたし)のです。これらはあがさ・くりすてぃーの探偵小説(たんていしょうせつ)です。あなたはこの作者(さくしゃ)は好(す)きですか？

-hai, konohon ha watashi no desu. korera ha agasa・kurisuti- no tanteishousetsu desu. anata ha konosakusha ha suki desuka?

- Ja, das ist mein Buch. Das sind Detektiverzählungen von Agatha Christie. Magst du diese Autorin?

-はい、彼女(かのじょ)は素晴(すば)らしい探偵(たんてい)小説(しょうせつ)を書(か)きます。

-hai, kanojo ha subarashii tanteishousetsu wo kaki

- Ja. Sie schreibt tolle Detektivromane.

masu.

ほん　よ　　　す
-あなたは 本 を読むのが好きですか？

-anata ha hon wo yomuno ga sukidesuka?

- Liest du gerne?

わたし　たくさんよ
-はい、　私　は 沢　山 読みます。

-hai, watashi ha takusan yomimasu.

- Ja. Ich lese sehr viel.

7

かぞく　おお
-あなたには 家 族が 多 くいますか？

-anata niha kazoku ga ooku imasuka?

7

- Hast du eine große Familie?

わたし　　かぞく　たくさん
-はい、　私　には 家 族 が 沢　山 います。お

とう　　　　かあ　　　　　　にん
父 さん、お 母 さん、そして２ 人 の

きょうだい　いもうと
兄　弟 と　妹　がいます。

-hai, watashi niha kazoku ga takusan imasu. Otousan, okaasan, soshite futari no kyoudai to imouto ga imasu.

- Ja, ich habe eine große Familie. Ich habe einen Vater, eine Mutter, zwei Brüder und eine kleine Schwester.

いもうと　なんさい
-あなたの　妹　は 何　才 ですか？

-anata no imouto ha nansai desuka?

- Wie alt ist deine Schwester?

かのじょ　　さい
- 彼　女 は１ 才 です。

-kanojo ha issai desu.

- Sie ist ein Jahr alt.

かのじょ　なまえ　なに
- 彼　女 の 名 前 は 何 ですか？

-kanojo no namae ha nan desuka?

- Wie heißt sie?

かのじょ　なまえ　　　　　　　かのじょ
- 彼　女 の 名 前はじょーです。 彼　女 はま

ある　かた　し
だ 歩 き 方 を知りません。

-kanojo no namae ha jo- desu. kanojo ha mada arukikata wo shirimasen.

- Sie heißt Joe. Sie kann noch nicht laufen.

いもうと　いま
-あなたの　妹　は 今 どこですか？

-anata no imouto ha ima doko desuka?

- Wo ist deine Schwester jetzt?

かのじょ いくじしつ
-彼女は育児室にいます。

-kanojo ha ikujishitsu ni imasu.

- Sie ist in der Kinderkrippe.

とう しょくぎょう なに
-あなたのお父さんの職業は何ですか？

-anata no otousan no shokugyou ha nandesuka?

- Was ist dein Vater von Beruf?

わたし しょくぎょう いしゃ
-私のぱぱの職業は医者です。し

かれ いまはたら
かし彼は今働いていません。

-watashi no papa no shokugyou ha isha desu. shikashi kare ha ima hataraite imasen.

- Mein Vater ist Arzt von Beruf. Aber jetzt arbeitet er nicht.

-どうしてですか？

-doushite desuka?

- Warum?

かれ きゅうか と
-彼は休暇を取っています。

-kare ha kyuuka wo totte imasu.

- Er macht jetzt Urlaub.

はたら
-あなたのままはどこで働いていますか？

-anata no mama ha doko de hataraite imasuka?

- Wo arbeitet deine Mutter?

わたし ふどうさんだいりてん はたら
-私のままは不動産代理店で働

かのじょ いえ う
いています。彼女は家を売ります。

-watashi no mama ha fudousandairiten de hataraite imasu. kanojo ha ie wo urimasu.

- Meine Mutter arbeitet in einem Immobilienbüro. Sie verkauft Häuser.

かのじょ なが はたら
-彼女はどのくらい長くそこで働いて

いますか？

-kanojo ha donokurai nagaku sokode hataraite imasuka?

- Wie lang arbeitet sie dort?

わたし かあ ねんはたら
-私のお母さんはそこで8年働いて

います。

-watashi no okaasan ha sokode hachinen hataraite imasu.

- Meine Mutter arbeitet dort seit acht Jahren.

かのじょ　いぜん　はたら
-彼女は以前はどこで働いていましたか？

-kanojo ha izen ha dokode hataraite imashitaka?

- Wo arbeitete sie früher?

かのじょ　ゆうびんきょく　はたら
-彼女は郵便局で働いていました。

-kanojo ha yuubinkyoku de hataraite imashita.

- Sie arbeitete bei der Post.

かあ　こんしごとちゅう
-あなたのお母さんは今仕事中ですか？

-anata no okaasan ha ima shigotochuu desuka?

- Ist sie jetzt im Büro?

かのじょ　みせ
-いいえ、彼女は店にいます。

-iie, kanojo ha mise ni imasu.

- Nein, sie ist im Geschäft.

りょうしん　なんさい
-あなたの両親は何才ですか？

-anata no ryoushin ha nansai desuka?

- Wie alt sind deine Eltern?

わたし　さい　わたし
- 私のままは38才です。私のぱぱは41

さい
才です。

-watashi no mama ha sanjuhassai desu. watashi no papa ha yonjuissai desu.

- Meine Mutter ist achtunddreißig Jahre alt. Mein Vater ist einundvierzig.

しゃしん　なか
-この写真の中にいるのはあなたの

きょうだい
兄弟ですか？

-konoshashin no naka ni iruno ha anata no kyoudai desuka?

- Sind es deine Brüder in diesem Bild?

-はい。

-hai.

- Ja.

かれ　なまえ　なに
- 彼らの名前は何ですか？

-karera no namae ha nandesuka?

- Wie heißen sie?

かれ　さい
-これがふぃりっぷ。彼は12才です。

-kore ga firippu. kare ha jyuunisai desu.

- Das ist Philip. Er ist zwölf

Jahre alt.

かれ　べんきょう
– 彼 は 勉　強 していますか？

-kare ha benkyou shiteimasuka?

- Lernt er in der Schule?

かれ　がっこう　い
–はい、彼 は 学　校 に行っています。

-hai, kare ha gakkou ni itte imasu.

- Ja, er besucht die Schule.

かれ　べんきょう
– 彼 はよく 勉　強 しますか？

-kare ha yoku benkyou shimasuka?

- Hat er gute Noten?

かれ　べんきょう
–はい、彼 はよく 勉　強 します。

-hai, kare ha yoku benkyou shimasu.

- Ja, er hat gute Noten.

だれ
–そしてこれは 誰 ですか？

-soshite kore ha dare desuka?

- Und wer ist das?

わたし　あに
–これは 私 の 兄 のじょんです。

-kore ha watashi no ani no jon desu.

- Das ist mein älterer Bruder John.

かれ　なんさい
– 彼 は 何　才 ですか？

-kare ha nansai desuka?

- Wie alt ist er?

かれ　さい
– 彼 は20 才 です。

-kare ha nijussai desu.

- Er ist zwanzig Jahre alt.

かれ　はたら
– 彼 は 働 いていますか？

-kare ha hataraite imasuka?

- Arbeitet er?

かれ　せんしゅ
–はい、彼 はぷろのさっかー 選　手 です。

-hai, kare ha puro no sakka-senshu desu.

- Ja, er ist ein professioneller Fußballspieler.

わたし　す　かれ
– 私 はさっかーが好きです。彼 はどのくらぶでぷれいしていますか？

-watashi ha sakka- ga suki desu. kare ha dono kurabu de purei shiteimasuka?

- Ich mag Fußball. In welchem Klub spielt er?

かれ
– 彼 はろんどんくらぶでぷれいしています。

-kare ha rondonkurabu de purei shiteimasu.

- Er spielt im Londoner Klub.

かれ　あ
– 彼 に会ってもいいですか？

-kare ni attemo iidesuka?

- *Kann ich ihn kennenlernen?*

-はい、もちろん。

-hai, mochiron.

- *Ja, natürlich.*

8

8

くるま　も
–あなたは　車　を持っていますか？

-anata ha kuruma wo motte imasuka?

- *Hast du ein Auto?*

わたし　あたら　くるま　も
–はい、　私　たちは　新　しい　車　を持っています。

-hai, watashitachi ha atarashii kuruma wo motte imasu.

- *Ja, wir haben ein neues Auto.*

くるま　も
–あなたはどんな　車　を持っていますか？

-anata ha donna kuruma wo motte imasuka?

- *Was für ein Auto habt ihr?*

わたし　も
–　私　たちはBMWを持っています。

-watashitachi ha bi-emdaburyu wo motte imasu.

- *Wir haben eine BMW.*

うんてん
–あなたはそれをよく　運　転　しますか？

-anata ha sore wo yoku unnten shimasuka?

- *Fährt ihr oft Auto?*

わたし　かあ　しごとば
–はい、　私　のお 母 さんがよく 仕 事 場へ
うんてん
運　転　しています。

-hai, watashi no okaasan ga yoku shigotoba he untenshite imasu.

- *Ja, meine Mutter fährt oft mit dem Auto zur Arbeit.*

8

氷を砕く

Brich das Eis

”どうだかね、ってどういう意味(いみ)？”と少年(しょうねん)はお母さんに聞(き)きました。

”疑(うたが)わしいってことは真実(しんじつ)か真実(しんじつ)じゃないか確(たし)かじゃない時(とき)よ。でもたまに真実(しんじつ)の時(とき)もあるの。”

後(あと)に二人(ふたり)がスープ(すぷ)を食(た)べている時(とき)、少年(しょうねん)は座(すわ)って窓(まど)を眺(なが)めていました。

”早(はや)く食(た)べちゃいなさい”とお母さんは言(い)いました。息子(むすこ)はお母さんを見(み)ています。息子(むすこ)は何(なに)

„Was bedeutet ‘ich bezweifle es’?”, fragt ein kleiner Junge seine Mutter. „Es bedeutet eher nein als ja. Aber es kann in anderen Situationen ja bedeuten“, erklärt die Mutter ihrem Sohn.

Später essen der Sohn und die Mutter etwas Suppe. Der Junge sitzt und schaut das Fenster an.

„Iss bitte deine Suppe auf“, sagt die Mutter zu ihm. Der Sohn sieht seine Mutter an. Die Mutter sieht,

やら考(かんが)え込(こ)んでいる様子(ようす)です。

”どうだかね”と息子(むすこ)は最後(さいご)に言(い)いました。

dass er scharf nachdenkt. „Ich bezweifle es“, sagt er schließlich.

dō da ka ne, tte dōiu imi? to shōnen wa okāsan ni kikimashita. utagawashii tte koto wa shinjitsu ka shinjitsu janai ka tashika janai toki yo. demo tamani shinjitsu no toki mo aru no.go ni ni nin ga su-pu o tabeteiru toki, shōnen wa suwatte mado o nagameteimashita. hayaku tabe chai nasai to okāsan wa iimashita. musuko wa okāsan o miteimasu. musuko wa naniyara kangaekondeiru yōsu desu. dō da ka ne to musuko wa saigo ni iimashita.

大学への道

Der Weg zur Universität

A

単語

Vokabeln

1. (垂直に)立てる [(suichokuni)tateru] - stellen, legen
2. 10 、十 [juu, juu] - zehn
3. 7 、七 [nana, nana] - sieben
4. 9 、九 [kyuu, kyuu] - neun
5. ～がかかる 、値段 [～ga kakaru, nedan] - kosten
6. ～するため [～surutame] - so dass
7. おおよそ [ooyoso] - ungefähr
8. すでに [sudeni] - schon
9. そう遠くない [soutookunai] - nicht weit
10. そちら(の方向) [sochira(no houkou)] - dort(hin)

11. その後 、そして [sonoato, soshite] - dann
12. どれ [dore] - welcher
13. の間 [no aida] - zwischen
14. の間に [no aidani] - unter
15. ばかげたこと 、キィエルバサ 、ソーセージ [bakagetakoto, kiierubasa, so-se-ji] - die Wurst
16. ゆでる 、いれる [yuderu, ireru] - kochen
17. りんご [ringo] - der Apfel
18. を除いて [wo nozoite] - ohne
19. を占める [wo shimeru] - (Platz) nehmen
20. を通り過ぎる 、近く [wo toori-sugiru, chikaku] - vorbei, neben
21. コーヒー [ko-hi-] - der Kaffee
22. サンドイッチ [sandoicchi] - das belegte Brot, die Schnitte
23. シリアル [shiriaru] - die Cerealien
24. スーパー [su-pa-] - der Supermarkt
25. チーズ [chi-zu] - der Käse
26. トイレ [toire] - die Toilette
27. トロリーバス [torori-basu] - der Oberleitungsbus, der Obus
28. ハチミツ [hachimitsu] - der Honig
29. ハンドバック 、バック [handobakku, bakku] - die Tasche
30. パン [pan] - das Brot
31. ミニバス [minibasu] - der Minibus
32. メトロ 、地下鉄 [metoro, chika-tetsu] - die U-Bahn
33. ユーロ [yu-ro] - der Euro
34. 育つ 、大きくなる [sodatsu, oo-kikunaru] - wachsen
35. 映画館 [eigakan] - das Kino
36. 遠く 、長い距離の [tooku, nagaikyorino] - weit
37. 開く [hiraku] - öffnen, aufmachen
38. 起き上がる [okiagaru] - aufstehen
39. 橋 [hashi] - die Brücke
40. 湖 [mizuumi] - der See
41. 公園 [kouen] - der Park
42. 砂糖 [satou] - der Zucker
43. 座る [suwaru] - sich setzen
44. 始めから [hajimekara] - vom Anfang an
45. 止まる [tomaru] - die Haltestelle
46. 時々 [tokidoki] - manchmal
47. 時間 [jikan] - die Stunde
48. 終わらせる [owaraseru] - machen, schaffen
49. 集める 、収集する [atsumeru, shuushuusuru] - sich versammeln, sammeln
50. 出て行く [dęteiku] - (hin)ausgehen
51. 小さいピース [chiisaipi-su] - ein Stückchen
52. 少し 、いくつか [sukoshi, ikutsu-ka] - einige
53. 場所 [basho] - der Ort, der Platz
54. 真ん中 、～の途中 [mannaka, ～notochuu] - in der Mitte
55. 人々 [hitobito] - die Leute
56. 切り落とす [kiriotosu] - abschneiden
57. 切る [kiru] - schneiden

58. 全て [subete] - alles
59. 全ての [subeteno] - jeder
60. 足す 、追加する [tasu, tsuikasuru] - (hin)zufügen
61. 注ぎ入れる [sosogiireru] - (ein)gießen
62. 注ぐ [sosogu] - gießen, schütten
63. 朝 [asa] - der Morgen
64. 朝食を食べる [choushoku wo taberu] - frühstücken, Frühstück essen
65. 鳥 [tori] - der Vogel
66. 通す /まで [toosu /made] - durch/in
67. 通路 、運賃 [tsuuro, unchin] - die Fahrt
68. 天気 [tenki] - der Wetter
69. 到着する [touchakusuru] - erreichen
70. 美術館 [bijutsukan] - das Museum
71. 必要 [hitsuyou] - nötig
72. 普段 、いつも [fudan, itsumo] - normalerweise
73. 払う [harau] - bezahlen
74. 分 [fun] - die Minute
75. 歩いて [aruite] - zu Fuß
76. 戻る 、背中 [modoru, senaka] - zurück
77. 立つ [tatsu] - stehen
78. 良い [yoi] - gut

B

私(わたし)は朝(あさ)7時に起(お)きます。そしてばするーむに行(い)きます。ばするーむの中(なか)では私(わたし)は顔(かお)を洗(あら)い、そして歯(は)を磨(みが)きます。それは5分(ふん)かかります。私(わたし)は時々(ときどき)朝(あさ)にしゃわーを浴(あ)びます。そして私(わたし)はきっちんに行(い)きます。私(わたし)は朝(あさ)にこーひ

watashi ha asa shichiji ni okimasu. soshite basuru-mu ni ikimasu. Basuru-mu no naka deha, watashi ha ko wo arai, soshite ha wo migakimasu. sore ha gofun kakarimasu. watashi ha tokidoki asa ni shawa-wo abimasu.
soshite watashi ha kicchin ni ikimasu.
watashi ha asa ni ko-hi-wo nomimasu. Mizu wo

Ich stehe um sieben Uhr morgens auf. Dann gehe ich ins Badezimmer. Ich wasche mein Gesicht und putze die Zähne. Es dauert fünf Minuten. Manchmal dusche ich mich auch am Morgen.
Dann gehe ich in die Küche. Ich trin-

ーを飲(の)みます。水(みず)をてぃーぽっとに注(そそ)ぎます。私(わたし)はけとるをすとーぶにかけます。私(わたし)はこーひーをひきます。私(わたし)はこーひーをこっぷの中(なか)に注(そそ)ぎます。私(わたし)はこーひーを砂糖抜(さとうぬ)きで飲(の)みます。そして私(わたし)はぼうるを取(と)ります。私(わたし)はしりあるをぼうるに注(そそ)ぎます。

私(わたし)はそれに牛乳(ぎゅうにゅう)を足(た)します。私(わたし)はそれにすぷーん何杯(なんはい)かの砂糖(さとう)、またははちみつを加(くわ)えます。私(わたし)はりんごを取(と)り、それを切(き)ってしりあるのぼうるの中(なか)に入(い)れます。

私(わたし)はさんどいっちを作(つく)ることもできます。私(わたし)はぱんを一切(いちき)れ切(き)って、いくつかのそーせーじとちーずをぱんの上(うえ)に載(の)

ti-potto ni sosogimasu. watashi ha ketoru wo suto-bu ni kakemasu. watashi ha ko-hi- wo hikimasu. Watashi ha ko-hi- wo koppu no naka ni sosogimasu. Watashi ha ko-hi- wo satou nuki de nomimasu. Soshite watashi ha bouru wo torimasu. watashi ha shiriaru wo bouru ni sosogimasu. Watashi ha sore ni gyunyu wo tashimasu. watashi ha sore ni supu-n nanbaika no satou, mataha hachimitsu wo kuwaemasu. watashi ha ringo wo tori, sore wo kitte shiriaru no bouru no naka ni iremasu. watashi ha sandoicchi wo tsukuru kotomo dekimasu. watashi ha pan wo hitokire kitte, ikutsuka no so-se-ji to chi-zu wo pan no ue ni nosemasu. watashi ha sore wo tsukuru noni

ke Kaffee am Morgen. Ich gieße Wasser in den Kessel und stelle ihn auf den Herd. Ich koche etwas Kaffee. Ich gieße den Kaffee in eine Tasse ein. Ich trinke Kaffee ohne Zucker. Dann nehme ich eine Schüssel. Ich schütte Cerealien in die Schüssel. Ich gebe etwas Milch hinzu. Ich füge noch einige Löffel Zucker oder Honig hinzu. Ich nehme einen Apfel und schneide ihn in die Schüssel mit Cerealien. Ich kann auch ein belegtes Brot machen. Ich Schneide ein Stück Brot und lege etwas Wurst und Käse darauf. Es dauert zwanzig

せます。私(わたし)はそれを作(つく)るのに20分(ふん)かかります。

私(わたし)は大学(だいがく)に行(い)かなければなりません。私(わたし)は部屋(へや)へ行(い)きます。私(わたし)は本(ほん)とのーとぶっくを集(あつ)めてばっくに入(い)れます。

ばっくは椅子(いす)のそばにあります。

私(わたし)は外(そと)へ行(い)きます。外(そと)の天気(てんき)は良(よ)いです。私(わたし)は道(みち)を歩(ある)いて下(お)ります。大学(だいがく)へ行(い)くためには、私(わたし)はとろりーばす7番(ばん)または9番(ばん)に乗る必要(ひつよう)があります。私(わたし)はみにばす9番(ばん)または10番(ばん)でも行(い)くことができます。ばす停(てい)は歩(ある)くには遠(とお)くはありません。

それにはやく5分(ふん)かかります。

私(わたし)はばす停(てい)で立(た)ちます。

沢山(たくさん)の人々(ひとびと)がばす停(てい)に

nijippun kakarimasu.
watashi ha daigaku ni ikanakereba narimasen. watashi ha heya he ikimasu. watashi ha hon to no-tobukku wo atsumete bakku ni iremasu. bakku ha isu no soba ni arimasu.
watashi ha soto he ikimasu.
soto no tenki ha ii desu. watashi ha michi wo aruite kudarimasu. Daigaku he ikutame niha, watashi ha torori-basu nanaban mataha kyuban ni noru hitsuyou ga arimasu. watashi ha minibasu kyuban manata jyuuban demo ikukoto ga dekimasu. basutei ha arukuniha tooku ha arimasen. soreni ha yaku gofun kakarimasu. watashi ha basutei de tachimasu. takusan no hitobito ga basutei ni imasu. minibasu nanaban ga haitte

Minuten.
Ich muss zur Universität gehen. Ich gehe in mein Zimmer. Ich sammle Bücher und Hefte in einer Tasche. Ich gehe nach draußen. Das Wetter draußen ist gut. Ich gehe der Straße entlang. Um die Universität zu erreichen, muss ich O-Bus Nummer Sieben oder Neun nehmen. Ich kann dort auch mit Minibus Nummer Sieben oder Zehn fahren. Es ist nicht weit zur Haltestelle. Es dauert ungefähr fünf Minuten. Ich stehe an der Haltestelle. Es gibt viele Leute an der Haltestelle. Minibus Nummer Sieben

います。みにばす7番(ばん)が入(はい)ってきます。私(わたし)はみにばすに乗(の)ります。そして私(わたし)は運賃(うんちん)を払(はら)います。運賃(うんちん)は3ゆーろです。みにばすには自由(じゆう)なの席(せき)があります。私(わたし)は座(すわ)ります。ばすが5つのばす停(てい)で止(と)まった後(のち)、私(わたし)はみにばすを降(お)ります。私(わたし)は大学(だいがく)に着(つ)きます。やく20分(ふん)かかります。私(わたし)は大学(だいがく)を3時(じ)に出(で)ます。私(わたし)は歩(ある)いて帰(かえ)ります。私(わたし)はいくつかの店(みせ)を通(とおす)り過ぎます。私(わたし)は美術館(びじゅつかん)と映画館(えいがかん)の間(ま)を通(とお)ります。

そして私(わたし)は橋(はし)の上(うえ)を歩(ある)きます。橋(はし)は湖(みずうみ)の上(うえ)にかかっています。私(わたし)は

kimasu. watashi ha minibasu ni norimasu. soshite watashi ha unchin wo haraimasu. Unchin ha sanyu-ro desu. minibasu niha jiyuu na no seki ga arimasu. watashi ha suwarimasu. basu ga itsutsu no basutei de tomatta ato, watashi ha minibasu wo orimasu. watashi ha daigaku ni tsukimasu. yaku nijyuppun kakarimasu. watashi ha daigaku wo sanji ni desmasu. watashi ha aruite kaerimasu. watashi ha ikutsuka no mise wo toorisugimasu. watashi ha bijutsukan to eigakan no aida wo toorimasu. soshite watashi ha hashi no ue wo arukimasu. Hashi ha mizuumi no ue ni kaketteimasu. Watashi ha kouen wo toorinukemasu. Watashi ha kouen no

kommt. Ich steige ein. Dann bezahle ich. Die Fahrt kostet drei Euro. Es gibt einen leeren Platz im Minibus. Ich setze mich. Ich steige nach fünf Haltestellen aus. Ich komme zur Universität. Es dauert ungefähr zwanzig Minuten. Ich verlasse die Universität um drei Uhr. Ich gehe zurück zu Fuß. Ich gehe an einigen Läden vorbei. Ich gehe zwischen einem Museum und einem Theater. Dann gehe ich über eine Brücke. Die Brücke liegt oberhalb eines Sees. Ich gehe durch einen Park. Ich gehe zwischen den Bäumen

こうえん　とお　ぬ
公園を通り抜けます。
わたし　こうえん　きぎ　ま
私は公園の木々の間を
ある　　　おお　とり　き
歩きます。大きな鳥が木の
うえ　　　わたし　くるま
上にいます。私は車の
よこ　とおす
横を通り過ぎます。ねこが
くるま　した　すわ
車の下で座っています。
わたし　　　よこ　とおす
私はすーぱーの横を通
　　　わたし　いえ
り過ぎます。私の家はそう
とお
遠くありません。
　　　　うし　いち
それはすーぱーの後ろに位置し
　わたし　じぶん　いえ　つ
ます。私は自分の家に着
　わたし　いえ　ちか
きます。私の家の近くに
たくさん　はな
は沢山の花があります。
わたし　　まえ　い
私はどあの前に行きます。
わたし　　あ　なか　はい
私はどあを開けて中に入
ります。

kigi no aida wo arukimasu. ookina tori ga kinoue ni imasu. watashi ha kuruma no yoko wo toorisugimasu. Neko ga kuruma no shita de suwatteimasu. watashi ha su-pa- no yoko wo toorisugimasu. watashi no ie ha soutooku arimasen. sore ha su-pa- no ushironi ichishimasu. Watshi ha jibun no ie ni tsukimasu. Watshi no ie no chikaku niha takusan no hana ga arimasu. watashi ha doa no mae ni ikimasu. watashi ha doa wo akete naka ni hairimasu.

im Park. Ein großer Vogel sitzt auf einem Baum. Ich gehe an einem Auto vorbei. Eine Katze sitzt unter dem Auto. Ich gehe an einem Supermarkt vorbei. Mein Haus liegt nicht weit. Es liegt hinter dem Supermarkt. Ich gehe zu meinem Haus. Neben meinem Haus gibt es viele Blumen. Ich gehe zur Tür. Ich mach die Tür auf und gehe hinein.

C

質問と答え

なんじ　お
–あなたは何時に起きますか？

わたしあさじ　お
– 私は朝7時に起きます。

Fragen und Antworten

- Wann stehst du auf?

- Ich stehe um sieben Uhr auf.

- Putzest du deine Zähne

あさは　みが
-あなたは 朝 歯を 磨 きますか？

わたし　まいあさは　みが
-はい、　私　は 毎　朝 歯を 磨 きます。

あさ　　　　あ
-あなたは 朝 しゃわーを浴びますか？

わたし　ときどき　あさ　　　　あ
-　私　は 時　々　、朝 しゃわーを浴びます。

あさこうちゃ　　　　　　　　の
-あなたは 朝　紅　茶 またはこーひーを飲みますか？

わたし　ふだん　　　　　の
-　私　は 普 段 こーひーを飲みます。

さとう　い
-あなたはこーひーに 砂 糖 を入れますか？

わたし　さとうぬ　　　　　　の
-いいえ、　私　は砂 糖抜きでこーひーを飲みます。

じかんちょうしょく　た
-あなたはどのくらいの 時 間　朝　　食　を食べますか？

ふん
-それはやく 20 分 かかります。

だいがく　ちかてつ　い
-あなたは 大　学 に地 下 鉄 で行きますか？

わたし　ふだん　　　い
-いいえ、　私　は 普 段 ばすで 行 きます。

てい　　なが　じかんある
-ばす 停 へは 長 い 時 間　歩 きますか？

てい　とお
-いいえ、ばす 停 は 遠 くありません。

うんちん
-ばすの 運　賃 はいくらですか？

うんちん
- 運　賃 は 3 ゆーろかかります。

もくてきち　　　　　ていりゅうじょ
- 目 的 地 までいくつ 停　留　所 がありますか？

am Morgen?

- Ja, ich putze meine Zähne jeden Morgen.

- Duschst du dich am Morgen?

- Manchmal dusche ich mich am Morgen.

- Trinkst du Tee oder Kaffee am Morgen?

- In der Regel trinke ich Kaffee.

- Trinkst du Kaffee mit Zucker?

- Nein, ich trinke Kaffee ohne Zucker.

- Wie lange isst du das Frühstück?

- Es dauert zwanzig Minuten.

- Fährst du zur Universität mit der U-Bahn?

- Nein, in der Regel fahre ich mit dem Bus.

- Hast du einen langen Weg zur Haltestelle?

- Nein, die Haltestelle ist nicht weit.

- Wieviel kostet eine Fahrt?

- Die Fahrt kostet drei Euro.

- Wie viele Haltestellen gibt es an deinem Weg?

わたし　　　め　　　てい　お
– 私　は5つ目のばす 停 で降ります。

ながじかん
–それは 長 い 時 間 かかりますか？

わたし　　　ふんご　だいがく　とうちゃく
– 私　はやく20分 後 に 大　学 に 到　着 します。

かえ　　　　かえ
–あなたは 帰 りもばすで 帰 りますか？

わたし　ある　　かえ
–いいえ、 私　は 歩 いて 帰 ります。

つね　とお　　ある
–あなたは 常 に 通 りを 歩 きますか？

はじ　　わたし　とお　　くだ　　みせ　よこ
– 初 めに、 私　は 通 りを 下 って 店 の 横 を

とお　す　　　　　こうえん　なか　とお　ぬ
通 り過ぎ、そして 公　園 の 中 を 通 り抜けます。

いえ
–あなたの 家 はどこですか？

うら　いち
–それはすーぱーの 裏 に位置します。

いえ　ちか　　　はな　さ
–あなたの 家 の 近 くには 花 が咲いていますか？

わたし　いえ　ちか　　　たくさん　はな　さ
– 私　の 家 の 近 くには 沢　山 の 花 が咲いています。

- Ich steige an der fünften Haltestelle aus.

- Dauert die Fahrt es lange?

- Ich bin an der Universität nach ungefähr zwanzig Minuten.

- Kommst du auch mit dem Bus zurück?

- Nein, zurück gehe ich zu Fuß.

- Gehst du immer den Straßen entlang?

- Zuerst gehe ich der Straße entlang neben den Haltestellen und dann gehe ich durch den Park.

- Wo ist dein Haus?

- Es steht hinter dem Supermarkt.

- Gibt es Blumen neben deinem Haus?

- Ja, es gibt viele Blumen neben meinem Haus.

9

Die Audiodatei

氷を砕く

Brich das Eis

お父さんと幼(おさな)い息子(むすこ)は散歩(さんぽ)から戻(もど)りました。お母さんは息子(むすこ)が両手(りょうて)をあげたままでテレビ(てれび)を見(み)ているのを見(み)つけました。

”何(なん)で手(て)を挙(あ)げているの？”とお母さんは聞(き)きました。

”お父さんがそうしてと言(い)ったから”と彼(かれ)は言(い)いました。

お父さんが部屋(へや)に入(はい)ってきました。

Ein Vater und sein kleiner Sohn kommen von einem Spaziergang nach Hause. Die Mutter kommt in das Zimmer und sieht, dass der Sohn dort steht, fernsehend, mit seinen Händen oben.
„Warum sind deine Hände oben?“, fragt sie ihn.
„Es ist wegen Papa“, antwortet er.
Der Vater kommt ins Zimmer.

せ た ぬ
”セーターを脱がせてあげたんだけど” とお父さんは
せつめい て お そふぁ すわ
説 明 しました。” 手を下ろしてソファーに 座 っ
てれび み むすこ い
てテレビを見なさい” とお父さんは 息 子 に言った。

„Ich habe ihm den Pullover ausgezogen“, erklärt er, „Schatz, nimm deine Hände runter und setz dich aufs Sofa, bitte.“

otōsan to osanai musuko wa sanpo kara modorimashita. okāsan wa musuko ga ryōte o ageta mama de terebi o miteiru no o mitsukemashita. nani de te o ageteiru no? to okāsan wa kikimashita. otōsan ga sō shite to itta kara to kare wa iimashita. otōsan ga heya ni haittekimashita. se-ta- o nugaseteageta n da kedo to otōsan wa setsumeishimashita. te o oroshite sofuxa- ni suwatte terebi o mi nasai to otōsan wa musuko ni itta.

私は映画を観に行くのが好きです

Ich gehe gerne ins Kino

単語

Vokabeln

1. 13 、十三 [juusan, juusan] - dreizehn
2. 15 、十五 [juugo, juugo] - fünfzehn
3. ～の方へ [～no houhe] - entgegen
4. おいしい [oishii] - lecker
5. さよならを言う [sayonara wo iu] - sich verabschieden
6. さらに遠く [saranitooku] - weiter
7. そして 、後で [soshite, atode] - dann

8. ふっとうする [futtousuru] - kochen, sieden
9. アイスクリーム [aisukuri-mu] - das Eis
10. ウェイター [ueita-] - der Kellner
11. ケーキ、デザート [ke-ki, deza-to] - das Dessert, der Nachtisch
12. ゲーム [ge-mu] - das Spiel
13. コメディー [komedi-] - die Komödie
14. サラ [sara] - Sarah
15. スープ [su-pu] - die Suppe
16. スタート [suta-to] - anfangen, beginnen
17. ソースパン [so-supan] - die Kasserolle, der (Koch)topf
18. チケット [chiketto] - die Fahrkarte
19. ハンバーガー [hanba-ga-] - der Hamburger
20. バス [basu] - der Bus
21. フィルム [firumu] - der Film
22. 暗い [kurai] - dunkel
23. 一緒に [isshoni] - zusammen, gemeinsam
24. 温める [atatameru] - aufwärmen
25. 何か [nanika] - etwas
26. 会う [au] - treffen
27. 甘い [amai] - süß
28. 岸 [kishi] - das Ufer
29. 急いで [isoide] - schnell
30. 泣く [naku] - weinen
31. 金曜日 [kinyoubi] - der Freitag
32. 散歩をする [sanpo wo suru] - spazieren gehen
33. 自動車 [jidousha] - das Auto
34. 手に入れる、とどく、取り出すために [teniireru, todoku, toridasutameni] - bekommen, nach etwas greifen
35. 笑う [warau] - lachen
36. 川 [kawa] - der Fluss
37. 着替える [kigaeru] - sich ankleiden
38. 昼食 [chuushoku] - das Mittagsessen
39. 昼食を食べる [choushoku wo taberu] - zu Mittag essen
40. 注文する [chuumonsuru] - bestellen
41. 電子レンジ [denshirenji] - die Mikrowelle
42. 道、行き方 [michi, ikikata] - der Weg
43. 道路 [douro] - der Weg
44. 買う [kau] - kaufen
45. 怖い [kowai] - schrecklich, fürchterlich
46. 払う [harau] - (be)zahlen
47. 無言で、静かに [mugonde, shizukani] - schweigend
48. 面白い [omoshiroi] - lustig
49. 友達 [tomodachi] - der Freund /die Freundin
50. 話し合う、議論する [hanashiau, gironsuru] - besprechen
51. 話す [hanasu] - reden, sich unterhalten

B

私(わたし)は普段(ふだん)3時(じ)に家(いえ)に帰(かえ)ってきます。私(わたし)は部屋(へや)へ行(い)きます。私(わたし)はばっくを机(つくえ)に置(お)きます。私(わたし)はといれへ行(い)きます。そして私(わたし)はばするーむへ行(い)きます。私(わたし)は手(て)と顔(かお)を洗(あら)います。時々(ときどき)私(わたし)はしゃわーを浴(あ)びます。そして私(わたし)は昼食(ちゅうしょく)を食(た)べに行(い)きます。私(わたし)は昼食(ちゅうしょく)には普段(ふだん)すーぷを食(た)べます。私(わたし)は冷蔵庫(れいぞうこ)からすーぷのぽっとを取(と)り出(だ)します。私(わたし)はぽっとをすとーぶの上(うえ)に乗(の)せます。すーぷが熱(あつ)くなったら、私(わたし)はそれをぼうるの中(なか)に注(そそ)ぎ入(い)れます。私(わたし)はすぷーんを持(も)ってすーぷを食(た)べます。私(わたし)はすーぷと

watashi ha fudan sanji ni ie ni kaette kimasu. watashi ha heya he ikimasu. watashi ha bakku wo tsukue ni okimasu.
watashi ha toire he ikimasu. soshite watashi ha basuru-mu he ikimasu. watashi ha te to kao wo araimasu. tokidoki watashi ha shwa- wo abimasu. soshite watashi ha chushoku wo tabeni ikimasu. watashi ha chushoku niha fudan su-pu wo tabemasu. watashi ha reizouko kara su-pu no potto wo toridashi masu. watashi ha potto wo suto-bu no ue ni nosemasu. su-pu ga atsuku nattara, watashi ha sore wo bouru no naka ni sosogi iremasu. watashi ha supu-n wo motte su-pu wo tabemasu. watashi ha

In der Regel komme ich nach Hause um drei Uhr. Ich gehe in mein Zimmer. Ich stelle meine Tasche auf den Tisch.
Ich gehe in die Toilette. Dann gehe ich ins Badezimmer. Ich wasche meine Hände und mein Gesicht. Manchmal nehme ich auch eine Dusche. Dann esse ich zu Mittag. In der Regel esse ich zu Mittag eine Suppe. Ich nehme einen Topf Suppe aus dem Kühlschrank. Ich stelle den Topf auf den Herd. Wenn die Suppe schon heiß ist, gieße ich sie in eine Schüssel für mich. Ich nehme einen Löffel und

一緒(いっしょ)にぱんを食(た)べます。

私(わたし)はきっちんの戸棚(とだな)へ向(む)かいます。そして私(わたし)はきっちんの戸棚(とだな)からないふを取(と)り出(だ)します。

私(わたし)はぱんをいくつかにすらいすします。時々(ときどき)、私(わたし)はぴざを食(た)べます。私(わたし)のままは美味(おい)しいぴざを作(つく)ります。私(わたし)はぴざを一切(いちき)れすらいすします。そして私(わたし)はそれを電子(でんし)れんじで温(あたた)めます。昼食(ちゅうしょく)の後(のち)、私(わたし)は何(なに)か甘(あま)いものを食(た)べられます。私(わたし)はけーきを食(た)べます。けーきはおいしいです。

私(わたし)はけーきと一緒(いっしょ)に紅茶(こうちゃ)を飲(の)みます。私(わたし)はけとるをすとーぶに乗(の)せます。けとるの中(なか)の水(みず)がふっとうします。

私(わたし)はぶらっくてぃーを入(い)れます。

su-pu to issho ni pan wo tabemasu. watashi ha kicchin no todana he mukaimasu. Soshite watashi ha kicchin no todana kara naifu wo toridashimasu. watashi ha pan wo ikutsuka ni suraisu shimasu. tokidoki, watashi ha piza wo tabemasu. watashi no mama ha oishii piza wo tsukurimasu. watashi ha piza wo hitokire suraisu shimasu. soshite watashi ha sore wo denshirenji de atatamemasu. chushoku no ato, watashi ha nanika amaimono wo taberaremasu. watashi ha ke-ki wo tabemasu. ke-ki ha oishiidesu. watashi ha ke-ki to issho ni koucha wo nomimasu. watashi ha ketoru wo suto-bu ni nosemasu. ketoru no mizu ga futtou shimasu. watashi ha burakkuti- wo ire-

esse die Suppe. Ich esse auch Brot mit der Suppe. Ich gehe zum Küchenschrank. Ich nehme eine Messer aus dem Küchenschrank. Ich schneide einige Scheiben Brot. Manchmal esse ich Pizza. Meine Mutter macht eine gute Pizza. Ich schneide ein Stück Pizza ab. Dann wärme ich es in der Mikrowelle auf. Nach dem Mittagsessen esse ich noch etwas Süßes. Ich esse einen Kuchen. Das Kuchen ist lecker. Ich trinke auch Tee zum Kuchen. Ich stelle den Kessel auf dem Herd. Das Wasser kocht. Ich koche schwarzen Tee für

私(わたし)はこっぷに紅茶(こうちゃ)とすぷーん2杯(はい)の砂糖(さとう)を入(い)れます。私(わたし)のねこも夕飯(ゆうはん)のために来(き)ます。私(わたし)は彼(かれ)のために牛乳(ぎゅうにゅう)を注(そそ)ぎます。私(わたし)は昼食(ちゅうしょく)の後(のち)こんぴゅーたーで遊(あそ)びます。こんぴゅーたーは私(わたし)の部屋(へや)にあります。私(わたし)は沢山(たくさん)のこんぴゅーたーげーむを持(も)っています。私(わたし)はこんぴゅーたーで1時間(じかん)遊(あそ)びます。私(わたし)は映画(えいが)を観(かん)に行(い)くのが好(す)きです。私(わたし)は友達(ともだち)と毎週金曜日(まいしゅうきんようび)に映画(えいが)を観(かん)に行(い)きます。私(わたし)たちは今日(きょう)も行(い)きます。映画(えいが)は2時間後(じかんご)に始(はじ)まります。私(わたし)はばするーむに行(い)きしゃわーを浴(あ)びます。そして私(わたし)は

masu. watashi ha koppu ni koucha to supu-n nihai no satou wo iremasu. watashi no neko mo yuuhan no tameni kimasu. watashi ha kare no tame ni gyunyu wo sosogimasu. watashi ha chushoku no ato konpyu-ta- de asobimasu. konpyu-ta- ha watashi no heya ni arimasu. watashi ha takusan no konpyu-ta-ge-mu wo motteimasu. watashi ha konpyu-ta- de ichijikan asobimasu. watashi ha eiga wo mini ikuno ga sukidesu. watashi ha tomodachi to maishu kinyoubi ni eiga wo mini ikimasu. watashitachi ha kyoumo ikimasu. eiga ha nijikan go ni hajimarimasu. watashi ha basuru-mu ni iki shawa- wo abimasu. soshite watashi ha heya ni ikimasu. wa-

mich. Ich schütte etwas Tee und zwei Löffel Zucker in die Tasse. Meine Katze kommt auch zum Mittagsessen. Ich gebe ihr etwas Milch. Nach dem Mittagsessen gehe ich mit dem Computer spielen. Der Computer ist in meinem Zimmer. Ich habe viele Computerspiele. Ich spiele ungefähr eine Stunde lang.

Ich gehe gerne ins Kino. Ich gehe mit meinen Freunden ins Kino jeden Freitag. Heute gehen wir auch. Der Film fängt in zwei Stunden an. Ich gehe ins Badezimmer, um eine Dusche zu nehmen. Dann gehe ich in mein Zimmer.

部屋(へや)に行(い)きます。私(わたし)は着替(きが)えて映画(えいが)を観(かん)に行(い)きます。私(わたし)は家(いえ)を出(で)ます。赤(あか)い車(くるま)が家(いえ)の近(ちか)くにあります。これは私(わたし)のままの車(くるま)です。私(わたし)は通(とお)りを歩(ある)いて下(お)ります。私(わたし)はすーぱーを通(とおす)り過ぎます。私(わたし)はばす停(てい)に着(つ)きます。私(わたし)はばす停(てい)で待(ま)ちます。映画館(えいがかん)に行(い)くには、私(わたし)はばす13番(ばん)に乗(の)る必要(ひつよう)があります。私(わたし)はばすを5分(ふん)待(ま)ちます。ばす13番(ばん)が入(はい)ってきます。私(わたし)はばすに乗(の)り込(こ)みます。私(わたし)は運賃(うんちん)を払(はら)います。ばすには沢山(たくさん)空席(くうせき)があります。

私(わたし)は窓(まど)のそばに座(すわ)ります。

ばすが3つのばす停(てい)で止(と)まった後(のち)、私(わたし)はばすを降(お)ります。や

tashi ha kigaete eiga wo mini ikimasu. watashi ha ie wo demasu. akai kuruma ga ie no chikaku ni arimasu. koreha watashi no mama no kuruma desu. watashi ha toori wo aruite kudarimasu. Watashi ha su-pa- no wo toori sugimasu. watashi ha basutei ni tukimasu. watashi ha basutei de machimasu. eigakan ni ikuniha, watashi ha basu jyusanban ni noru hitsuyou ga arisu. watashi ha basu wo gofun machimasu. basu jyusanban ga haitte kimasu. watashi ha basu ni norikomimasu. watashi ha unchin wo haraimasu. basu niha takusan kuuseki ga arimasu. watashi ha mado no sobani suwarimasu. basu ga mittsu no basutei de tomatta ato, watashi ha basu wo orimasu. yaku jyu-

Ich kleide mich an und gehe ins Kino. Ich verlasse das Haus. Es gibt ein rotes Auto neben dem Haus. Das ist das Auto meiner Mutter. Ich gehe der Straße entlang. Ich gehe an dem Supermarkt vorbei. Ich komme zur Haltestelle. Ich warte an der Haltestelle. Um ins Kino zu fahren, brauche ich Bus Nummer Dreizehn. Ich warte auf den Bus fünf Minuten lang. Bus Nummer Dreizehn kommt. Ich steige ein. Ich zahle für die Fahrkarte. Es gibt viele leere Plätze im Bus. Ich setze mich an das Fenster. Nach drei Haltestellen steige ich aus.

ふん　　　　　　　わたし
く 15 分 かかります。 私 は
こうえん　ある　　とお　ぬ
公 園 を 歩 いて 通 り抜けま
えいがかん　つ
す。映 画 館 に着くまでに 10
ふん　　　　　　い　とちゅう
分 かかります。行く 途 中 、
わたし　ともだち　　　　　　あ
私 は 友 達 のとむとさらに会
　　　わたし　　　えいがかん
います。 私 たちは 映 画 館
なか　はい　　　　わたし
の 中 へ 入 ります。 私 は
おもしろ
面 白 いこめでぃーのちけっとを
か　　　わたし
買います。 私 たちはほーるに
はい　わたし　　　せき　すわ
入 り、 私 たちの 席 に 座 り
　　　　　　　たくさん　ひと
ます。ほーるには 沢 山 の 人 が
　　　わたし　　　　　わら
います。 私 たちはずっと 笑 い
えいが　のち
ます。映 画 の 後 、とむ、さらそ
わたし　　　　い
して 私 はかふぇへ行きます。
わたし　　どうろ　わた
私 たちは 道 路 を 渡 ります。
いぬ　つ　　だんせい　わたし
犬 を連れた 男 性 が 私 たち
ほう　む　　　　　　いぬ
の 方 へ向かってきます。 犬 は
おお　　こわ　　　わたし
大 きくて 怖 いです。 私 たち
いそ　　とおす
は 急 いで 通 り過ぎます。そし

gofun kakarimasu. watashi ha kouen wo aruite toorinukemasu. eigakan ni tsukumadeni jyuppun kakarimasu. iku tochu, watashi ha tomodachi no tomu to sara ni aimasu.
watashitachi ha eigakan no naka he hairimasu. watashi ha omoshiroi komedi- no chiketto wo kaimasu. watashitachi ha ho-ru ni hairi, watashitachi no seki ni suwarimasu. ho-ru niha takusan no hito ga imasu. watashitachi ha zutto waraimasu. eiga no ato, tomu, sara, soshite watashi ha kafe he ikimasu. watashitachi ha douro wo watarimasu. inu wo tsureta dansei ga watashitachi no hou he mukatte kimasu. inu ha ookikute kowaidesu. watashitachi ha isoide toorisugimasu. soshite wa-

Die Fahrt dauert ungefähr fünf Minuten. Ich gehe durch den Park. Es dauert zehn Minuten, das Kino zu erreichen. Auf dem Weg treffe ich meine Freunde, Tom und Sarah.
Wir gehen ins Kino hinein. Ich kaufe Karten für eine sehr lustige Komödie. Wir gehen in den Saal und setzen uns auf unsere Plätze. Im Saal gibt es viele Leute. Wir lachen die ganze Zeit. Nach dem Film gehe ich mit Tom und Sarah in ein Café. Wir überqueren die Straße. Ein Mann mit einem Hund geht in unsere Richtung. Der Hund ist groß und fürchter-

て私(わたし)たちは美術館(びじゅつかん)を通(とおす)り過ぎます。そして私(わたし)たちは橋(はし)を渡(わた)ります。橋(はし)は川(かわ)の上(うえ)にかかっています。私(わたし)たちは川(かわ)のそばのかふぇを見(み)ます。かふぇには人(ひと)があまりいません。うぇいたーが近(ちか)づいてきます。さらはあいすくりーむを注文(ちゅうもん)します。とむと私(わたし)はそれぞれはんばーがーを注文(ちゅうもん)します。

私(わたし)たちは映画(えいが)について話(はな)し、そして笑(わら)います。外(そと)はすでに暗(くら)いです。

私(わたし)たちはかふぇを出(で)ます。

私(わたし)たちは家(いえ)へ帰(かえ)ります。

私(わたし)たちはさよならを言(い)います。

さらととむは近(ちか)くに住(す)んでいます。彼(かれ)らは歩(ある)いて帰(かえ)ります。

私(わたし)はばす停(てい)へ歩(ある)きます。

tashitachi ha bijyutsukan wo toorisugimasu. soshite watashitachi ha hashi wo watarimasu. hashi ha kawa no ue ni kakatte imasu. watashitachi ha kawa no soba no kafe wo mimasu. kafe niha hito ga amari imasen. ueita- ga chikazuite kimasu. sara ha aisukuri-mu wo chuumon shimasu. tomu to watashi ha sorezore hanba-ga- wo chuumon shimasu. watashitachi ha eiga ni tsuite hanashi, soshite waraimasu. soto ha sudeni kuraidesu. watashitachi ha kafe wo demasu. watashitachi ha ie he kaerimasu. watashitachi ha sayonara wo iimasu. sara to tomu ha chikaku ni sundeimasu. karera ha aruite kaerimasu. watashi ha basutei he arukimasu.

lich. Wir gehen schnell weiter. Dann gehen wir an einem Museum vorbei. Dann gehen wir über die Brücke. Die Brücke befindet sich über dem Fluss. Wir sehen das Café neben dem Fluss. Es gibt nicht viele Leute im Café. Ein Kellner kommt zu uns. Sarah bestellt Eis. Tom und ich bestellen beide je einen Hamburger. Wir reden über den Film und lachen. Draußen ist es schon dunkel. Wir verlassen das Café. Wir müssen nach Hause gehen. Wir verabschieden uns. Sarah und Tom wohnen in der Nähe. Die gehen zu Fuß nach Hause. Ich gehe zur Bushaltestelle.

C

質問と答え

なんじ だいがく かえ
–あなたは何時に大学から帰ってきますか？

わたし じ かえ
– 私は3時に帰ってきます。

いえ かえ く あ
–あなたは家に帰って来るとしゃわーを浴びますか？

わたし ときどき あ
– 私は時々しゃわーを浴びます。

なに
–それからあなたは何をしますか？

わたし ちゅうしょく た
–それから私は昼食を食べます。

ちゅうしょく なに た
–あなたは昼食に何を食べますか？

わたし ふだん た
– 私は普段すーぷまたはぴざを食べます。

じぶん た もの つく
–あなたは自分で食べ物を作りますか？

かあ わたし ようい
–いいえ、お母さんが私のために用意してくれます。

ちゅうしょく のち こうちゃ の
–あなたは昼食の後に紅茶を飲みますか？

わたし いっしょ こうちゃ の
–はい、私はけーきと一緒に紅茶を飲みます。

なに しゅるい こうちゃ の
–あなたは何の種類の紅茶を飲みますか？

わたし い
– 私はぶらっくてぃーを入れます。

さとう こうちゃ い
–どれくらいの砂糖を紅茶に入れますか？

Fragen und Antworten

- Wann kommst du von der Universität zurück?

- Ich komme um drei Uhr nach Hause.

- Nimmst du eine Dusche, als du nach Hause kommst?

- Manchmal nehme ich eine Dusche.

- Was machst du später?

- Ich esse zu Mittag.

- Was isst du zu Mittag?

- In der Regel esse ich Suppe oder Pizza.

- Kochst du das Essen selbst?

- Nein, meine Mutter kocht es für mich.

- Trinkst du Tee nach dem Mittagsessen?

- Ja, ich trinke Tee zum Kuchen.

- Welchen Art Tee trinkst du?

- Ich mache schwarzen Tee für mich.

- Wieviel Zucker gibst

– 私(わたし)はてぃーすぷーん2杯(はい)の砂糖(さとう)を入(い)れます。

–あなたはそれから何(なに)をしますか？

–それから私(わたし)はこんぴゅーたーで遊(あそ)びます。

–あなたは映画(えいが)を観(かん)に行(い)くのは好(す)きですか？

–はい、私(わたし)は映画(えいが)を観(かん)に行(い)くのがとても好(す)きです。

–あなたは一人(いちにん)で映画(えいが)を観(かん)に行(い)きますか？

–いいえ、私(わたし)は友達(ともだち)と行(い)きます。

–あなたはよく映画館(えいがかん)に行(い)きますか？

– 私(わたし)は毎週金曜日(まいしゅうきんようび)に映画館(えいがかん)に行(い)きます。

–あなたはどのばすに乗(の)って映画館(えいがかん)に行(い)きますか？

– 私(わたし)はばす13番(ばん)に乗(の)って映画館(えいがかん)へ行(い)きます。

–いくつのばす停(ていす)を過ぎたらばすを降(お)りますか？

– 私(わたし)は3つのばす停(ていす)を過ぎた後(のち)ばすを降(お)ります。

–あなたはどれくらいの時間(じかん)ばすに乗(の)っていますか？

–それはやく15分(ふん)かかります。

–あなたはどれくらいの時間(じかん)をかけて公園(こうえん)を通(とお)り抜(ぬ)けますか？

du zum Tee?

- Ich gebe zwei Löffel Zucker.

- Was machst du später?

- Ich spiele mit dem Computer.

- Gehst du gerne ins Kino?

- Ja, ich gehe sehr gerne ins Kino.

- Gehst zu allein ins Kino?

- Nein, ich gehe mit meinen Freunden.

- Gehst du oft ins Kino?

- Ich gehe ins Kino jeden Freitag.

- Mit welchem Bus fährst du ins Kino?

- Ich fahre mit dem Bus Nummer Dreizehn.

- Nach wie vielen Haltestellen steigst du aus?

- Ich steige nach drei Haltestellen aus.

- Wie lang fährst du mit dem Bus?

- Es dauert ungefähr fünfzehn Minuten.

- Wie lange gehst du durch den Park zum

- 私(わたし)は10分(ふん)かけて公園(こうえん)を通(とお)り抜(ぬ)けて映画館(えいがかん)に行(い)きます。

-あなたは道中(どうちゅう)に誰(だれ)と会(あ)いますか？

- 道中(どうちゅう)、私(わたし)は友達(ともだち)のとむとさらと会(あ)います。

- 誰(だれ)がちけっとを買(か)いますか？

- 私(わたし)がちけっとを買(か)います。

-あなたは面白(おもしろ)いこめでぃーのちけっとを買(か)いますか、それとも探偵映画(たんていえいが)のちけっとを買(か)いますか？

- 私(わたし)はとても面白(おもしろ)いこめでぃーのちけっとを買(か)います。

-ほーるには沢山(たくさん)の人(ひと)はいますか？

-ほーるには沢山(たくさん)の人(ひと)がいます。

-映画(えいが)の間(ま)、あなたは笑(わら)いますか、それとも泣(な)きますか？

- 私(わたし)たちは映画(えいが)の間(ま)ずっと笑(わら)います。

-映画(えいが)の後(のち)、あなたは家(いえ)へ帰(かえ)りますか？

- 私(わたし)は歩(ある)きまわったりまたはかふぇに行(い)ったりします。

-あなたは誰(だれ)と映画(えいが)の後(のち)にかふぇに行(い)きますか？

Kino?

- Ich gehe durch den Park ungefähr zehn Minuten lang.

- Wen triffst du auf dem Weg?

- Ich treffe meine Freunde, Tom und Sarah.

- Wer kauft die Karten?

- Ich kaufe die Karten.

- Kaufst du Karten für eine Komödie oder für einen Kriminalfilm?

- Ich kaufe Karten für eine sehr lustige Komödie.

- Gibt es viele Leute im Saal?

- Es gibt viele Leute im Saal.

- Lacht ihr oder weint während des Filmes?

- Wir lachen die ganze Zeit.

- Gehst du nach Hause nach dem Film?

- Manchmal spaziere ich oder gehe in ein Café.

- Mit wem gehst du nach dem Film ins Café?

- Nach dem Film gehe

-映画(えいが)の後(のち)、とむ、さらそして私(わたし)はかふぇに行(い)きます。

-誰(だれ)があなたたちに向(む)かってきますか？

-犬(けん)を連(つ)れた男性(だんせい)が私(わたし)たちに向(む)かってきます。

-かふぇはどこですか？

-かふぇは川(かわ)の土手(どて)に位置(いち)します。

-あなたたちは何(なに)を注文(ちゅうもん)しますか？

-さらはあいすくりーむを注文(ちゅうもん)します。とむと私(わたし)はそれぞれはんばーがーを注文(ちゅうもん)します。

-あなたたちは静(しず)かに食(た)べますか、または話(はな)しながら食(た)べますか？

-私(わたし)たちは映画(えいが)について話(はな)して笑(わら)います。

-かふぇの後(のち)、あなたたちは一緒(いっしょ)に家(いえ)に帰(かえ)りますか？

-さらととむは歩(ある)いて帰(かえ)ります。私(わたし)はばす停(てい)へ歩(あるい)いて行きます。

ich mit Tom und Sarah ins Café.

- Wer geht in eure Richtung?

- Ein Mann mit einem Hund kommt in unsere Richtung.

- Wo ist das Café?

- Das Café liegt auf dem Ufer des Flusses.

- Was bestellt ihr?

- Sarah bestellt Eis und Tom und ich bestellen je einen Hamburger.

- Esst ihr in Stille oder redet ihr?

- Wir reden über den Film und lachen.

- Geht ihr danach gemeinsam nach Hause?

- Sarah und Tom gehen zu Fuß nach Hause. Ich gehe zur Haltestelle.

10

Die Audiodatei

氷を砕く

Brich das Eis

でんわ　な　　　　　　　　　　　　　でんわ　で
電話が鳴っています。お母さんが電話に出まし

むすこ
た。息子がかけているようです。

ままどそとみむすこい
”ママ、窓の外を見て！”と息子は言いまし

た。

よごずぼんはみずあそ
”汚れたズボンを履いて水たまりで遊んでいる

Das Telefon klingelt. Die Mutter geht ans Telefon. Ihr Sohn ruft an. „Mama! Schau aus dem Fenster!“, sagt ihr Sohn, „Kannst du jemanden in schmutzigen Hosen auf Pfützen rennen sehen? Das bin ich! Ich bin schon zweimal gefal-

ひと　み　　　　　ぼく　　　にかい　ころ　　　len!“
人、見える？それ、僕だよ！二回も転んだ

むすこ　い
んだ！”と息子は言いました。

denwa ga natteimasu. okāsan ga denwa ni demashita. musuko ga kaketeiru yō desu. mama, mado no soto o mite! to musuko wa iimashita. yogoreta zubon o haite mizutamari de asondeiru hito, mieru? sore, boku da yo! ni kai mo koronda n da! to musuko wa iimashita.

ジャックは弁護士になりたいです

Jack will Rechtsanwalt werden

単語

Vokabeln

1. (に)似ている [(ni) niteiru] - aussehen
2. (何かを)取る [(nanika wo) toru] - bekommen
3. 800、八百 [happyaku, happyakua] - achthundert
4. ～ごろ [～goro] - (rund) um
5. ～へ運送する [～he unsousuru] - der Transport, der Verkehr
6. あげる、渡す [ageru, watasu] - geben
7. おいしい [oishii] - lecker
8. お金 [okane] - das Geld

9. どうして [doushite] - warum
10. どこへ [dokohe] - wohin
11. まもなく [mamonaku] - bald
12. アパート [apa-to] - die Wohnung
13. アルコールの [aruko-runo] - Alkohol
14. エリア 、地域 [eria, chiiki] - die Parzelle
15. キー 、鍵 [ki-, kagi] - der Schlüssel
16. タクシー [takushi-] - das Taxi
17. データ 、情報 [de-ta, jouhou] - die Angaben
18. ドライバー 、運転手 [doraiba-, untenshu] - der Fahrer
19. バー [ba-] - die Bar, die Gaststätte
20. パスポート [pasupo-to] - der Pass
21. フライト 、飛行 [furaito, hikou] - der Flug
22. ホテル [hoteru] - das Hotel
23. リビングルーム [ribinguru-mu] - das Wohnzimmer
24. レストラン [resutoran] - das Restaurant
25. 安い [yasui] - nicht teuer, preisgünstig
26. 案内する 、運転する [annaisuru, untensuru] - führen, leiten
27. 一人の 、一人用のスペース [hitorino, hitoriyouno supe-su] - Einpersonen
28. 飲む [nomu] - das Getränk
29. 運転して出て行く [untenshite deteiku] - ausfahren
30. 駅 [eki] - die Station, der Bahnhof
31. 荷車 [niguruma] - der Wagen
32. 荷物 [nimotsu] - das Gepäck
33. 会計係 [kaikeigakari] - der Kassierer
34. 記念碑 [kinenhi] - das Denkmal
35. 起きる [okiru] - aufstehen
36. 銀行 [ginkou] - die Bank
37. 警察官 [keisatsukan] - der Polizist
38. 見せる [miseru] - zeigen
39. 現金 [genkin] - das Bargeld
40. 郊外 [kougai] - der Vorort, die Vorstadt
41. 高速道路 、ハイウェイ [kousokudouro, haiwei] - die Autobahn
42. 賛成する [sanseisuru] - zustimmen
43. 持ってくる 、運ぶ [mottekuru, hakobu] - hinbringen
44. 時々 、いつか [tokidoki, itsuka] - irgendwann
45. 写真を撮る [shashin wo toru] - fotografieren
46. 拾う 、ピックアップする 、持ち去る [hirou, pikkuappusuru, mochisaru] - wegnehmen
47. 渋滞 [juutai] - der Stau
48. 出口 [deguchi] - der Ausgang
49. 情報 、インフォメーション [jouhou, infome-shon] - die Auskunft
50. 食料品店 [shokuryouhinten] - das Lebensmittelgeschäft
51. 信号 [shingou] - die Ampel
52. 寝る [neru] - schlafen
53. 絶対～しない [zettai～shinai] - nie(mals)
54. 続く [tsuzuku] - weitermachen

55. 大きくない [ookikunai] - nicht groß
56. 断る [kotowaru] - absagen
57. 地図 、マップ [chizu, mappu] - die Landkarte
58. 中央 [chuuou] - das Zentrum
59. 町の広場 [machinohiroba] - der Platz
60. 電話する [denwasuru] - rufen
61. 働く人 [hatarakuhito] - der Arbeiter
62. 燃やす [moyasu] - brennen
63. 買う [kau] - kaufen
64. 半分 [hanbun] - die Hälfte
65. 飛ぶ [tobu] - fliegen
66. 飛行機 [hikouki] - das Flugzeug
67. 飛行場 [hikoujou] - der Flughafen
68. 必要 [hitsuyou] - nötig, notwendig
69. 物 [mono] - das Ding
70. 噴水 [funsui] - der Springbrunnen, die Fontäne
71. 聞く 、尋ねる [kiku, tazuneru] - fragen
72. 弁護士 [bengoshi] - der (Rechts)anwalt
73. 話す [hanasu] - sagen

B

今日(きょう)私(わたし)の友達(ともだち)のじゃっくが来(き)ます。彼(かれ)は飛行機(ひこうき)で到着(とうちゃく)するはずです。彼(かれ)は空港(くうこう)に朝(あさ)9時(じ)に到着(とうちゃく)します。私(わたし)は彼(かれ)とそこで会(あ)わなければいけません。私(わたし)は起(お)きて、着替(きが)えます。そして朝食(ちょうしょく)のためにきっちんに行(い)きます。私(わたし)はたくしーを呼(よ)びます。たくしーは15分(ふん)で到着(とうちゃく)します。私(わたし)はたくしーに乗(の)ります。

kyou watashi no tomodachi no jakku ga kimasu. kare ha hikouki de touchaku suruhazudesu. kare ha kuukou ni asa kuji ni touchaku shimasu. watashi ha kare to sokode awanakereba ikemasen. watashi ha okite, kigaemasu. soshite choushoku no tameni kicchin ni ikimasu. watashi ha takushi- wo yobimasu. takushi- ha jyugofun de touchakushimasu. watashi ha takushi- ni

Heute kommt mein Freund Jack. Er soll mit dem Flugzeug kommen. Er soll um neun Uhr morgens auf dem Flughafen sein. Ich muss ihn dort treffen. Ich stehe auf, kleide mich an. Dann gehe ich in die Küche, um das Frühstück zu essen. Ich rufe ein Taxi. Das Taxi kommt in fünfzehn Minuten. Ich

私(わたし)は空港(くうこう)にたくしーで向(む)かいます。空港(くうこう)は郊外(こうがい)に位置(いち)します。私(わたし)は町(まち)を通(とお)り抜(ぬ)けています。街(まち)は渋滞(じゅうたい)しています。運転(うんてん)にはとても時間(じかん)がかかります。

そして私(わたし)は町(まち)から出(で)ます。たくしーは高速道路(こうそくどうろ)を走(はし)ります。空港(くうこう)へは1時間(じかん)かかります。私(わたし)の乗(の)るたくしーは空港(くうこう)へ入(はい)ります。そして私(わたし)はたくしーの運転手(うんてんしゅ)に運賃(うんちん)を払(はら)います。時間(じかん)は8時(じ)30分(ふん)です。じゃっくはふらいと815で到着(とうちゃく)します。私(わたし)はいんふぉめーしょんですくでふらいと815の出口(でぐち)はどこか聞(き)きます。私(わたし)はじゃっくの飛行機(ひこうき)を待(ま)っています。飛行機(ひこうき)が着陸(ちゃくりく)します。私(わたし)はじゃっく

norimasu. watashi ha kuukou ni takushi- de mukaimasu. kuukou ha kougai ni ichi shimasu. watashi ha machi wo toorinuketeimasu. machi ha juutai shiteimasu. unten niha totemo jikan ga kakarimasu. soshite watashi ha machi kara demasu. takushi- ha kousokudouro wo hashirimasu. kuukouhe ha ichijikan kakarimasu. watashi no noru takushi- ha kuukou he hairimasu. soshite watashi ha takushi- no untenshu ni unchin wo haraimasu. jikann ha hachiji sanjyuppundesu. jakku ha furaito happyakujugo de touchaku shimasu. watashi ha infomeshondesuku de furaito happyakujugo no deguchi ha dokoka kikimasu,. watashi ha jakku no hikouki wo matteimasu. hikouki ga chakuriku shimasu.

steige ein. Ich fahre zum Flughafen mit dem Taxi. Der Flughafen befindet sich im Vorort. Ich fahre durch die Stadt. In der Stadt gibt es Stau. Es dauert lang, durch die Stadt zu fahren. Dann verlasse ich die Stadt. Das Taxi fährt auf der Autobahn. Es dauert eine Stunde, den Flughafen zu erreichen. Ich fahre bis zum Flughafen. Dann bezahle ich dem Taxifahrer die Fahrt. Es ist acht Uhr dreißig. Jack kommt mit dem Flug Nummer Achthundertfünfzehn. Ich frage im Auskunftspunkt, wo der Ausgang für den Flug Achthundertfünfzehn ist. Ich warte auf Jacks

を見(み)つけます。私(わたし)たちは彼(かれ)の荷物(にもつ)をぴっくあっぷします。私(わたし)たちは空港(くうこう)の近(ちか)くでたくしーに乗(の)ります。そして私(わたし)たちはほてるに行(い)きます。じゃっくはほてるに泊(と)まります。じゃっくはお金(かね)を沢山(たくさん)持(も)っていません。私(わたし)は安(やす)くて良(よ)いほてるを知(し)っています。それは私(わたし)の家(いえ)の近(ちか)くにあります。私(わたし)たちはほてるへ向(む)かいます。じゃっくはほてるに到着(とうちゃく)します。彼(かれ)はほてるすたっふの所(ところ)へ行(い)きます。

じゃっくはしんぐるるーむを希望(きぼう)しています。ほてるの従業員(じゅうぎょういん)がじゃっくにぱすぽーとを渡(わた)すように言(い)います。じゃっくは自分(じぶん)のぱすぽーとを渡(わた)します。ですくの事務員(じむいん)は彼(かれ)のでーたをこんぴゅー

watashi ha jakku wo mitsukemasu. watashitachi ha kare no nimotsu wo pikkuappu shimasu. watashitachi ha kuukou no chikaku de takushi- ni norimasu. soshite watashitachi ha hoteru ni ikimasu. jakku ha hoteru ni tomarimasu. jakku ha okane wo takusan motteimasen. watashi ha yasukute ii hoteru wo shitteimasu. soreha watashi no ie no chikaku ni arimasu. watashitachi ha hoteru he mukaimasu. jakku ha hoteru ni touchaku shimasu. kare ha hoterusutaffu no tokoro he ikimasu. jakku ha shinguruਰu-mu wo kibou shiteimasu. hoteru no juugyouin ga jakku ni pasupo-to wo watasuyouni iimasu. jakku ha jibunno pasupo-to wo watashimasu. desuku no jimuin ha kare no de-ta wo

Flugzeug. Das Flugzeug landet. Ich sehe Jack. Wir sammeln sein Gepäck ein. Neben dem Flughafen nehmen wir ein Taxi. Dann fahren wir ins Hotel. Jack wird im Hotel wohnen. Jack hat nicht so viel Geld. Ich kenne ein gutes und billiges Hotel. Es liegt in der Nähe meines Hauses. Wir fahren bis zum Hotel. Jack geht in die Richtung des Hotels. Er geht zur Rezeption. Jack will ein Einzelzimmer. Ein Hotelangestellte bittet Jack um seinen Pass. Der Hotelangestellte gibt seine Angaben in einen Computer ein. Jack zählt für sein Zimmer mit der Kre-

たーに入力(にゅうりょく)します。じゃっくはくれじっとかーどで部屋(へや)のお金(かね)を払(はら)います。ほてるの従業員(じゅうぎょういん)がじゃっくを部屋(へや)に案内(あんない)し、そして彼(かれ)に鍵(かぎ)を渡(わた)します。彼(かれ)の部屋(へや)は小(ちい)さいですが居心地(いごこち)が良(よ)いです。

部屋(へや)にはきっちん、ばするーむ、りびんぐるーむ、そしてべっどるーむがあります。じゃっくは大学(だいがく)で勉強(べんきょう)するために町(まち)に来(き)ました。彼(かれ)は弁護士(べんごし)になりたいと考(かんが)えています。じゃっくは私(わたし)に町(まち)を案内(あんない)するように頼(たの)みます。私(わたし)は賛成(さんせい)します。私(わたし)たちは通(とお)りに出(で)ます。外(そと)の天気(てんき)は良(よ)いです。私(わたし)たちはめとろ駅(えき)に行(い)きます。じゃっくは地下鉄(ちかてつ)に乗(の)ったことがありません。
めとろちけっとは２ゆーろかかりま

konpyu-ta- ni
nyuuryoku shima-
su. jakku ha kurejit-
toka-do de heya no
okane wo haraima-
su. hoteru no
juugyouin ga jakku
wo heyani annnais-
hi, soshite kare ni
kagi wo watashi-
masu. kare no heya
ha chiisai desuga
igokochi ga ii desu.
heya niha kicchin,
basuru-mu, ribin-
guru-mu, soshite
beddoru-mu ga
arimasu.
jakku ha daigaku de
benkyou surutame
ni machi ni kimas-
hita. kare ha ben-
goshini naritai to
kangaete imasu.
jakku ha watashi ni
machi wo annnai
suruyouni tanomi-
masu. watashi ha
sansei shimasu.
watashitachi ha
toori ni demasu.
soto no tenki ha
iidesu. watashitachi
ha metoroeki ni
ikimasu. jakku ha
chikatetsu ni notta-
koto ga arimasen.
metorochiketto ha

ditkarte. Ein Hotelangestellter führt Jack zu seinem Zimmer und gibt ihm die Schlüssel. Sein Zimmer ist klein, aber gemütlich. Es gibt dort eine Küche, ein Bad, ein Wohnzimmer und ein Schlafzimmer.
Jack kam in die Stadt, um an der Universität zu studieren. Er will Rechtsanwalt werden. Jack bittet mich, ihm die Stadt zu zeigen. Ich stimme zu. Wir gehen auf die Straße. Das Wetter draußen ist gut. Wir gehen zur U-Bahn-Station. Jack ist noch nie mit der U-Bahn gefahren. Die Fahrkarte kostet zwei Euro. Wir steigen in den U-Bahn-Wagen

す。そして私(わたし)たちは地下鉄(ちかてつ)車両(しゃりょう)に乗(の)り込(こ)みます。私(わたし)たちは町(まち)の中央(ちゅうおう)に向(む)かいます。それは25分(ふん)かかります。街(まち)の中央(ちゅうおう)には巨大(きょだい)な広場(ひろば)と記念碑(きねんひ)があります。記念碑(きねんひ)は大(おお)きくて美(うつく)しいです。沢山(たくさん)の人々(ひとびと)が記念碑(きねんひ)の周(まわ)りにいます。彼(かれ)らは写真(しゃしん)を撮(と)っています。そこには巨大(きょだい)な噴水(ふんすい)もあります。沢山(たくさん)の人(ひと)が噴水(ふんすい)の近(ちか)くに座(すわ)ります。私(わたし)たちはより遠(とお)くへ行(い)きます。私(わたし)はじゃっくに店(みせ)を見(み)せます。

あなたはそこで必要(ひつよう)なものがなんでも買(か)えます。そこには食料品店(しょくりょうひんてん)や、服屋(ふくや)などの店(みせ)があります。そして私(わたし)はじゃっくを彼(かれ)の大学(だいがく)に案内(あんない)し

niyu-ro kakarimasu. soshite watashitachi ha chikatetsusharyou ni norikomimasu. watashitachi ha machi no chuou ni mukaimasu. sore ha nijugofun kakarimasu. machi no chuou niha kyodaina hiroba to kinenhi ga arimasu. kinenhi ha ookikute utsukushii desu. takusan no hitobito ga kinenhi no mawarini imasu. karera ha shashinn wo totte imasu. sokoni ha kyodaina funsui mo arimasu. takusan no hito ga funsui no chikaku ni suwarimasu. watashitachi ha yori tooku he ikimasu. watashi ha jakku ni mise wo misemasu. anata ha sokode hitsuyounamono ga nandemo kaemasu. Soko niha shokuryouhintenya, fukuya nado no mise ga arimasu. soshite watashi ha jakku wo kare no daigaku ni annai shimasu.

ein. Wir fahren ins Zentrum. Die Fahrt dauert fünfundzwanzig Minuten. Im Stadtzentrum gibt es einen großen Platz und ein Denkmal. Das Denkmal ist groß und schön. Es gibt viele Leute rund um das Denkmal. Sie machen Fotos. Es gibt auch einen großen Springbrunnen. Viele Leute sitzen neben dem Springbrunnen. Wir gehen weiter. Ich zeige Jack Geschäfte. Dort kann man alles kaufen, was man braucht. Es gibt Lebensmittelgeschäfte, Kleidergeschäfte und andere Geschäfte. Dann führe ich Jack zur Universität. Wir gehen an dem

わたし　けいさつしょ
ます。私たちは警察署を
とおす　わたし　とお
通り過ぎます。私たちは通
わた　ひつよう
りを渡る必要があります。
しんごう　あか　わたし　ま
信号は赤です。私たちは待
しんごう　みどり　か
ちます。信号が緑に変わりま
わたし　とお　わた
す。私たちは通りを渡りま
どうちゅうわたし
す。道中私はじゃっくにか
よ　た　た
ふぇと良い食べものが食べられるれす
み　わたし
とらんを見せます。私たちはばー
よこ　す　なか
の横を過ぎます。ばーの中には
たくさん　いんりょう
沢山のあるこーる飲料があ
ります。

watashitachi ha keisatsusho wo toorisugimasu. watashitachi ha toori wo wataru hitsuyou ga arimasu. shingou ha aka desu. watashitachi ha machimasu. shingou ga midori ni kawarimasu. watashitachi ha toori wo watarimasu. douchu watashi ha jakku ni kafe to ii tabemono ga taberareru resutoran wo misemasu. watashitachi ha ba- no yoko wo sugimasu. ba- no naka niha takusan no aruko-ru inryou ga arimasu.

Polizeirevier vorbei. Wir müssen über die Straße gehen Die Ampel ist rot. Wir warten. Die Ampel wird grün. Wir gehen über die Straße. Auf dem Weg zeige ich Jack Cafés und Restaurants, in denen man gut essen kann. Wir gehen neben einer Bar. Es gibt viele Alkoholgetränke in der Bar.

C

質問と答え

きょう　だれ　き
－今日は誰が来ますか？

きょう　わたし　ともだち
－今日は私の友達のじゃっくが
とうちゃく
到着します。

かれ　の　もの　とうちゃく
－彼はどの乗り物で到着しますか？

かれ　ひこうき　く　よてい
－彼は飛行機で来る予定です。

Fragen und Antworten

- Wer kommt heute?

- Mein Freund Jack kommt heute.

- Mit welcher Art Transport soll er kommen?

- Er soll mit dem Flugzeug

かれ　なんじ　とうちゃく
– 彼 は 何 時に 到　 着 しますか？

あさ じ　かれ　くうこう
– 朝 9時に 彼 は 空　港 にいます。

かれ　あ　よてい
–あなたは 彼 に会う 予 定 ですか？

わたし　かれ　あ
–はい、 私 は 彼 に会わなければなりません。

ちょうしょく　い
–あなたは 朝　 食 のためにどこに行きますか？

わたし　ちょうしょく　い
– 私 は 朝　 食 のためにきっちんに行きます。

くうこう　い
–あなたは 空　港 にばすで行きますか、それとも

よ
たくしーを呼びますか？

わたし　よ
– 私 はたくしーを呼びます。

はや　き
–どれくらい 早 くたくしーは来ますか？

ふん　とうちゃく
–たくしーは15 分 で 到　 着 します。

くうこう
– 空　港 はどこですか？

くうこう　こうがい　いち
– 空　港 は 郊　外 に位置します。

まち　じゅうたい
– 町 は 渋　 滞 していますか？

まち　じゅうたい
–はい、 町 は 渋　 滞 しています。

くうこう　い　じかん
– 空　港 へ行くのにどれくらい 時 間 がかかりますか？

くうこう　い　じかん
– 空　港 に行くには 1 時 間 かかります。

kommen.

- Wann kommt er?

- Er soll um neun Uhr morgens auf dem Flughafen sein.

- Triffst du ihn dort?

- Ja, ich muss ihn treffen.

- Wohin gehst du, um zu frühstücken?

- Ich gehe in die Küche, um dort Frühstück zu essen.

- Fährst du zum Flughafen mit dem Bus oder wirst du ein Taxi rufen?

- Ich rufe ein Taxi.

- Wie schnell kommt das Taxi?

- Das Taxi kommt in fünfzehn Minuten.

- Wo ist der Flughafen?

- Der Flughafen befindet sich im Vorort.

- Gibt es Stau in der Stadt?

- Ja, es gibt Stau in der Stadt.

- Wie lange dauert es, zum Flughafen zu fahren?

-じゃっくはどのふらいとで到着(とうちゃく)しますか？

-じゃっくはふらいと815で到着(とうちゃく)します。

-あなたはへるぷですくで何(なに)を聞(き)きますか？

-私(わたし)はへるぷですくでふらいと815の出口(でぐち)はどこか聞(き)きます。

-あなたは空港(くうこう)で何(なに)をしていますか？

-私(わたし)はじゃっくの飛行機(ひこうき)を待(ま)っています。

-あなたとじゃっくはかふぇに行(い)きますか？

-いいえ、私(わたし)たちは彼(かれ)の荷物(にもつ)をぴっくあっぷします。

-あなたたちはばす停(てい)へ行(い)きますか？

-いいえ、私(わたし)たちは空港(くうこう)の近(ちか)くでたくしーに乗(の)ります。

-あなたたちはどこに行(い)きますか？

-私(わたし)たちはほてるへ行(い)きます。

-じゃっくはほてるに泊(と)まりますか、それともあぱーとに泊(と)まりますか？

-じゃっくはほてるに住(す)みます。

-じゃっくは沢山(たくさん)お金(かね)を持(も)っていますか？

- Es dauert eine Stunde, zum Flughafen zu fahren.

- Mit welchem Flug kommt Jack?

- Jack kommt mit dem Flug Nummer Achthundertfünfzehn.

- Was fragst du am Auskunftspunkt?

- Ich frage, wo sich der Ausgang für Flug Achthundertfünfzehn befindet.

- Was machst du auf dem Flughafen?

- Ich warte auf Jacks Flugzeug.

- Gehst du mit Jack zum Café?

- Nein, wir sammeln sein Gepäck ein.

- Geht ihr zur Bushaltestelle?

- Nein, wir gehen zum Taxi neben dem Flughafen.

- Wohin fahrt ihr?

- Wir fahren ins Hotel.

- Wird Jack in einem Hotel

–いいえ、じゃっくはお金(かね)を沢山(たくさん)持(も)っていません。

–あなたはじゃっくが安(やす)いほてるを探(さが)すのを手伝(てつだ)いますか？

–はい、私(わたし)は安(やす)くて良(よ)いほてるを知(し)っています。

–あなたはそれがどこにあるか言(い)いますか？

–それは私(わたし)の家(いえ)の近(ちか)くにあります。

–あなたたちはあなたの家(いえ)へ行(い)きますか、またはほてるへ行(い)きますか？

– 私(わたし)たちはほてるへ行(い)きます。

–じゃっくはどこへ行(い)きますか？

–じゃっくはほてるに入(はい)ります。

– 彼(かれ)は誰(だれ)に近(ちか)づきますか？

– 彼(かれ)はほてるの従業員(じゅうぎょういん)に近(ちか)づきます。

–どのような部屋(へや)をじゃっくは希望(きぼう)しますか？

–じゃっくはしんぐるるーむを希望(きぼう)します。

–ほてるの従業員(じゅうぎょういん)はじゃっくに何(なに)を聞(き)きますか？

–ほてるの従業員(じゅうぎょういん)はじゃっくにぱすぽー

oder in einer Wohnung wohnen?

- Jack wird im Hotel wohnen.

- Hat Jack viel Geld?

- Nein, Jack hat nicht so viel Geld.

- Hilfst du Jack, ein billiges Hotel zu finden?

- Ja, ich kenne ein gutes und billiges Hotel.

- Kannst du sagen, wo es ist?

- Es ist in der Nähe meines Hauses.

- Fahrt ihr zu deinem Haus oder ins Hotel?

- Wir fahren zum Hotel.

- Wohin geht Jack?

- Jack geht in das Hotel hinein.

- Wem nähert sich Jack?

- Jack nähert sich an einen Hotelangestellten.

- Was für ein Zimmer will Jack?

- Jack will ein Einzelzimmer.

とを渡(わた)すように言(い)います。

-じゃっくは彼(かれ)のぱすぽーとを渡(わた)しますか？

-はい、じゃっくは彼(かれ)のぱすぽーとを渡(わた)します。

- 誰(だれ)が彼(かれ)のぱすぽーとの情報(じょうほう)を入力(にゅうりょく)しますか？

-ですくの事務員(じむいん)が彼(かれ)のでーたをこんぴゅーたーに入力(にゅうりょく)します。

-じゃっくは部屋(へや)の料金(りょうきん)を現金(げんきん)で払(はら)いますか？

-いいえ、じゃっくは部屋(へや)の料金(りょうきん)をくれじっとかーどで払(はら)います。

-じゃっくはれじ係(がかり)から鍵(かぎ)を受(う)け取(と)り、そして部屋(へや)へ行(い)きますか？

-いいえ、ほてるの従業員(じゅうぎょういん)がじゃっくを部屋(へや)まで案内(あんない)し、そして彼(かれ)に鍵(かぎ)を渡(わた)します。

- 彼(かれ)の部屋(へや)は大(おお)きいですか、それとも小(ちい)さいですか？

- 彼(かれ)の部屋(へや)は小(ちい)さいけれども居心地(いごこち)が良(よ)いです。

- Was fragt der Hotelangestellte Jack?

- Der Angestellte bittet Jack, ihm seinen Pass zu geben.

- Gibt ihm Jack seinen Pass?

- Ja, Jack gibt ihm seinen Pass.

- Wer gibt seine Angaben in den Computer ein?

- Der Hotelangestellte gibt seine Angaben in den Computer ein.

- Zählt Jack für das Zimmer mit dem Bargeld?

- Nein, Jack zählt für das Zimmer mit der Kreditkarte.

- Bekommt Jack seine Schlüssel vom Hotelangestellten und geht er dann ins Zimmer?

- Nein, der Hotelangestellte führt Jack zu seinem Zimmer und gibt ihm die Schlüssel.

- Ist sein Zimmer groß oder klein?

- Sein Zimmer ist klein aber gemütlich.

– 彼(かれ)の部屋(へや)にはきっちんはありますか？

–はい、彼(かれ)の部屋(へや)にはきっちん、ばするーむ、りびんぐるーむそしてべっどるーむがあります。

–どうしてじゃっくは町(まち)に来(き)たのですか？

–じゃっくは大学(だいがく)で勉強(べんきょう)するために町(まち)に来(き)ました。

– 彼(かれ)は何(なに)になりたいですか？

– 彼(かれ)は弁護士(べんごし)になりたいです。

–じゃっくはあなたに何(なに)を頼(たの)みますか？

–じゃっくは私(わたし)に町(まち)を案内(あんない)するように頼(たの)みました。

–あなたは賛成(さんせい)しますか、それとも拒否(きょひ)しますか？

– 私(わたし)は賛成(さんせい)します。

–あなたたちはどこに行(い)きますか？

– 私(わたし)たちは外(そと)に行(い)きます。

– 外(がい)の天気(てんき)はどうですか？

– 外(がい)の天気(てんき)は良(よ)いです。

–あなたたちはどこへ行(い)きますか？

– 私(わたし)たちは地下鉄(ちかてつ)の駅(えき)へ行(い)きます。

- Gibt es eine Küche in seinem Zimmer?

- Ja, es gibt eine Küche, ein Bad, ein Wohnzimmer und ein Schlafzimmer.

- Warum kommt Jack in die Stadt?

- Jack kommt in die Stadt, um an der Universität zu studieren.

- Wer will er werden?

- Er will Rechtsanwalt werden.

- Warum bittet dich Jack?

- Jack bittet mich, ihm die Stadt zu zeigen.

- Stimmst du zu oder verweigerst du es?

- Ich stimme zu.

- Wohin geht ihr?

- Wir gehen nach draußen.

- Wie ist das Wetter draußen?

- Draußen ist das Wetter gut.

- Wohin geht ihr?

- Wir gehen zur U-Bahn-

ちかてつ　の
-じゃっくは地下鉄に乗ったことがありますか？

ちかてつ　の
-じゃっくは地下鉄に乗ったことがありません。

ちかてつ　うんちん
-地下鉄の運賃はいくらですか？

ちかてつ　うんちん
-地下鉄の運賃は2ゆーろかかります。

い
-あなたたちはどこへ行きますか？

わたし　まち　ひろば　い
-私たちは町の広場へ行きます。

い　じかん
-そこへ行くにはどのくらいの時間がかかりますか？

い　ふん
-そこへ行くには25分かかります。

まち　ちゅうおう　なに
-町の中央には何がありますか？

きょだい　ひろば　ちゅうしん　きねんひ
-そこには巨大な広場、そして中心には記念碑があります。

きねんひ　かん
-記念碑はどのような感じですか？

きねんひ　おお　うつく
-記念碑は大きくて美しいです。

きねんひ　まわ　ひと　なんにん
-記念碑の周りには人は何人いますか？

きねんひ　まわ　たくさん　ひと
-記念碑の周りには沢山の人がいます。

かれ　なに
-彼らは何をしていますか？

かれ　しゃしん　と
-彼らは写真を撮っています。

た
-他になにがありますか？

Station.

- Ist Jack schon mit der U-Bahn gefahren?

- Jack ist noch nie mit der U-Bahn gefahren.

- Wieviel kostet die Fahrkarte?

- Die Fahrkarte kostet zwei Euro.

- Wohin fahrt ihr?

- Wir fahren ins Zentrum.

- Wie lange dauert die Fahrt?

- Die Fahrt dauert fünfundzwanzig Minuten.

- Was gibt es im Zentrum?

- Im Zentrum gibt es einen großen Platz und ein Denkmal.

- Wie sieht das Denkmal aus?

- Das Denkmal ist groß und schön.

- Wie viele Leute gibt es rund um das Denkmal?

- Es gibt viele Leute rund um das Denkmal.

おお　ふんすい
–そこには 大 きな 噴　水 もあります。

ふんすい　ひと　たくさん
– 噴　水 には 人 が 沢　山 いますか、それとも
すく
少 ないですか？

だくさん　ひと　ふんすい　すわ
– 沢　山 の 人 が 噴　水 に 座 っています。

た　なに　しょうかい
–あなたは他にはじゃっくに 何 を 紹　介 しますか？

わたし　みせ　み
– 私 はじゃっくに 店 を見せます。

ひつよう　か
–あなたは 必　要 なものをすべてそこで買うことができますか？

ひつよう　か
–あなたは 必　要 なものはすべてそこで買うことができます。

みせ
–どのような 店 がそこにはありますか？

しょくりょうひんてん　ふくや　た
– 食　料　品　店 、服 屋 そして他にも
さまざま　みせ
様　々 な 店 があります。

あんない
–あなたはじゃっくをどこに 案　内 しますか？

わたし　かれ　だいがく　あんない
– 私 はじゃっくを 彼 の 大　学 に 案　内 します。

たてもの　とおす
–あなたたちはどのような 建　物 を 通　り過ぎますか？

わたし　けいさつしょ　とおす
– 私 たちは 警　察　署 を 通　り過ぎます。

どうろ　わた　ひつよう
–あなたたちは 道 路 を 渡 る 必　要 があります

- Was machen sie?

- Sie machen Fotos.

- Was gibt es dort noch?

- Es gibt einen großen Springbrunnen.

- Gibt es viele Leute am Springbrunnen?

- Viele Leute sitzen am Springbrunnen.

- Was zeigst du Jack noch?

- Ich zeige ihm Geschäfte.

- Kann man dort alle nötigen Dinge kaufen?

- Man kann dort alles kaufen, was man braucht.

- Welche Geschäfte sind es?

- Es sind Lebensmittelgeschäfte, Kleidergeschäfte und andere.

- Wohin führst du Jack?

- Ich führe Jack zu seiner Universität.

- An welchem Gebäuden gehr ihr vorbei?

- Wir gehen an einem Polizei-

か？

–はい、私（わたし）たちは道路（どうろ）を渡（わた）る必要（ひつよう）があります。

–どのようならいとが信号（しんごう）に点灯（てんとう）していますか？

– 信号（しんごう）には赤（あか）のらいとが点灯（てんとう）しています。

–あなたたちは赤信号（あかしんごう）で渡（わた）りますか、それとも緑（みどり）の信号（しんごう）を待（ま）ちますか？

– 私（わたし）たちは緑信号（みどりしんごう）が点灯（てんとう）するのを待（ま）っています。

–あなたは道路（どうろ）を渡（わた）りますか、それとも立（た）ち続（つづ）けますか？

– 私（わたし）たちは道路（どうろ）を渡（わた）ります。

–あなたはじゃっくにどこで食事（しょくじ）ができるかを見（み）せますか？

–はい、道中（どうちゅう）、私（わたし）はじゃっくにかふぇとれすとらんを見（み）せます。

–あなたたちはどのような場所（ばしょ）の横（よこ）を通（とおす）り過ぎますか？

– 私（わたし）たちはばーの横（よこ）を通（とおす）り過ぎます。

revier vorbei.

- Musst ihr über die Straße gehen?

- Ja, wir müssen über die Straße gehen.

- Welche Farbe hat die Ampel?

- Die Ampel ist rot.

- Geht ihr bei dem roten Licht oder wartet ihr auf das grüne Licht?

- Wir warten, bis die Ampel grün wird.

- Geht ihr über die Straße oder bleibt ihr stehen?

- Wir gehen über die Straße.

- Zeigst du Jack, wo man essen kann?

- Ja, auf dem Weg zeige ich Jack Cafés und Restaurants, in denen man essen kann.

- An welchem Ort geht ihr vorbei?

- Wir gehen an einer Bar vorbei.

-ばーにはあるこーる飲料(いんりょう)が沢山(たくさん)ありますか、それとも少(すく)ないですか？

-ばーには沢山(たくさん)のあるこーる飲料(いんりょう)があります。

- Gibt es viele Alkoholgetränke in der Bar?

- Ja, es gibt viele Alkoholgetränke in der Bar.

11

氷を砕く

Brich das Eis

おさな　ろば　と　　　　　　　　　しんでれら　よ
幼　いロバートはおじいちゃんにシンデレラを読ん
　　　　す　　　　　　　　　　　　　　　ほん
でもらうのが好きでした。おじいちゃんはすでに 本
せりふ　いちごんいっくし　　　　　　　ろば　と
のセリフを 一 言 一 句 知っています。ロバートは

Der kleine Robert mag es, wenn sein Opa ihm Bücher über Cinderella vorliest. Sein Opa kennt schon jedes Wort auf jeder Seite auswendig.

いっかいよ　ほ　ねが
おじいちゃんにもう一回読んで欲しいとお願い

くるま　めがね　わす
しましたが、おじいちゃんは車にメガネを忘れ

ほん　よ　こと　こううん
ていたので本を読む事はできません。幸運に

かれ　ものがたり　し　じ　よ
も彼は物語をよく知っているので、字は読め

よ　ふり　はじ
なくても読むフリをし始めました。

しんでれら　おば　まほう　とき
シンデレラの叔母が魔法をかける時のことです。

ふる　くるま　しんぴん　くるま　か
”古い車を、新品の車に変えておく

い
れ”とおじいちゃんは言いました。

ろば　と　あや　み　い
ロバートは怪しげにおじいちゃんを見つめ、こう言

ったのです。

ま　めがねも
”待って、おじいちゃん。メガネ持ってきてあげる”

Robert bittet ihn, wieder Cinderella zu lesen, allerdings ist die Brille seines Opas im Auto. Zum Glück kennt er die Geschichte sehr gut. Also nimmt der Opa das Buch und tut so, als ob er „liest“. Er kommt zu dem Moment, als Cinderellas Tante die Magie ausübt. „Die Tante verwandelte einen alten Ford in eine goldene Kutsche“, „liest“ der Opa. Der kleine Robert sieht ihn aufmerksam an. “Warte Opa”, sagt der Junge, “ich werde dir deine Brille bringen.”

osanai Roba-To wa ojiichan ni Shinderera o yondemorau no ga suki deshita. ojiichan wa sudeni hon no serifu o hitokoto ichi ku shitteimasu. Roba-To wa ojiichan ni mō ichi kai yonde hoshii to onegaishimashita ga, ojiichan wa kuruma ni megane o wasureteita node hon o yomu koto wa dekimasen. kōun ni mo kare wa monogatari o yoku shitteiru node, ji wa yomenakute mo yomu furi o shihajimemashita. Shinderera no oba ga mahō o kakeru toki no koto desu. furui kuruma o, shinpin no kuruma ni kaete okure to ojiichan wa iimashita. Roba-To wa ayashige ni ojiichan o mitsume, kō itta no desu. matte, ojiichan. megane mottekiteageru

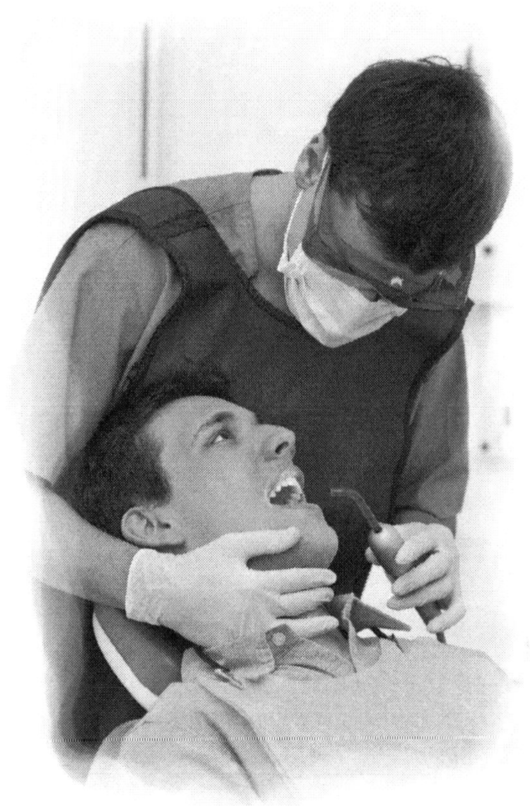

ジャックは病気です

Jack ist krank

単語

Vokabeln

1. 19 、十九 [juukyuu, juukyuu] - neunzehn
2. ～なので 、だから 、それによって [～nanode, dakara, soreniyotte] - deshalb
3. ～になる [～ninaru] - werden
4. （数）回 [(suu)kai] - mal (einmal, zweimal etc.)
5. ここ(方向) [koko (houkou)] - hier(her)
6. つかむ [tsukamu] - greifen
7. なぜなら [nazenara] - weil
8. クリニック [kurinikku] - die Klinik
9. コインランドリー [koinrandori-] - die Selbstbedienungswäscherei
10. コンサルタント [konsarutanto] - der Berater
11. テクノロジー [tekunoroji-] - die Technologie
12. デザイン [dezain] - das Design
13. トンネル [tonneru] - der Tunnel

14. ドラッグストア [doraggusutoa] - die Apotheke
15. ビーチ 、砂浜 、(川辺の)浜 [bi-chi, (kawabeno)hama] - der Strand
16. 一週間 [ichishuukan] - die Woche
17. 泳ぐ [oyogu] - schwimmen
18. 価値 、価格 、値段 [kachi, kakaku, nedan] - der Preis, die Kosten (pl.)
19. 感じる 、調子 [kanjiru, choushi] - fühlen
20. 間に合う 、～が十分 [maniau, ～ga juubun] - genug sein
21. 丘 、山 [oka, yama] - der Berg
22. 劇場 [gekijou] - das Theater
23. 雇用 、仕事 、職 [koyou, shigoto, shoku] - die Anstellung, die Beschäftigung
24. 高い [takai] - teuer
25. 歯 [ha] - der Zahn
26. 歯医者 [haisha] - der Zahnarzt
27. 治療 [chiryou] - die Behandlung
28. 治療してもらう [chiryoushitemo-rau] - behandelt werden
29. 図書館 [toshokan] - die Bibliothek, die Bücherei
30. 生徒 [seito] - der Schüler
31. 製品 、食品 [seihin, shokuhin] - die Lebensmittel
32. 洗う 、洗濯する [arau, senta-kusuru] - waschen
33. 大学の生徒 、大学生 [daigakuno seito, daigakusei] - der Student
34. 探す [sagasu] - suchen
35. 暖かい [atatakai] - warm
36. 地球 、地面 、土 [chikyuu, jimen, tsuchi] - die Erde, der Boden
37. 提案 [teian] - der Vorschlag
38. 提案する [teiansuru] - vorschlagen
39. 提出する 、戻す [teishutsusuru, modosu] - zurückgeben, abgeben
40. 動く 、引っ越す [ugoku, hikkosu] - sich bewegen
41. 日 [hi] - der Tag
42. 病気である [byoukidearu] - krank sein
43. 保険 [hoken] - die Versicherung
44. 木々 、草木 [kigi, kusaki] - die Grünfläche
45. 良くなる [yokunaru] - besser
46. 列車 [ressha] - der Zug

B

じゃっくは大学生(だいがくせい)です。彼(かれ)は19才(さい)です。彼(かれ)はてくのろじーとでざいんの大学(だいがく)で学(まな)んでいます。彼(かれ)はばすまたは地下鉄(ちかてつ)

jakku ha daigakusei desu. kare ha juukyuusai desu. kare ha tekunoroji- to deza-in no daigaku de ma-nande imasu. kare ha

Jack ist Student. Er ist neunzehn Jahre alt. Er studiert an der Universität für Technologie und Design. Er kann zur

で大学(だいがく)に行(い)けます。じゃっくは普段(ふだん)地下鉄(ちかてつ)で行(い)きます。運賃(うんちん)は2ゆーろです。彼(かれ)は地下鉄(ちかてつ)にやく20分(ふん)乗(の)ります。地下鉄電車(ちかてつでんしゃ)は始(はじ)めに地下(ちか)を動(うご)き、そしてその後(ご)、それは川(かわ)の上(うえ)の橋(はし)を通(とお)ります。じゃっくは普段(ふだん)自分(じぶん)のために食(た)べ物(もの)を用意(ようい)しません。私(わたし)たちの町(まち)ではれすとらんは高(たか)いため、じゃっくは普段(ふだん)かふぇで食事(しょくじ)をします。彼(かれ)はまたすーぱーに行(い)って食品(しょくひん)を買(か)うこともあります。

じゃっくはこいんらんどりーに行(い)き衣服(いふく)を洗濯(せんたく)します。じゃっくの部屋(へや)に洗濯機(せんたくき)はありません。彼(かれ)はこいんらんどりーの洗濯機(せんたくき)に汚(きたな)い衣服(いふく)を入(い)れ

basu mataha chikatetsu de daigaku ni ikemasu. jakku ha fudan chikatetsu de ikimasu. unchin ha niyu-ro desu. kare ha chikatetsu ni yaku nijyuppun norimasu. chikatetsu-densha ha hajimeni chika wo ugoki, soshite sonoato, sore ha kawa no ue no hashi wo toorimasu.
jakku ha fudan jibun no tameni tabemono wo youi shimasen. watashitachi no machi deha resutoran ha takai tame, jakku ha fudan kafe de shokuji wo shimasu. kare ha mata su-pa- ni itte shokuhin wo kaukoto mo arimasu.
jakku ha koinrandori- ni iki ifuku wo sentaku shimasu. jakku no heya ni sentakki ha arimasen. kare ha koinrandori- no sentakki ni kitanai ifuku wo

Universität mit der U-Bahn oder mit dem Bus kommen. In der Regel wählt er die U-Bahn. Die Fahrkarte kostet zwei Euro. Die Fahrt dauert ungefähr zwanzig Minuten. Der Zug fährt zuerst unter der Erde, dann überquert er den Fluss über eine Brücke. In der Regel macht Jack sein Essen nicht selbst. In unserer Stadt sind Restaurants teuer, deshalb isst Jack normalerweise in einem Café. Er geht auch in den Supermarkt, um Lebensmittel zu kaufen. Jack geht in die Selbstbedienungswäscherei, um seine Kleidung zu waschen. Jack hat keine Waschmaschine

ます。じゃっくはこの町(まち)が好(す)きです。彼(かれ)は常(つね)に大(おお)きな町(まち)に住(す)みたいと考(かんが)えていました。その町(まち)は美(うつく)しいです。それは川(かわ)の土手(どて)に位置(いち)します。その町(まち)には沢山(たくさん)面白(おもしろ)い所(ところ)があります。沢山(たくさん)のつあー客(きゃく)がここに来(き)ます。じゃっくは病気(びょうき)です。彼(かれ)は虫歯(むしば)です。彼(かれ)はくりにっくに行(い)きます。じゃっくは歯医者(はいしゃ)に行(い)きます。彼(かれ)は保険(ほけん)に入(はい)っているため、治療(ちりょう)の値段(ねだん)の半分(はんぶん)を払(はら)います。治療(ちりょう)の後(のち)、じゃっくは良(よ)くなります。彼(かれ)は大学(だいがく)へ行(い)き、そして調子(ちょうし)が良(よ)くなります。じゃっくはよく町(まち)を歩(ある)き周(まわ)ります。彼(かれ)は公園(こうえん)に歩(ある)きます。彼(かれ)

iremasu. jakku ha kono machi ga sukidesu. kare ha tsuneni ookina machi ni sumitaito kangaete imashita. sono machi ha utsukushiidesu. soreha kawa no dote ni ichi shimasu. sobo machi niha takusan omoshiroi tokoro ga arimasu. takusan no tsua-kyaku ga kokoni kimasu. jakku ha byouki desu. kare ha mushiba desu. kare ha kurinikku ni ikimasu. jakku ha haisha ni ikimasu. kare ha hoken ni haitteirutame, chiryou no nedan no hanbun wo haraimasu. chiryou no ato, jakku ha yoku narimasu. kare ha daigaku he iki, soshite choushi ga yoku narimasu. jakku ha yoku machi wo aruki mawarimasu. kare ha kouen ni arukimasu. kare ha

in seinem Zimmer. Er gibt schmutzige Kleidung in der Wäscherei ab. Jack mag die Stadt. Er wollte immer in einer Großstadt wohnen. Die Stadt ist schön. Sie liegt am Ufer eines Flusses. Die Stadt hat viele interessanten Orte. Viele Touristen kommen hierher. Jack ist krank. Er hat Zahnschmerzen. Er geht in die Klinik. Jack geht zum Zahnarzt. Er hat eine Versicherung, deshalb bezahlt er nur die Hälfte der Kosten. Nach der Behandlung fühlt sich Jack besser. Er geht zur Universität und fühlt sich gut. Jack spaziert oft durch die Stadt. Er geht in den Park. Er

はこの町(まち)には沢山(たくさん)の木々(きぎ)があることが好(す)きです。その町(まち)はきれいです。天気(てんき)は暖(あたた)かいです。じゃっくは時々(ときどき)川辺(かわべ)の浜(はま)に行(い)きます。彼(かれ)は泳(およ)ぐのが上手(じょうず)です。彼(かれ)は友達(ともだち)と映画館(えいがかん)、美術館(びじゅつかん)そして劇場(げきじょう)にも行(い)きます。じゃっくはこの町(まち)が好(す)きです。じゃっくは本(ほん)を読(よ)むことも好(す)きです。

毎週(まいしゅう)彼(かれ)は図書館(としょかん)に行(い)きます。彼(かれ)は探偵小説(たんていしょうせつ)が好(す)きです。彼(かれ)は毎日本(まいにっぽん)を読(よ)みます。じゃっくはお金(かね)を十分(じゅうぶん)に持(も)っていません。彼(かれ)は仕事(しごと)を探(さが)したいと考(かんが)えています。彼(かれ)は雇用(こよう)せんたーに行(い)きます。彼(かれ)は週(しゅう)3回(かい)働(はたら)きたいと考(かんが)えています。

kono machi niha takusan no kigi ga arukoto ga sukidesu. sono machi ha kireidesu. tenki ha atatakai desu. jakku ha tokidoki kawabe no hama ni ikimasu. kare ha oyoguno ga jouzu desu. kare ha tomodachi to eigakan, bijutsukan soshite gekijounimo ikimasu. jakku ha konomachi ga sukidesu. jakku ha hon wo yomukoto mo sukidesu. maishu kare ha toshokan ni ikimasu. kare ha tanteishousetsu ga sukidesu. kare ha mainichi hon wo yomimasu.

jakku ha okane wo juubun ni motte imasen. kare ha shigoto wo sagashitai to kangaete imasu. kare ha koyousenta- ni ikimasu. kare ha shu sankai hatarakitai to kangaete imasu. kare ha su-pa- no konsarutan-

mag es, dass es in der Stadt viele Grünflächen gibt. Die Stadt ist sauber. Das Wetter ist warm. Manchmal geht Jack zum Strand am Fluss. Er schwimmt gut. Er geht auch ins Kino, zu Museen und in den Theater mit seinen Freunden. Jack mag diese Stadt. Er mag cs auch zu lesen. Jede Woche geht er in die Bibliothek. Er mag Kriminalromane. Er liest jeden Tag durch.

Jack hat nicht genug Geld. Er will eine Anstellung finden. Er geht zum Arbeitsamt. Er will dreimal pro Woche arbeiten. Er bekommt einen Vorschlag, als Berater in einem Super-

彼(かれ)はすーぱーのこんさるたんとの仕事(しごと)を提案(ていあん)されます。彼(かれ)は賛成(さんせい)します。

to no shigoto wo teian saremasu. kare ha sansei shimasu.

markt zu arbeiten. Jack nimmt die Arbeit an.

C

質問と答え

Fragen und Antworten

-じゃっくは高校生(こうこうせい)ですかまたは大学生(だいがくせい)ですか?

-じゃっくは大学生(だいがくせい)です。

-彼(かれ)は何才(なんさい)ですか?

-彼(かれ)は19才(さい)です。

-彼(かれ)はどこで勉強(べんきょう)していますか?

-彼(かれ)はてくのろじーとでざいんの大学(だいがく)で勉強(べんきょう)しています。

-彼(かれ)はどうやって大学(だいがく)へ行(い)きますか?

-彼(かれ)はばすまたは地下鉄(ちかてつ)で大学(だいがく)へ行(い)くことができます。じゃっくは普段(ふだん)地下鉄(ちかてつ)で行(い)きます。

-地下鉄(ちかてつ)での旅(たび)にかかる値段(ねだん)はいくらですか?

-運賃(うんちん)は2ゆーろです。

-彼(かれ)はどれくらいの時間(じかん)地下鉄(ちかてつ)に乗(の)っています

- Ist Jack ein Schüler oder ein Student?

- Er ist Student.

- Wie alt ist er?

- Er ist neunzehn Jahre alt.

- Wo studiert er?

- Er studiert an der Universität für Technologie und Design.

- Wie kommt er zur Universität?

- Er kann mit dem Bus oder mit der U-Bahn zur Universität fahren. In der Regel fährt er mit der U-Bahn.

- Wieviel kostet eine Fahrkarte für die U-Bahn?

- Die Karte kostet zwei Euro.

か？

- 彼(かれ)はやく20分(ふん)地下鉄(ちかてつ)に乗(の)っています。

-地下鉄(ちかてつ)はずっと地下(ちか)とんねるを通(とお)っていますか？

-地下鉄車両(ちかてつしゃりょう)は始(はじ)め地下(ちか)を通(とお)り、そして川(かわ)の上(うえ)の橋(はし)を通(とお)ります。

-じゃっくは食事(しょくじ)を自分(じぶん)で作(つく)りますか？

-いいえ、じゃっくは普段(ふだん)自分(じぶん)で食事(しょくじ)を作(つく)りません。

-じゃっくは普段(ふだん)どこで食事(しょくじ)をしますか？

-じゃっくは普段(ふだん)かふぇで食事(しょくじ)をします。

-じゃっくはどうしてれすとらんで食(た)べないのですか？

-なぜなら私(わたし)たちの町(まち)ではれすとらんは高(たか)いからです。

- 彼(かれ)はすーぱーで食(た)べものを買(か)いますか？

-はい、彼(かれ)は食(た)べ物(もの)を買(か)いにすーぱーにも行(い)きます。

-じゃっくはどこで服(ふく)を洗濯(せんたく)しますか？

-じゃっくはこいんらんどりーで服(ふく)を洗濯(せんたく)します。

-じゃっくはこの町(まち)が好(す)きですか？

- Wie lang fährt er mit der U-Bahn?

- Die Fahrt dauert ungefähr zwanzig Minuten.

- Fährt der Zug die ganze Zeit durch den Tunnel?

- Er fährt zuerst unter der Erde, dann überquert er den Fluss über eine Brücke.

- Kocht sich Jack das Essen selbst?

- Nein, in der Regel macht er das Essen nicht selbst.

- Wo isst Jack in der Regel?

- In der Regel isst Jack in einem Café.

- Warum isst Jack nicht in einem Restaurant?

- Weil Restaurants in unserer Stadt teuer sind.

- Kauft Jack auch Lebensmittel in einem Supermarkt?

- Ja, er geht auch in den Supermarkt, um Lebensmittel zu kaufen.

- Wo wäscht Jack seine

–はい、じゃっくは常(つね)に大(おお)きな町(まち)に住(す)みたいと考(かんが)えていました。

–その町(まち)は山(やま)のそばに位置(いち)しますか、または川(かわ)のそばに位置(いち)しますか？

–その町(まち)は川(かわ)の土手(どて)に位置(いち)します。

– 町(まち)の中(なか)にはつあー客(きゃく)はいますか？

–はい、沢山(たくさん)のつあー客(きゃく)がここに来(き)ます。

–どうしてじゃっくは病気(びょうき)ですか？

– 彼(かれ)は虫歯(むしば)です。

– 彼(かれ)は薬局(やっきょく)に行(い)きますか、それともくりにっくに行(い)きますか？

– 彼(かれ)はくりにっくに行(い)きます。じゃっくは医者(いしゃ)に行(い)きます。

–じゃっくはどの医者(いしゃ)に行(い)きますか？

–じゃっくは歯医者(はいしゃ)に行(い)きます。

–歯医者(はいしゃ)に治療(ちりょう)してもらうのはじゃっくにとって高(たか)いですか？

– 彼(かれ)は保険(ほけん)に入(はい)っているため、治療(ちりょう)の半分(はんぶん)の値段(ねだん)を払(はら)います。

Kleidung?

- Jack wäscht seine Kleidung in der Selbstbedienungswäscherei.

- Mag Jack die Stadt?

- Ja, Jack wollte immer in einer Großstadt wohnen.

- Liegt die Stadt im Gebirge oder an einem Fluss?

- Die Stadt liegt am Ufer eines Flusses.

- Gibt es Touristen in der Stadt?

- Ja, es gibt viele Touristen hier.

- Warum ist Jack krank?

- Er hat Zahnschmerzen.

- Geht er in die Apotheke oder in die Klinik?

- Er geht in die Klinik. Er geht zu einem Arzt.

- Zu welchem Arzt geht Jack?

- Jack geht zu einem Zahnarzt.

- Kostet die Behandlung

–じゃっくは治療(ちりょう)の後(のち)どう感(かん)じますか？

–じゃっくは良(よ)くなります。彼(かれ)は大学(だいがく)に行(い)き、そして調子(ちょうし)が良(よ)くなります。

–じゃっくは町(まち)を歩(ある)き回(まわ)るのが好(す)きですか？

–はい、じゃっくはよく町(まち)を歩(ある)き回(まわ)ります。

–じゃっくはどこを歩(ある)きますか？

–彼(かれ)は公園(こうえん)の中(なか)を歩(ある)きます。彼(かれ)は町(まち)に沢山(たくさん)木々(きぎ)があるところが好(す)きです。

–じゃっくは泳(およ)ぎますか？

–はい、じゃっくは上手(じょうず)に泳(およ)ぎます。彼(かれ)は時々(ときどき)川(かわ)の浜(はま)に行(い)きます。

–じゃっくは友達(ともだち)とどこに行(い)きますか？

–彼(かれ)は映画館(えいがかん)、美術館(びじゅつかん)そして劇場(げきじょう)に行(い)きます。

–じゃっくはどのくらいよく図書館(としょかん)に行(い)きますか？

–じゃっくは毎週(まいしゅう)図書館(としょかん)に行(い)きます。

–じゃっくはどのような本(ほん)が好(す)きですか？

–彼(かれ)は探偵小説(たんていしょうせつ)が好(す)きです。彼(かれ)は毎(まい)

beim Zahnarzt viel?

- Jack hat eine Versicherung, deshalb bezahlt er nur die Hälfte der Kosten.

- Wie fühlt sich Jack nach der Behandlung?

- Jack fühlt sich besser. Er fährt zur Universität und fühlt sich besser.

- Mag es Jack, durch die Stadt zu spazieren?

- Ja, Jack spaziert sehr oft durch die Stadt.

- Wohin geht Jack?

- Jack geht in den Park. Er mag es, dass es in der Stadt viele Grünflächen gibt.

- Kann Jack schwimmen?

- Ja, Jack schwimmt gut. Manchmal geht er zum Strand am Fluss.

- Wohin geht Jack mit seinen Freunden?

- Er geht ins Kino, zu Museen und in das Theater.

- Wie oft geht Jack in die Bibliothek?

日本(にっぽん)を読(よ)みます。

-じゃっくは沢山(たくさん)お金(かね)を持(も)っていますか？

-いいえ、じゃっくはお金(かね)を十分(じゅうぶん)に持(も)っていません。

-じゃっくはどこで仕事(しごと)を探(さが)しますか？

- 彼(かれ)は雇用(こよう)せんたーに行(い)きます。

-じゃっくは週何日(しゅうなんにち)働(はたら)くことができますか？

- 彼(かれ)は週(しゅう)3日(にち)働(はたら)きたいと考(かんが)えています。

- 彼(かれ)はどのような仕事(しごと)を提案(ていあん)されますか？

- 彼(かれ)はすーぱーのこんさるたんとの仕事(しごと)を提案(ていあん)されました。

-じゃっくは提案(ていあん)を承認(しょうにん)しますか、それとも拒否(きょひ)しますか？

-じゃっくは賛成(さんせい)します。

- Jack geht jede Woche in die Bibliothek.

- Welche Bücher mag er?

- Er mag Kriminalromane. Er liest jeden Tag Bücher.

- Hat Jack viel Geld?

- Nein, er hat nicht genug Geld.

- Wo sucht Jack eine Arbeit?

- Er geht zum Arbeitsamt.

- Wie viele Tage pro Woche kann Jack arbeiten?

- Er will dreimal pro Woche arbeiten.

- Was für einen Arbeitsvorschlag bekommt er?

- Er bekommt einen Vorschlag, als Berater im Supermarkt zu arbeiten.

- Nimmt er den Vorschlag an oder lehnt er ihn ab?

- Er nimmt den Vorschlag an.

12

氷を砕く

Brich das Eis

季節(きせつ)は冬(ふゆ)です。外(そと)は雪(ゆき)がふっていて地面(じめん)は滑(すべ)りやすくなっています。お父さんは仕事(しごと)から帰(かえ)ってくると

「ひどい天気(てんき)だ！すぐに滑(すべ)ってしまう。二回(にかい)も転(ころ)んでしまったよ。」とお母さんに言(い)いました。お父さんのズボン(ずぼん)は濡(ぬ)れてシミ(しみ)がいくつか出来(でき)ていました。ここでちょうど息子(むすこ)さんが学校(がっこう)から帰(かえ)ってきました。

「外(そと)はすごく寒(さむ)いよ！」息子(むすこ)さんは嬉(うれ)しそう

Es ist Winter. Draußen ist es verschneit und rutschig. Der Vater kommt von der Arbeit nach Hause.

„Das Wetter ist schrecklich! Es ist sehr rutschig. Ich bin zweimal gestürzt“, sagt er zu der Mutter. Seine Hose hat mehrere nasse Flecken. Der Vater ist unglücklich. In diesem Moment kommt der kleine Sohn von der Schule nach Hause.

„Es ist so toll draußen!“ schreit der Sohn glück-

に言(い)いました。「すごく滑(すべ)りやすいんだ。二回(にかい)も転(ころ)んじゃったんだよ！」息子(むすこ)さんはとても嬉(うれ)しい様子(ようす)でした。

lich. „Es ist sehr rutschig. Ich bin zweimal gestürzt!“ Der Sohn ist sehr glücklich.

kisetsu wa fuyu desu. soto wa yuki ga futteite jimen wa suberi yasuku natteimasu. otōsan wa shigoto kara kaettekuru to" hidoi tenki da! sugu ni subetteshimau. ni kai mo korondeshimatta yo." to okāsan ni iimashita. otōsan no zubon wa nurete shimi ga ikutsu ka dekiteimashita. koko de chōdo musuko san ga gakkō kara kaettekimashita." soto wa sugoku samui yo!" musuko san wa ureshisō ni iimashita." sugoku suberi yasui n da. ni kai mo koron jatta n da yo!" musuko san wa totemo ureshii yōsu deshita.

ジャックは新しいアパートを見つけたいです

Jack will eine neue Wohnung finden

単語

Vokabeln

1. (時間を)消費する [(jikan wo) rouhisuru] - verbringen (Zeit)
2. 2 番 [niban] - zweiter
3. 300 、三百 [sanbyaku] - dreihundert
4. 3 番 [sanban] - dritter
5. ～に沿って [～ni sotte] - entlang

6. あれ [are] - jene(r /s)
7. うるさい [urusai] - laut
8. うるさく [urusaku] - laut
9. このように、なので [konoyouni, nanode] - so
10. すぐに [suguni] - sofort, auf der Stelle
11. アドレス、住所 [adoresu, juusho] - die Adresse
12. アナウンス [anaunsu] - die Anzeige
13. エージェント [e-jento] - der Vertreter, der Agent
14. エレベーター [erebe-ta-] - der Aufzug
15. オーナー [o-na-] - der Wirt
16. キオスク [kiosuku] - der Kiosk
17. ノック [nokku] - klopfen
18. ベッド [beddo] - das Bett
19. ベル、リング [beru, ringu] - die Klingel
20. ラップトップ [rapputoppu] - der Laptop
21. 引っ越す(住所を変える) [hikkosu (juusho wo kaeru)] - umziehen
22. 家具 [kagu] - die Möbel
23. 会う [au] - treffen
24. 階 [kai] - die Etage
25. 階段 [kaidan] - das Treppenhaus
26. 外 [soto] - draußen
27. 革 [kawa] - das Leder
28. 期間 [kikan] - die Periode
29. 拒否する、断る [kyohisuru, kotowaru] - ablehnen
30. 近づく [chikazuku] - herangehen, sich nähern
31. 銀行 [ginkou] - die Bank
32. 契約する [keiyakusuru] - einen Vertrag schließen
33. 決定、決断 [kettei, ketsudan] - der Entschluss, die Entscheidung
34. 決定する [ketteisuru] - entscheiden
35. 月 [tsuki] - der Monat
36. 見つける [mitsukeru] - finden
37. 言う、教える [iu, oshieru] - sagen
38. 考える、思う [kangaeru, omou] - denken
39. 高い [takai] - hoch
40. 高くない [takakunai] - nicht groß
41. 始めに、1 番 [hajimeni, ichiban] - erster
42. 子供 [kodomo] - das Kind
43. 指し示された [sashishimesareta] - angezeigt
44. 指し示す [sashishimesu] - anzeigen, andeuten
45. 手配する、予約する [tehaisuru, yoyakusuru] - sich verabreden
46. 宿泊施設、アパート [shukuhakushisetsu, apa-to] - die Unterkunft, die Wohnung
47. 招待する [shoutaisuru] - einladen
48. 上に行く、昇る、上がる [ueni iku, noboru, agaru] - steigen
49. 新聞 [shinbunshi] - die Zeitung
50. 静か [shizuka] - still
51. 静かに [shizukani] - still, leise

52. 説明する [setsumeisuru] - erklären
53. 選ぶ [erabu] - wählen
54. 誰か [dareka] - jemand
55. 値段 [nedan] - der Preis
56. 中 [naka] - innen, drinnen
57. 中央 [chuuou] - zentral
58. 長い、長い間 [nagai, nagaiaida] - lange
59. 適切な、適した [tekisetsuna, tekishita] - geeignet, passend
60. 土曜日 [doyoubi] - der Samstag
61. 答え [kotae] - antworten
62. 同行する [doukousuru] - begleiten
63. 歩道 [hodou] - der Bürgersteig, der Fußweg
64. 方向 [houkou] - die Richtung
65. 本 [hon] - das Buch
66. 明るい [akarui] - hell
67. 戻る [modoru] - zurückkehren
68. 落ち着いて [ochitsuite] - ruhig

B

今日(きょう)は土曜日(どようび)です。ほてるに長(なが)い間泊(まと)まるのは高(たか)いです。じゃっくは住(す)むあぱーとを見(み)つけたいと考(かんが)えています。彼(かれ)はきおすくで新聞(しんぶん)を買(か)います。新聞(しんぶん)には沢山(たくさん)広告(こうこく)があります。じゃっくはかふぇの中(なか)へ歩(ある)いて入(はい)り、そしててーぶるにつきます。彼(かれ)はこーひーを注文(ちゅうもん)します。彼(かれ)はかふぇに座(すわ)って新聞(しんぶん)を読(よ)みます。彼(かれ)はいくつ

kyou ha doyoubi desu. hoteru ni nagai aida tomaru noha takai desu. jakku ha sumu apa-to wo mitsuketai to kangaete imasu. kare ha kiosuku de shinbun wo kaimasu. Shinbun niha takusan koukoku ga arimasu. jakku ha kafe no naka he aruite hairi, soshite te-buru ni tsukimasu. kare ha ko-hi- wo chumon shimasu. kare ha cafe ni suwatte shinbun wo yomimasu. kare

Heute ist Samstag. Es ist teuer, lange in einem Hotel zu bleiben. Jack will eine neue Wohnung finden. Er kauft eine Zeitung am Kiosk. In der Zeitung gibt es viele Anzeigen. Jack geht in ein Café und setzt sich an einen Tisch. Er bestellt Kaffee. Er sitzt im Café und liest die Zeitung. Er findet einige pas-

か自分(じぶん)に適(てき)したあぱーとを新聞(しんぶん)で見(み)つけます。それらの値段(ねだん)は安(やす)いです。じゃっくはあぱーとが大学(だいがく)の近(ちか)くにあることも望(のぞ)みます。

彼(かれ)は3つのあぱーとを選択(せんたく)します。彼(かれ)はそれらを今日(きょう)見(み)たいと考(かんが)えています。彼(かれ)は広告(こうこく)に記載(きさい)されている電話(でんわ)番号(ばんごう)に電話(でんわ)をかけます。1つ目(め)の番号(ばんごう)は電話(でんわ)に出(で)ません。そして彼(かれ)はもうひとつの番号(ばんごう)に電話(でんわ)をかけます。女性(じょせい)が電話(でんわ)に出(で)ます。彼女(かのじょ)の名前(なまえ)はしゃるろってです。彼女(かのじょ)は不動産業者(ふどうさんぎょうしゃ)です。彼(かれ)は彼女(かのじょ)と会(あ)う手配(てはい)をします。じゃっくはその建物(たてもの)が町(まち)の中央(ちゅうおう)にあるというところが好(す)

ha ikutsuka jibunni tekishita apa-to wo shinbun de mitsukemasu. sorera no nedan ha yasui desu. jakku ha apa-to ga daigaku no chikakuni arukoto mo nozomimasu. kare ha mittsu no apa-to wo sentaku shimasu. kare ha sorera wo kyou mitai to kangaete imasu. kare ha koukokuni kisai sareteiru denwabangou ni denwa wo kakemasu. hitotsume no bangou ha denwa ni demasen. soshite kare ha mouhitotsu no bangou ni denwa wo kakemasu. josei ga denwa ni demasu. kanojo no namae ha sharurotte desu. kanojo ha fudousangyousha desu. kare ha knojo to au tehai wo shimasu. jakku ha sono tatemono ga machi no chuou ni arutoiu tokoro ga

senden Wohnungen in der Zeitung. Ihre Preise sind niedrig. Jack will auch, dass sich die Wohnung in der Nähe der Universität befindet. Er wählt drei Wohnungen. Jack will sie noch heute sehen. Er ruft die Telefonnummer an, die in den Anzeigen angegeben sind. Die erste Nummer antwortet nicht. Dann ruft er die zweite Nummer. Eine Frau antwortet. Sie heißt Charlotte. Sie ist eine Immobilienagentin. Er verabredet sich mit ihr. Jack findet es gut, dass die Wohnung sich im Zentrum der Stadt befindet. Er steigt

きです。彼(かれ)はばすに乗(の)り、そしてその建物(たてもの)へ行(い)きます。じゃっくは到着(とうちゃく)すると、背(せ)の高(たか)い建物(たてもの)を見(み)つけます。それは中央広場(ちゅうおうひろば)に位置(いち)します。そこには沢山(たくさん)の車(くるま)と人々(ひとびと)がいます。じゃっくはそこがとてもうるさいところが好(す)きではありませんでした。彼(かれ)は建物(たてもの)の外見(がいけん)も好(す)きではありませんでした。それは古(ふる)く見(み)えます。じゃっくは建物(たてもの)に入(はい)ります。

あぱーとは2階(かい)にあります。彼(かれ)はどあをのっくします。女性(じょせい)がどあを開(あ)けます。それはしゃるろってです。彼女(かのじょ)はあぱーとを見(み)せるためにじゃっくを招待(しょうたい)します。彼(かれ)は中(なか)に入(はい)ります。あぱーとは広(ひろ)いけれども古(ふる)いです。

sukidesu. kare ha basu ni nori, soshite sono tatemono he ikimasu. jakku ha touchaku suruto, senotakai tatemono wo mitsukemasu. sore ha chuou hiroba ni ichi shimasu. soko niha takusan no kuruma to hitobito ga imasu. jakku ha soko ga totemo urusai tokoro ga sukideha arimasen deshita. kare ha tatemono no gaiken mo sukideha arimasen deshita. soreha furuku miemasu. jakku ha tatemono ni hairimasu. apa-to ha nikai ni arimasu. kare ha doa wo nokku shimasu. josei ga doa wo akemasu. sore ha sharurottedesu. kanojo ha apa-to wo miserutameni jakku wo shoutai shimasu. kare ha naka ni hairimasu. apa-to ha hiroi keredomo furuidesu. soko

in einen Bus ein und fährt zu diesem Haus. Als Jack ankommt, sieht er ein hohes Haus. Es befindet sich am Zentralplatz. Es gibt viele Leute und Autos. Jack findet es nicht gut, dass es hier so laut ist. Das Haus gefällt ihm auch von außen nicht so gut. Es sieht alt aus. Jack geht hinein. Die Wohnung befindet sich in der zweiten Etage. Er klopft an die Tür. Eine Frau öffnet die Tür. Das ist Charlotte. Sie lädt Jack ein, sich die Wohnung anzusehen. Er kommt hinein. Die Wohnung ist geräumig, aber alt. Es gibt große

そこには大(おお)きな窓(まど)があります。それらは木製(もくせい)です。りびんぐるーむには大(おお)きなてれびとそふぁーがあります。じゃっくはべっどるーむに入(はい)ります。

そこには大(おお)きなべっどがあります。部屋(へや)の角(かく)にはてーぶるがあります。じゃっくはあぱーとが暗(くら)く、そして家具(かぐ)が少(すく)ないことが好(す)きではありませんでした。部屋(へや)は空(そら)に見(み)えます。じゃっくはしゃるろってに今日他(きょうた)のあぱーとを見(み)て決定(けってい)したいと言(い)います。しゃるろってはじゃっくに夜(よる)に電話(でんわ)し、そして彼(かれ)の決定(けってい)を伝(つた)えて欲(ほ)しいと言(い)います。じゃっくは建物(たてもの)を後(ご)にします。彼(かれ)はもう1つの番号(ばんごう)に電話(でんわ)します。男性(だんせい)が近(ちか)くのあぱーとを貸(か)し

niha ookina mado ga arimasu. sorera ha mokuseidesu. ribinguru-mu niha ookina terebi to sofa ga arimasu. jakku ha beddoru-mu ni hairimasu.soko niha ookina beddo ga arimasu. heya no kado niha teburu ga arimasu. jakku ha apa-to ga kuraku, soshite kagu ga sukunai koto ga sukideha arimasen deshita. heya ha kara ni miemasu. jakku ha sharurotte ni kyou hoka no apa-to wo mite kettei shitaito iimasu. sharurotte ha jakku ni yoru ni denwashi, soshite kare no kettei wo tsutaete hoshiito iimasu. Jakku ha tatemono wo atoni shimasu. kare ha mouhitotsu no bangou ni denwa shimasu. dansei ga chikaku no apa-to wo kashiteimasu. dansei

Fenster. Sie sind hölzern. Im Wohnzimmer gibt es einen großen Fernseher und ein Sofa. Jack geht in das Schlafzimmer hinein. Es hat ein großes Bett. In der Ecke des Zimmers gibt es einen Tisch. Jack mag es nicht, dass die Wohnung dunkel ist und wenige Möbel hat. Sie sieht leer aus. Jack sagt Charlotte, dass er heute noch eine Wohnung ansehen will und dann entscheiden. Charlotte bittet ihn, am Abend anzurufen und ihr die Entscheidung mitzuteilen. Jack verlässt das Haus. Er ruft noch eine Nummer an. Ein

ています。男性(だんせい)の名前(なまえ)はまいくです。彼(かれ)は建物(たてもの)への行(い)き方(かた)を説明(せつめい)します。じゃっくはこの場所(ばしょ)を知(し)っています。彼(かれ)は地下鉄(ちかてつ)の駅(えき)に行(い)きます。このあぱーとは公園(こうえん)の近(ちか)くに位置(いち)します。じゃっくは地下鉄(ちかてつ)車両(しゃりょう)に乗(の)ります。彼(かれ)は地下鉄(ちかてつ)にやく10分(ふん)乗(の)ります。
彼(かれ)は地下鉄(ちかてつ)から降(お)りて、道路(どうろ)のそばの歩道(ほどう)を歩(ある)きます。彼(かれ)は建物(たてもの)を見(み)つけられませんが、その住所(じゅうしょ)を知(し)っています。
彼(かれ)は子供(こども)を連(つ)れた女性(じょせい)に向(む)かいます。
彼(かれ)は彼女(かのじょ)にどうやってその建物(たてもの)へ行(い)くかを聞(き)きます。
女性(じょせい)はこの建物(たてもの)を知(し)っています。彼女(かのじょ)はそこに住(す)んでいま

no namae ha maiku desu. kare ha tatemono heno ikikata wo setsumeishimasu. jakku ha konobasho wo shitteimasu. kare ha chikatetsu no eki ni ikimasu. kono apato ha kouen no chikaku ni ichishimasu. jakku ha chikatetsusharyou ni norimasu. kare ha chikatetsu ni yaku jyuppun norimasu. kare ha chikatetsu kara orite, douro no soba no hodou wo arukimasu. kare ha tatemono wo mitsukeraremasen ga, sono jusho wo shitte imasu. kare ha kodomo wo tsureta josei ni mukaimasu. kare ha kanojo ni douyatte sono tatemono he ikuka wo kikimasu. josei ha kono tatemono wo shitteimasu. kanojo ha soko ni sundeimasu. kanojo ha jakku ni ikuhou-

Mann vermietet eine Wohnung in der Nähe. Er heißt Mike. Er erklärt, wie man sein Haus findet. Jack kennt dieses Ort. Er geht zur U-Bahn-Station. Die Wohnung befindet sich neben einem Park. Jack steigt in den Wagen ein. Die Fahrt dauert ungefähr zehn Minuten. Er geht draußen und dann auf den Bürgersteig dem Weg entlang. Er kann das Haus nicht finden, aber er hat die Adresse. Er geht zu einer Frau mit einem Kind. Er fragt, wie man das Haus finden kann. Die Frau kennt das Haus. Sie wohnt dort. Sie

す。彼女(かのじょ)はじゃっくに行(い)く方向(ほうこう)を指(ゆび)さします。その建物(たてもの)は銀行(ぎんこう)の近(ちか)くに位置(いち)します。じゃっくは建物(たてもの)に着(つ)きます。彼(かれ)はその建物(たてもの)が公園(こうえん)の近(ちか)くに位置(いち)するところが好(す)きです。建物(たてもの)の周(まわ)りは静(しず)かで平和(へいわ)です。建物(たてもの)の近(ちか)くには、庭(にわ)があります。そこには沢山(たくさん)の花(はな)があります。まいくのあぱーとは3階(かい)にあります。

じゃっくはえれべーたーの中(なか)に入(はい)ります。彼(かれ)は3階(かい)に行(い)きます。じゃっくはえれべーたーから出(で)てきます。彼(かれ)はべるを鳴(な)らします。男性(だんせい)がどあを開(あ)けます。これがまいくです。彼(かれ)はじゃっくに同行(どうこう)して中(なか)に入(はい)りま

kou wo yubi sashimasu. sono tatemono ha ginkou no chikakuni ichishimasu. jakku ha tatemono ni tsukimasu. kare ha sono tatemono ga kouen no chikakuni ichi surutokoro ga sukidesu. tatemono no mawari ha shizukade heiwadesu. Tatemono no chikakuni ha, niwa ga arimasu. Soko niha takusan no hana ga arimasu. maiku no apa-to ha sangaini arimasu. jakku ha erebe-ta- no naka ni hairimasu. kare ha sangai ni ikimasu. jakku ha erebeta- kara detekimasu. kare ha beru wo narashimasu. dansei ga doa wo akemasu. kore ga maiku desu. kare ha jakku ni doukoushite nakani hairimasu.
naka ha akarukute kokochi ga yoidesu.

zeigt Jack die Richtung, die er wählen soll. Das Haus befindet sich neben einer Bank. Jack geht hinein. Es gefällt ihm sehr, dass sich das Haus neben einem Park befindet. Es ist still und ruhig rund um das Haus. Neben dem Haus gibt es einen Garten. Es gibt dort viele Blumen. Mikes Wohnung ist in der dritten Etage. Jack geht zum Aufzug. Er fährt auf die dritte Etage. Jack geht aus dem Aufzug hinaus. Er benutzt die Klingel. Ein Mann öffnet die Tür. Das ist Mike. Er begleitet Jack in die Wohnung. Drinnen ist es hell

なか　あか　　　ここち
す。中は明るくて心地がよい
あたら　　かぐ
です。あぱーとには新しい家具
へや　　おお
があります。部屋には大きなすく
りーんのてれびがあります。それは
あたら　　　　　へや　かく
新しいです。部屋の角にはべ
っどがあります。

へや　なか　ほんだな
じゃっくは部屋の中の本棚を
み　　　ほんだな　なか
見ます。本棚の中には
たくさん　ほん　　　　　　　へや
沢山の本があります。部屋の
ま　なか
真ん中にはてーぶるがあります。
となり　　おお
てーぶるの隣には大きなあー
かわ
むちぇあがあります。それは革で
かれ
できています。じゃっくは彼のら
お
っぷとっぷをそこに置くことを
かんが　　　　かれ
考えます。彼はこのあぱーと
す　　　かれ
が好きです。彼はまいくにこのあ
す　　　つた
ぱーとに住みたいと伝えます。
かれ　　　　つき　　　　はら
彼はまいくに月300ゆーろ払
かれ　　けいやく
います。彼らは契約します。
げつぶんはら
じゃっくは2か月分払わなけ

apa-to niha atarashii kagu ga arimasu. heya niha ookina sukuri-n no terebi ga arimasu. sore ha atarashiidesu. heya no kado niha, beddo ga arimasu. jakku ha heya no naka no hondana wo mimasu. Hondana no naka niha takusan no hon ga arimasu. heya no mannaka niha, teburu ga arimasu. teburu no tonari niha ookina a-muchea ga arimasu. sore ha kawade dekiteimasu. jakku ha kare no rapputoppu wo sokoni okukoto wo kangaemasu. kare ha kono apa-to ga sukidesu. kare ha maiku ni kono apa-to ni sumitai to tsutaemasu. kare ha maikuni tsuki sanbyakuyu-ro haraimasu. karera ha keiyaku shimasu. jakku ha nikagetsubun

und bequem. Es gibt neue Möbel in der Wohnung. Im Zimmer gibt es einen Großbildfernseher. Er ist neu. In der Zimmerecke gibt ein Bett. Im Zimmer sieht Jack ein Bücherregal. Es gibt viele Bücher im Bücherregal. In der Mitte des Zimmers gibt es einen Tisch. Neben dem Tisch gibt es einen Sessel. Er ist ledern. Jack denkt daran, seinen Laptop dorthin zu stellen. Das Haus gefällt ihm. Er sagt Mike, dass er hier wohnen will. Er soll Mike dreihundert Euro pro Monat bezahlen. Sie schließen einen Vertrag. Jack

かれ　おな　ひ
ればなりません。 彼 は 同 じ日に
かれ　も　もの
ほてるから 彼 の持ち 物 をすべて
はこ
運 びます。

harawanakereba narimasen. kare ha onajihi ni hoterukara kare no mochimono wo subete hakobimasu.

muss für zwei Monaten sofort bezahlen. Er bringt am selben Tag alle seinen Sachen aus dem Hotel.

C

質問そして答え

きょう　なにようび
–今 日は 何 曜 日ですか？

きょう　どようび
–今 日は土曜 日です。

す　さが
–どうしてじゃっくは住むあぱーとを 探 したいのですか？

なが　まと　たか
–なぜならほてるに 長 い間泊まるのは 高 いからです。

なに　か
–じゃっくはきおすくで 何 を買いますか？

こうもくべつ　こうこく
–じゃっくはきおすくで 項 目 別 の 広 告 があ
しんぶん　か
る 新 聞 を買います。

もど
–じゃっくはほてるに 戻 りますか、またはかふぇに
い
行きますか？

ある　はい
–じゃっくは 歩 いてかふぇに 入 り、そしててーぶるにつきます。

かれ　ちゅうもん
– 彼 はあいすくりーむを 注 文 しますか、それ

Fragen und Antworten

- Was für ein Tag ist heute?

- Es ist Samstag.

- Warum will Jack eine Wohnung finden?

- Weil es teuer ist, eine lange Zeit im Hotel zu bleiben.

- Was kauft Jack am Kiosk?

- Am Kiosk kauft Jack eine Zeitung mit Anzeigen.

- Geht Jack zurück zum Hotel oder in ein Café?

- Jack geht in ein Café und setzt sich an den Tisch.

- Bestellt er Eis oder Kaffee?

- Er bestellt Kaffee.

- Was macht Jack im Café?

- Er sitzt und liest die Zei-

ともこーひーを注文(ちゅうもん)しますか？

– 彼(かれ)はこーひーを頼(たの)みます。

–じゃっくはかふぇで何(なに)をしますか？

– 彼(かれ)は座(すわ)って新聞(しんぶん)を読(よ)んでいます。

– 彼(かれ)は安(やす)いあぱーとの広告(こうこく)を見(み)つけますか？

–はい、彼(かれ)は彼(かれ)に適(てき)したあぱーとの広告(こうこく)をいくつか見(み)つけます。

–あぱーとはどこにある必要(ひつよう)がありますか？

–じゃっくはあぱーとが大学(だいがく)の近(ちか)くにあることを望(のぞ)みます。

–じゃっくはあぱーとを選択(せんたく)しますか？

–はい、彼(かれ)は3つのあぱーとを選択(せんたく)し、そして今日(きょう)それらを見(み)たいと考(かんが)えます。

–じゃっくは誰(だれ)と会(あ)うことを手配(てはい)しますか？

–不動産業者(ふどうさんぎょうしゃ)です。彼女(かのじょ)の名前(なまえ)はしゃるろってです。

–どうしてじゃっくはこの建物(たてもの)を選択(せんたく)しましたか？

–じゃっくはその建物(たてもの)が町(まち)の中央(ちゅうおう)にあるところが好(す)きです。

tung.

- Findet er Anzeigen für billige Wohnungen?

- Ja, er findet Anzeigen für einige passenden Wohnungen in der Zeitung.

- Wo soll sich die Wohnung befinden?

- Jack will eine Wohnung in der Nähe seiner Universität finden.

- Wählt Jack eine Wohnung?

- Ja, er wählt drei Wohnungen und will sie heute ansehen.

- Mit wem verabredet sich Jack?

- Mit einer Immobilienagentin. Sie heißt Charlotte.

- Warum wählt Jack diese Wohnung?

- Es gefällt ihm, dass sich die Wohnung im Stadtzentrum befindet.

- Kommt Jack zu diesem Haus zu Fuß oder mit dem Bus?

-じゃっくはその建物（たてもの）には歩（あるい）いて行きますか、あるいはばすで行（い）きますか？

- 彼（かれ）はばすに乗（の）りその建物（たてもの）まで行（い）きます。

-その建物（たてもの）はどこですか？

- 中央広場（ちゅうおうひろば）に位置（いち）します。

- 建物（たてもの）は静（しず）かですか、またはうるさい場所（ばしょ）に位置（いち）しますか？

-そこには沢山（たくさん）の車（くるま）と人々（ひとびと）がいます。じゃっくはそこがとてもうるさいところが好（す）きではありません。

-じゃっくはその建物（たてもの）が好（す）きですか？

-いいえ、じゃっくはその建物（たてもの）の外見（がいけん）が好（す）きではありません。それは古（ふる）く見（み）えます。

-あぱーとは何階（なんかい）にありますか？

-あぱーとは２階（かい）にあります。

- 誰（だれ）がどあを開（あ）けますか？

-しゃるろってがどあを開（あ）けます。

-あぱーとは新（あたら）しいですか、それとも古（ふる）いですか？

-あぱーとは広（ひろ）いけれども古（ふる）いです。

- Jack steigt in den Bus ein und fährt zu diesem Haus.

- Wo ist das Haus?

- Es befindet sich am Zentralplatz.

- Liegt das Haus in einem ruhigen oder lauten Ort?

- Es gibt viele Autos und Leute. Jack mag es nicht, dass es hier so laut ist.

- Gefiel ihm das Haus?

- Nein, von außen gefällt ihm das Haus nicht. Es sieht alt aus.

- In welcher Etage liegt die Wohnung?

- Die Wohnung liegt in der zweiten Etage.

- Wer öffnet die Tür?

- Charlotte öffnet die Tür.

- Ist die Wohnung neu oder alt?

- Die Wohnung ist geräumig, aber alt.

- Sind die Fenster in der Wohnung klein oder groß?

- Die Fenster sind groß. Sie sind hölzern.

–あぱーとの中(なか)にある窓(まど)は小(ちい)さいですか、または大(おお)きいですか？

– 窓(まど)は大(おお)きいです。それらは木製(もくせい)です。

–りびんぐるーむには何(なに)がありますか？

–りびんぐるーむには大(おお)きなてれびとそふぁーがあります。

–べっどるーむの中(なか)のべっどは大(おお)きいですか？

–はい、べっどるーむには大(おお)きなべっどがあります。

–その部屋(へや)にはてーぶるはありますか？

–てーぶるは部屋(へや)の角(かく)にあります。

–じゃっくはこのあぱーとが好(す)きですか？

–いいえ、そんなに好(す)きではありません。あぱーとは暗(くら)く家具(かぐ)が少(すく)ないです。

–じゃっくはあぱーとを拒否(きょひ)しますか？

–いいえ、彼(かれ)はしゃるろってに今日(きょう)他(た)のあぱーとを見(み)てそして決定(けってい)したいと言(い)います。

–じゃっくはさらにあぱーとを見(み)ますか？

–はい、彼(かれ)はもうひとつの番号(ばんごう)に電話(でんわ)します。

- Was gibt es im Wohnzimmer?

- Das Wohnzimmer hat einen großen Fernseher und ein Sofa.

- Ist das Bett im Schlafzimmer groß?

- Ja, das Schlafzimmer hat ein großes Bett.

- Gibt es einen Tisch im Zimmer?

- Ja, ein Tisch ist in der Ecke.

- Gefällt Jack die Wohnung?

- Nicht sehr. Die Wohnung ist dunkel und es gibt wenige Möbel.

- Lehnt Jack die Wohnung ab?

- Nein, er sagt Charlotte, dass er noch eine Wohnung heute ansehen will und sich dann entschließen.

- Besucht Jack noch andere Wohnungen?

- Ja, er ruft noch eine Nummer an.

おおや　なまえ　なに
-大家の名前は何ですか？

かれ　なまえ
- 彼の名前はまいくです。

たてもの　い　かた　し
-じゃっくはその建物への行き方を知っていますか？

かれ　えき　い
-はい、彼はめとろ駅へ行きます。このあぱーと

こうえん　ちか　いち
は公園の近くに位置します。

じかんちかてつ　の
-じゃっくはどれくらいの時間地下鉄に乗りますか？

かれ　ちかてつ　ふんの
- 彼は地下鉄にやく10分乗ります。

かれ　たてもの　み
- 彼はすぐに建物を見つけますか？

かれ　たてもの　み
-いいえ、彼は建物を見つけられませんが、

じゅうしょ　し
住所を知っています。

かれ　だれ　き
- 彼は誰かに聞くことはできますか？

かれ　こども　つ　じょせい　む
-はい、彼は子供を連れた女性へ向かいます。

かのじょ　なに　き
-じゃっくは彼女に何を聞きいますか？

かれ　かのじょ　たてもの　い　かた　き
- 彼は彼女にその建物への行き方を聞きます。

じょせい　たてもの　し
- 女性はこの建物を知っていますか？

かのじょ　す　かのじょ
-はい、彼女はそこに住んでいます。彼女は

い　ほうこう　ゆび
じゃっくに行く方向を指さします。

- Wie heißt der Vermieter?

- Er heißt Mike.

- Weiß Jack, wie man zu diesem Haus fährt?

- Ja, er geht zu einer U-Bahn-Station. Die Wohnung befindet sich in der Nähe eines Parks.

- Wie lange fährt Jack mit der U-Bahn?

- Er fährt mit der U-Bahn ungefähr zehn Minuten lang.

- Findet er das Haus sofort?

- Nein, er kann das Haus nicht finden, aber er hat die Adresse.

- Kann er jemanden fragen?

- Ja, er fragt eine Frau mit einem Kind.

- Wonach fragt Jack die Frau?

- Er fragt, wie man das Haus finden kann.

- Kennt die Frau dieses Haus?

- Ja, sie wohnt dort. Sie

- 建物(たてもの)はどこですか？

-その建物(たてもの)は銀行(ぎんこう)の裏(うら)に位置(いち)します。

-じゃっくはその建物(たてもの)が好(す)きですか？

-はい、彼(かれ)はその建物(たてもの)が公園(こうえん)の隣(となり)に位置(いち)しているところが好(す)きです。

-その建物(たてもの)は静(しず)かなところに位置(いち)していますか？

-はい、その建物(たてもの)の周(まわ)りは静(しず)かで平和(へいわ)です。

-まいくのあぱーとは何階(なんかい)にありますか？

-まいくのあぱーとは3階(かい)にあります。

-じゃっくは階段(かいだん)を上(のぼ)りますか？

-いいえ、じゃっくはえれべーたーに乗(の)ります。彼(かれ)は3階(かい)へ行(い)きます。

-じゃっくはどあをのっくしますか、またはべるを鳴(な)らしますか？

- 彼(かれ)はべるを鳴(な)らします。

-あぱーとの中(なか)の家具(かぐ)は新(あたら)しいですか、それとも古(ふる)いですか？

-あぱーとの中(なか)の家具(かぐ)は新(あたら)しいです。

zeigt Jack die Richtung.

- Wo ist das Haus?

- Es ist hinter einer Bank.

- Gefällt Jack das Haus?

- Ja, es gefällt ihm, dass sich das Haus neben dem Park befindet.

- Befindet sich das Haus in einem ruhigen Ort?

- Ja, es ist still und ruhig rund um das Haus.

- In welcher Etage befindet sich Mikes Wohnung?

- Die Wohnung ist in der dritten Etage.

- Geht Jack treppauf?

- Nein, er fährt mit dem Aufzug. Er fährt zur dritten Etage.

- Klopft Jack an die Tür oder klingelt er?

- Er klingelt.

- Sind die Möbel in der Wohnung neu oder alt?

- Die Möbel in der Wohnung sind neu.

- Gibt es einen Fernseher im Zimmer?

へや
−部屋にはてれびはありますか？

おお
−はい、そこには 大 きなてれびがあります。それは
あたら
新 しいです。

へや なか
−部屋の 中 のどこにべっどがありますか？

へや かく
−べっどは部屋の 角 にあります。

かぐ へや なか
−どんな家具が部屋の 中 にありますか？

おお ほんだな ま
−りびんぐるーむには 大 きな 本 棚 があり、真ん
なか となり
中 にはてーぶる、そしててーぶるの 隣 には
おお かわ いす
大 きな 革 の椅子があります。

す
−じゃっくはそのあぱーとが好きですか？

かれ たてもの す い
−はい、 彼 はまいくにこの 建 物 に住みたいと言
います。

はら
−じゃっくはあぱーとのためにいくら 払 いますか？

かれ つき はら
− 彼 はまいくに 月 300 ゆーろ 払 います。

さいご なに
−じゃっくはまいくと 最 後 に 何 をしますか？

かれ けいやく
− 彼 らは 契 約 します。

きかんぶんはら
−じゃっくはすぐにどれくらいの 期 間 分 払 わな
ければなりませんか？

げつぶんはら
−じゃっくは２か 月 分 払 わなければなりませ
ん。

- Ja, es gibt einen Großbild-fernseher. Er ist neu.

- Wo ist das Bett in diesem Zimmer?

- Das Bett ist in der Zimmerecke.

- Welche Möbel gibt es im Zimmer?

- Es gibt ein großes Buchregal, in der Mitte gibt es einen Tisch und neben dem Tisch gibt es einen großen ledernen Sessel.

- Gefällt Jack die Wohnung?

- Ja, er sagt Mike, dass er hier wohnen will.

- Wieviel soll Jack für die Wohnung bezahlen?

- Er soll Mike dreihundert Euro pro Monat bezahlen.

- Was beschließt Jack mit Mike?

- Sie schließen einen Vertrag.

- Für welche Periode muss Jack sofort bezahlen?

- Er muss für zwei Monaten sofort bezahlen.

-いつ彼(かれ)はほてるからあぱーとへ引(ひ)っ越(こ)しますか？

- Wann zieht Jack vom Hotel um?

- 同(おな)じ日(ひ)に彼(かれ)はほてるから彼(かれ)の荷物(にもつ)をすべて運(はこ)びます。

- Am gleichen Tag bringt er alle seinen Sachen aus dem Hotel.

13

Die Audiodatei

氷を砕く

Brich das Eis

おさな　れおん　こうえん　かれ　　　　　いっしょ
幼いレオンは公園で彼のお父さんと一緒

れおん　かれ　ともだち　あそ
にいます。レオンは彼の友達らと遊んでいます。

ぱぱ　ずぼん　うえ　ぱんつは　　　　　れおん
”パパ、ズボンの上にパンツ履いていい？”とレオン

き
はお父さんに聞きました。

き
”なぜだい？”とお父さんは聞きました。

す　ぱ　まん　　　　　　　　れおん　い
”だって、スーパーマンになれるから！”とレオンは言いました。

Der kleine Leon ist mit seinem Vater auf dem Spielplatz. Er spielt mit seinen Freunden.
„Papa, darf ich meine Unterhose über die Hose anziehen?“ fragt er seinen Vater.
„Warum?“ fragt der Vater den Sohn.
„Ich werde Superman sein!“
„Okay. Aber lass es uns zu Hause ma-

”わかった、じゃあ家(いえ)でやろうね”とお父さんは言(い)いました。

そう言(い)うとレオン(れおん)は嬉(うれ)しそうに”僕(ぼく)はスーパーマン(すぱまん)になれるんだ!”と友達(ともだち)に言(い)いました。

chen“, sagt der Vater. „Ich werde ein Superman sein!“ schreit Leon glücklich zu seinen Freunden.

osanai Reon wa kōen de kare no otōsan to issho ni imasu. Reon wa kare no tomodachira to asondeimasu. papa, zubon no ueni pantsu haite ii? to Reon wa otōsan ni kikimashita. naze dai? to otōsan wa kikimashita. datte, su-pa-man ni nareru kara! to Reon wa iimashita. wakatta, jā ie de yarou ne to otōsan wa iimashita. sō iu to Reon wa ureshisō ni boku wa su-pa-man ni nareru n da to tomodachi ni iimashita.

お店の中で

Im Geschäft

A

単語

Vokabeln

1. ～だけ、ただ [～dake, tada] - nur
2. いちご [ichigo] - die Erdbeere
3. お米 [okome] - der Reis
4. きゅうり [kyuuri] - die Gurke
5. たんす、箱 [tansu, hako] - die Schublade
6. つかむ、運転する、輸送する [tsukamu, untensuru, yusousuru] - fahren

7. はかり [hakari] - die Waage
8. ぶどう [budou] - die Traube(n)
9. もも [momo] - der Pfirsich
10. オレンジ [orenji] - die Orange
11. カート [ka-to] - der Wagen
12. キャベツ [kyabetsu] - der Kohl
13. サワークリーム [sawa-kuri-mu] - die Sahne
14. ジュース [ju-su] - der Saft
15. スキャン [sukyan] - kassieren
16. ソーセージ [so-se-ji] - die Wurst
17. チキン [chikin] - die Hühner
18. ディスプレイ 、陳列する [disu-purei, chinretsusuru] - auslegen
19. トマト [tomato] - die Tomate
20. ニンジン [ninjin] - die Karotte
21. バナナ [banana] - die Banane
22. パイナップル [painappuru] - die Ananas
23. パスタ 、マカロニ [pasuta, maka-roni] - die Nudeln
24. パッケージ [pakke-ji] - das Päck-chen
25. ボトル [botoru] - die Flasche
26. ポテトチップス [potetochippusu] - die Chips
27. ポリエチレン 、プラスチック [poriechiren, purasuchikku] - Po-lyethylen, das Plastik, der Kunst-stoff
28. マッシュルーム 、きのこ [mass-huru-mu, kinoko] - der Pilz
29. ラック 、スタンド [rakku, sutan-do] - der Stand
30. リットル [rittoru] - der Liter
31. レシート [reshi-to] - die Rechnung
32. レモン [remon] - die Zitrone
33. ロールパン 、コッペパン 、バン [ro-rupan, koppepan, ban] - das Brötchen
34. 違う 、様々な [chigau, sama-zamana] - verschieden
35. 一片 [ippen] - das Stück
36. 雨 [ame] - der Regen
37. 運転する 、運送する [untensuru, unsousuru] - fahren
38. 果物 [kajitsu] - das Obst
39. 会計 、レジ [kaikei, reji] - die Kasse
40. 起きる [okiru] - aufstehen
41. 輝く [kagayaku] - leuchten, schei-nen
42. 決定する [ketteisuru] - entschei-den
43. 行動する 、～する [koudousuru, ～suru] - funktionieren
44. 財布 [saifu] - die Geldtasche, das Portmonee
45. 食べる [taberu] - essen
46. 成功する 、無事にすむ [Seikousuru, bujinisumu] - gelin-gen
47. 生 [nama] - roh
48. 測る [hakaru] - wiegen
49. 太陽 [taiyou] - die Sonne
50. 袋 [fukuro] - das Paket
51. 大通り [oodoori] - der Boulevard
52. 通路 、セクション [tsuuro, sekus-hon] - die Abteilung
53. 頭 [atama] - gehen

54. 肉 [niku] - das Fleisch
55. 日曜日 [nichiyoubi] - der Sonntag
56. 乳 、 牛乳 [nyuu, gyuunyuu] - die Milch
57. 入口 [iriguchi] - der Eingang
58. 売られる [urareru] - verkauft werden
59. 箱 [hako] - die Schachtel, die Kiste
60. 必要 [hitsuyou] - nötig
61. 払う [harau] - bezahlen
62. 忙しい [isogashii] - beschäftigt
63. 野菜 [yasai] - das Gemüse
64. 用意する 、用意された [youisuru, youisareta] - fertig
65. 卵 [tamago] - das Ei
66. 列 [retsu] - die Schlange

B

きょう　にちようび
今日は日曜日です。じゃっく
たくさんじゆうじかん
は沢山自由時間がありま
かれ　みせ　い　き
す。彼は店に行くことを決めま
じかん　あさ　じ
す。時間は朝10時です。じゃっ
お　かれ　は
くはべっどから起きます。彼は歯
みが　きが
を磨き、着替えそして
ちょうしょく　た　い
朝食を食べに行きます。
かれ　しゅうかんぶん　た　もの
彼は1週間分の食べ物
か　かんが
を買いたいと考えているため、
い
すーぱーへ行きます。すーぱーは
ちか　いえ
近くにあります。じゃっくは家
で　かれ　おおどお　そ
を出ます。彼は大通りに沿っ
ある　そと　てんき　よ
て歩きます。外は、天気が良

kyou ha nichiyoubidesu. jakku ha takusan jiyuu jikan ga arimasu. kare ha mise ni ikukoto wo kimemasu. Jikan ha asa jujidesu. jakku ha beddo kara okimasu. kare ha ha wo migaki, kigae soshite choushoku wo tabeni ikimasu. kare ha isshuukanbun no tabemono wo kaitai to kangaete irutame, su-pa- he ikimasu. su-pa- ha chikakuni arimasu. jakku ha ie wo demasu. kare ha oodori ni sotte arukimasu. soto ha, tenki ga iidesu. taiyou ga kagayaite imasu. ta-

Heute ist Sonntag. Jack hat viel Freizeit. Er entscheidet sich, ins Geschäft zu gehen. Es ist zehn Uhr morgens. Jack steht auf. Er putzt seine Zähne, kleidet sich an und geht in die Küche, um zu frühstücken. Er will Lebensmittel für die Woche kaufen, also geht er in den Supermarkt. Der Supermarkt liegt in der Nähe. Jack geht draußen. Er geht dem Boulevard entlang. Draußen ist das Wetter gut. Die

いです。太陽(たいよう)が輝(かがや)いています。沢山(たくさん)の人々(ひとびと)が大通(おおどお)りに沿(そ)って歩(ある)いています。

じゃっくは歩(ある)き続(つづ)けます。すーぱーはもうすぐ近(ちか)くです。彼(かれ)は中(なか)に入(はい)ります。じゃっくはかーとを取(と)ります。彼(かれ)は店(みせ)に行(い)き、食(た)べ物(もの)を選(えら)びます。じゃっくは農作物(のうさくもつ)の通路(つうろ)にいます。そこにはばなな、りんご、おれんじ、ぱいなっぷる、もも、いちごそしてぶどうがあります。じゃっくはれもんが必要(ひつよう)です。彼(かれ)はぷらすちっくばっくを取(と)り、れもんを中(なか)に入(い)れます。じゃっくはそれを３つ取(と)ります。彼(かれ)はもうひとつぷらすちっくばっくを取(と)り、りんごを中(なか)にいれます。

彼(かれ)はそれを５つ取(と)ります。彼(かれ)はかーとにばっぐを入(い)れます。じゃっくはかーとをはかりに持(も)って行(い)き、

kusan no hitobito ga oodori ni sotte aruiteimasu. jakku ha aruki tsudukemasu. su-pa- ha mou sugu-chikakudesu. kare ha naka ni hairimasu. jakku ha ka-to wo torimasu. kare ha mise ni iki, tabemono wo erabimasu. jakku ha nousakubutsu no tsuuro ni imasu. soko niha banana, ringo, orenji, painappuru, momo, ichigo soshite budou ga arimasu. jakku ha remon ga hitsuyou desu. kare ha purasuchikku-bakku wo tori, remon wo naka ni iremasu. jakku ha sore wo mittsu torimasu. kare ha mouhitotsu purasuchikkubakku wo tori, ringo wo naka ni iremasu. kare ha sore wo itsutsu torimasu. kare ha ka-to ni bakku wo iremasu. jakku ha ka-to wo hakari ni mattei-

Sonne scheint. Viele Leute spazieren auf dem Boulevard. Jack geht weiter. Der Supermarkt ist schon nah. Er kommt ein. Jack nimmt einen Einkaufwagen. Er geht ins Geschäft und wählt Produkte. Jack ist in der Obstabteilung. Es gibt hier Bananen, Äpfel, Orangen, Ananasse, Pfirsiche, Erdbeeren und Trauben. Jack braucht Zitronen. Er nimmt eine Kunststofftüte und legt die Zitronen hinein. Jack nimmt drei. Er nimmt noch eine Kunststofftüte und legt dort die Äpfel hinein. Er nimmt fünf. Er legt die Tüten in den Wagen. Jack geht zu der Waage und wiegt das

果物(くだもの)を測(はか)ります。じゃっくは進(すす)み続(つづ)けます。彼(かれ)は野菜(やさい)売(う)り場(ば)にいます。そこにはにんじん、とまと、まっしゅるーむ、きゅうり、きゃべつなどの野菜(やさい)があります。それらは箱(はこ)に入(はい)っています。じゃっくはとまとときゅうりを取(と)りたいと考(かんが)えます。彼(かれ)は野菜(やさい)を持(も)ち、測(はか)っています。

じゃっくは肉(にく)売(う)り場(ば)へ行(い)きます。彼(かれ)はそーせーじが一片(いっぺん)欲(ほ)しいと考(かんが)えます。じゃっくはそーせーじを選(えら)びます。そこには魚(さかな)、生(なま)と調理済(ちょうりず)みのちきん、そーせーじなどの肉製品(にくせいひん)があります。じゃっくは進(すす)み続(つづ)けます。彼(かれ)は卵(たまご)のかーとんを取(と)ります。肉(にく)売(う)り場(ば)の近(ちか)くで、彼(かれ)は砂糖(さとう)の袋(ふくろ)を取(と)ります。彼(かれ)はぱすたの袋(ふくろ)とお米(べい)

ki, kudamono wo hakarimasu. jakku ha susumi tsudukemasu. kare ha yasai uriba ni imasu. soko niha ninjin, tomato, masshuru-mu, kyuri, kyabetsu nado no yasai ga arimasu. sorera ha hako ni haitteimasu. jakku ha tomato to kyuri wo toritai to kangaemasu. kare ha yasai wo mochi, hakatte imasu. jakku ha niku uriba he ikimasu. kare ha so-se-ji ga ippen hoshii to kangaemasu. jakku ha so-se-ji wo erabimasu. Soko niha sakana, nama to chourizumi no chikin, so-se-ji nado no nikuseihin ga arimasu. jakku ha susumi tsudukemasu. kare ha tamago no ka-ton wo torimasu. Niku ueiba no chikakude, kare ha satou no fukuro wo torimasu. kare ha

Obst. Er geht weiter. Er ist in der Gemüseabteilung. Es gibt hier Karotten, Tomaten, Pilze, Gurken, Kohl und noch mehr Gemüse. Sie liegen in Kisten. Jack will einige Tomaten und Gurken nehmen. Er nimmt das Gemüse und wiegt es. Dann geht Jack zur Fleischabteilung. Er will ein Stück Wurst nehmen. Jack wählt eine Wurst. Es gibt auch Fisch, rohe und fertige Hühnchen, Würste und andere Fleischprodukte. Jack geht weiter. Er nimmt ein Paket Eier. In der Nähe der Fleischabteilung nimmt er auch ein Paket Zucker. Er nimmt auch ein Paket Nudeln und ein

の袋(ふくろ)も取(と)ります。

乳製品(にゅうせいひん)売(う)り場(ば)では、じゃっくは牛乳(ぎゅうにゅう)のかーとんとさわーくりーむをこっぷ一杯(いちはい)取(と)ります。

ぱん売(う)り場(ば)では、沢山(たくさん)の違(ちが)うばんとぱんがあります。じゃっくはぱんを一斤(いちきん)と甘(あま)いばんを二(ふた)つ取(と)ります。彼(かれ)はくっきーの小(ちい)さい箱(はこ)も一(ひと)つ取(と)ります。じゃっくはれじに行(い)きます。道中(どうちゅう)彼(かれ)はおれんじじゅーすのぼとるを２本(ほん)取(と)ります。ぼとるには１りっとるのじゅーすが入(はい)っています。

じゃっくはちっぷすも好(す)きです。

彼(かれ)は２つ袋(ふくろ)を取(と)ります。彼(かれ)は製品(せいひん)が入(はい)ったかーとをれじへ持(も)って行(い)きます。長(なが)い列(れつ)がれじにできています。

じゃっくは列(れつ)に立(た)っています。じ

pasuta no fukuro to okome no fukuro mo torimasu. nyuseihin uriba deha, jakku ha gyunyu no ka-ton to sawa-kuri-mu wo koppu ippai torimasu. pan uriba deha, takusan no chigau ban to pan ga arimasu. jakku ha pan wo ikkin to amai ban wo futatsu torimasu. kare ha kukki- no chiisai hako mo hitotsu torimasu. jakku ha reji ni ikimasu. douchu kare ha orenjiju-su no botoru wo nihon torimasu. botoru niha ichiritto-ru no ju-su ga haitte-imasu. jakku ha chippusu mo sukidesu. kare ha futatsu fukuro wo torimasu. kare ha seihin ga haitta ka-to wo reji he motteikimasu. nagai retsu ga reji ni dekite imasu. jakku ha retsu ni tatteimasu. jakku ha kaunta-

Paket Reis. In der Milchabteilung nimmt Jack einen Karton Milch und einen Becher Sahne. In der Backwarenabteilung gibt es viele verschiedene Brötchen und Brote. Jack nimmt ein Brot und zwei süße Brötchen. Er nimmt auch ein kleines Paket Kekse. Jack geht zur Kasse. Auf dem Weg nimmt er noch zwei Flaschen Orangensaft mit. Es gibt einen Liter Saft in einer Flasche. Jack liebt auch Chips. Er kauft zwei Päckchen. Er geht mit dem Einkaufswagen zur Kasse. Es gibt eine lange Schlange zur Kasse. Jack steht in der Schlange. Jack stellt die Lebensmittel auf

じゃっくはかうんたーに食(た)べ物(もの)を置(お)きます。れじ係(がかり)は食(た)べ物(もの)をすきゃんします。じゃっくはくれじっとかーどで払(はら)いたいと考(かんが)えています。彼(かれ)はれじ係(がかり)に彼(かれ)のかーどを渡(わた)します。れじ係(がかり)はかーどを通(とお)しますが、それは通(とお)りません。れじ係(がかり)はじゃっくに現金(げんきん)で払(はら)うように言(い)います。

じゃっくは財布(さいふ)に少(すこ)しだけお金(かね)が入(はい)っています。

これで十分(じゅうぶん)です。じゃっくはれじ係(がかり)にお金(かね)を払(はら)います。

れじ係(がかり)は彼(かれ)に領収書(りょうしゅうしょ)を渡(わた)します。じゃっくは店(みせ)を出(で)ます。

ni tabemono wo okimasu. rejigakari ha tabemono wo sukyan shimasu. jakku ha kurejittoka-do de haraitai to kangaete imasu. kare ha rejigakari ni kare no ka-do wo watashimasu. rejigakari ha ka-do wo tooshimasu ga, sore ha toorimasen. rejigakari ha jakku ni genkin de harauyouni iimasu. jakku ha saifu ni sukoshi dake okane ga haitte imasu. korede juubundesu. jakku ha rejigakari ni okane wo haraimasu. rejigakari ha kare ni ryoushusho wo watashimasu. jakku ha mise wo demasu.

den Ladentisch. Der Kassierer scannt die Produkte. Jack will mit der Kreditkarte zahlen. Er gibt dem Kassierer seine Kreditkarte. Der Kassierer steckt die Karte in die Maschine, aber die Karte funktioniert nicht. Der Kassierer bittet Jack, mit Bargeld zu bezahlen. Jack hat etwas Geld in seinem Portmonee. Es reicht. Jack bezahlt dem Kassierer. Der Kassierer gibt ihm eine Rechnung. Jack verlässt das Geschäft.

C

質問と答え

Fragen und Antworten

–今日(きょう)は何曜日(なにようび)ですか？

–今日(きょう)は日曜日(にちようび)です。

- Welcher Wochentag ist heute?

- Heute ist Sonntag.

きょう　いそが
-じゃっくは今日とても忙しいですか？

- Ist Jack heute sehr beschäftigt?

たくさんじゆうじかん
-いいえ、じゃっくは沢山自由時間があります。

- Nein, Jack hat viel Freizeit.

きょう　い
-じゃっくは今日どこに行きますか？

- Wohin geht Jack heute?

かれ　みせ　い　き
- 彼は店に行くことに決めます。

- Er entscheidet sich, ins Geschäft zu gehen.

なんじ
- 何時ですか？

- Wie spät ist es?

あさ　じ
- 朝10時です。

- Es ist zehn Uhr morgens.

い
-じゃっくはどうしてすーぱーに行きますか？

- Warum geht Jack in den Supermarkt?

かれ　しゅうかんぶん　た　もの　か　かんが
- 彼は1週間分の食べ物を買いたいと考えています。

- Er will Lebensmittel für die Woche kaufen.

がい　あめ　ふ
- 外は雨が降っていますか？

- Regnet es draußen?

そと　よ　てんき　たいよう　かがや
-いいえ、外は良い天気です。太陽が輝いています。

- Nein, draußen ist das Wetter gut. Die Sonne scheint.

ひとびと　おおどお　そ　ある
- 人々は大通りに沿って歩いていますか？

- Spazieren Leute auf dem Boulevard?

たくさん　ひとびと　おおどお　ある
-はい、沢山の人々が大通りにそって歩いています。

- Ja, viele Leute spazieren auf dem Boulevard.

い　くち　なに　と
-じゃっくはすーぱーの入り口で何を取りますか？

- Was nimmt Jack am Supermarkteingang mit?

と
-じゃっくはかーとを取ります。

- Er nimmt einen Einkaufswagen mit.

くだものう　ば　なに　う
- 果物売り場には何が売られていますか？

- Was wird in der Obstabteilung verkauft?

-そこにはばなな、りんご、おれんじ、ぱいなっぷ

- Es gibt Bananen, Äpfel,

る、もも、いちごそしてぶどうがあります。

-じゃっくはこの売り場(うりば)では何(なに)が必要(ひつよう)ですか？

-じゃっくはれもんが必要(ひつよう)です。

- 彼(かれ)はれもんをいくつぷらすちっくばっぐに入(い)れますか？

- 彼(かれ)は3つ入(い)れます。

-じゃっくは他(た)に何(なに)を取(と)りますか？

- 彼(かれ)はもう1つぷらすちっくばっぐを取(と)り、中(なか)にりんごを入(い)れます。

-じゃっくはいくつりんごを取(と)りますか？

- 彼(かれ)は5つ取(と)ります。

-じゃっくはどこで果物(くだもの)を測(はか)りますか？

-じゃっくははかりで果物(くだもの)を測(はか)ります。

-野菜(やさい)売り場(うりば)には何(なに)がありますか？

-そこにはにんじん、とまと、まっしゅるーむ、きゅうり、きゃべつなどの野菜(やさい)があります。

-野菜(やさい)はどこですか？

-それらは箱(はこ)に入(はい)っています。

-じゃっくは何(なに)の野菜(やさい)が必要(ひつよう)ですか？

-じゃっくはいくつかのとまととうりが必要(ひつよう)です。

Orangen, Ananasse, Pfirsiche, Erdbeeren und Trauben.

- Was braucht Jack in dieser Abteilung?

- Er braucht Zitronen.

- Wie viele Zitronen legt er in die Kunststofftüte?

- Er nimmt drei.

- Was nimmt Jack noch?

- Er nimmt noch eine Kunststofftüte und legt Äpfel dort.

- Wie viele Äpfel nimmt Jack?

- Er nimmt fünf.

- Wo wiegt Jack das Obst?

- Er wiegt das Obst auf der Waage.

- Was gibt es in der Gemüseabteilung?

- Es gibt Karotten, Tomaten, Pilze, Gurken, Kohl und noch mehr Gemüse.

- Wo liegt das Gemüse?

- Es liegt in Kisten.

- Was für Gemüse braucht Jack?

-じゃっくは野菜(やさい)を取(と)り、そしてさらに遠(とお)く行(い)きますか？

-いいえ、彼(かれ)は野菜(やさい)を取(と)り、それらを測(はか)ります。

-じゃっくは肉(にく)のせくしょんでそーせーじを一片(いっぺん)欲(ほ)しいと考(かんが)えていますか？

-はい、じゃっくはそーせーじを選択(せんたく)します。

-じゃっくは他(た)に何(なに)の製品(せいひん)を取(と)りますか？

-彼(かれ)は卵(たまご)のかーとん、砂糖(さとう)の袋(ふくろ)、ぱすたの袋(ふくろ)、そしてお米(べい)の袋(ふくろ)を取(と)ります。

-じゃっくは乳製品(にゅうせいひん)を食(た)べますか？

-はい、じゃっくは乳製品売(にゅうせいひんう)り場(ば)で牛乳(ぎゅうにゅう)のかーとん、そしてさわーくりーむのこっぷを一(ひと)つ取(と)ります。

-すーぱーには良(よ)いぱん売(う)り場(ば)はありますか？

-はい、沢山(たくさん)の違(ちが)うぱんやばんがぱん売(う)り場(ば)にあります。

-じゃっくはぱんだけを買(か)いますか、それとも彼(かれ)はばんも買(か)いますか？

-じゃっくはぱんを一斤(いちきん)と甘(あま)いばんを２つ取(と)ります。

- Jack will einige Tomaten und Gurken nehmen.

- Nimmt Jack das Gemüse und geht weiter?

- Nein, er nimmt das Gemüse und wiegt es.

- Will Jack ein Stück Wurst in der Fleischabteilung nehmen?

- Ja, Jack wählt die Wurst.

- Welche Produkte nimmt Jack noch?

- Er nimmt einen Karton Eier, ein Paket Zucker, ein Paket Nudeln und ein Paket Reis.

- Isst Jack Milchprodukte?

- Ja, Jack nimmt einen Karton Milch und einen Becher Sahne in der Milchabteilung.

- Gibt es eine gute Backwarenabteilung im Supermarkt?

- Ja, in der Backwarenabteilung gibt es viele verschiedene Brötchen und Brote.

- Kauft Jack nur Brot oder

- 彼(かれ)はくっきーが好(す)きですか？

-はい、彼(かれ)は小(ちい)さい箱(はこ)のくっきーを１つ取(と)ります。

-じゃっくはれじへの道中(どうちゅう)で他(た)には何(なに)を取(と)りますか？

-れじへの道中(どうちゅう)で、彼(かれ)はじゅーすを２本(ほん)取(と)ります。

- 何(なに)の種類(しゅるい)のじゅーすをじゃっくは取(と)りますか？

-おれんじじゅーすを取(と)ります。

-ぼとるにはどれくらいのじゅーすが入(はい)っていますか？

-ぼとるにはじゅーすが１りっとる入(はい)っています。

-じゃっくはちっぷすが好(す)きですか？

-はいじゃっくはちっぷすが好(す)きです。彼(かれ)は袋(ふくろ)を２つ取(と)ります。

-れじには列(れつ)がありますか？

-はい、長(なが)い列(れつ)がれじにできています。

-じゃっく列(れつ)に並(なら)びたくないので食(た)べ物(もの)を持(も)たずに出(で)て行(い)きますか？

-いいえ、じゃっくは列(れつ)に並(なら)びます。

kauft er noch Brötchen?

- Jack nimmt ein Brot und zwei süße Brötchen.

- Mag er Kekse?

- Ja, er nimmt ein kleines Paket Kekse.

- Was nimmt Jack noch auf dem Weg zur Kasse mit?

- Auf dem Weg zur Kasse nimmt er zwei Flaschen Saft mit.

- Welchen Saft kauft Jack?

- Orangensaft.

- Wieviel Saft gibt es in einer Flasche?

- In einer Flasche gibt es einen Liter Saft.

- Mag Jack Chips?

- Ja, er liebt Chips. Er nimmt zwei Päckchen.

- Gibt es eine Schlange an der Kasse?

- Ja, es gibt eine lange Schlange an der Kasse.

- Will Jack nicht Schlange stehen und geht er ohne Lebensmittel weg?

- Nein, er steht Schlange.

- 彼(かれ)はどこに食(た)べ物(もの)を置(お)きますか？

-じゃっくは食(た)べ物(もの)をかうんたーに置(お)きます。

-じゃっくは現金(げんきん)で払(はら)いたいですか、それともくれじっとかーどで払(はら)いたいですか？

-じゃっくはくれじっとかーどで払(はら)いたいと考(かんが)えています。彼(かれ)はれじ係(がかり)にかーどを渡(わた)します。

- 彼(かれ)は製品(せいひん)をかーどで払(はら)うことができますか？

-いいえ。れじ係(がかり)はかーどを通(とお)しますが、通(とお)りません。

-れじ係(がかり)はじゃっくに何(なに)を聞(き)きますか？

-れじ係(がかり)はじゃっくに現金(げんきん)で払(はら)うように言(い)います。

-じゃっくはお金(かね)を持(も)っていますか？

- 彼(かれ)は財布(さいふ)にお金(かね)を少(すこ)し持(も)っています。

- 彼(かれ)は払(はら)うために十分(じゅうぶん)なお金(かね)を持(も)っていますか？

-はい、彼(かれ)は十分(じゅうぶん)なお金(かね)を持(も)っています。じゃっくはれじ係(がかり)にお金(かね)を払(はら)います。

- Wohin legt er die Produkte?

- Er legt die Produkte auf den Ladentisch.

- Will Jack mit Bargeld oder mit der Kreditkarte zahlen?

- Er will mit der Kreditkarte bezahlen. Er gibt dem Kassierer seine Karte.

- Gelingt es ihm, mit der Kreditkarte für die Produkte zu zahlen?

- Nein. Der Kassierer steckt die Karte in die Maschine, aber sie funktioniert nicht.

- Worum bittet der Kassierer Jack?

- Der Kassierer bittet Jack, mit Bargeld zu zahlen.

- Hat Jack Geld?

- Er hat etwas Geld in seinem Portmonee.

- Ist es genug, um für die Produkte zu bezahlen?

- Ja, es reicht. Jack bezahlt dem Kassierer.

14

氷を砕く

Brich das Eis

”ママ(まま)、小(ちい)さい時(とき)はどんなスマートフォン(すまとふぉん)を使(つか)ってたの？と幼(おさな)い息子(むすこ)がお母さんに聞(き)きました。

”持(も)てなかったわよ”

”タブレット(たぶれっと)持(も)ってた？”と彼(かれ)はもう一回(いっかい)聞(き)きました。

”ママ(まま)が幼(おさな)い頃(ころ)は、スマートフォン(すまとふぉん)も、タブレット(たぶれっと)もなかったのよ。”とお母さんは答(こた)えました。息子(むすこ)はとても驚(おどろ)いていました。

„Mama, welches Smartphone hattest du, als du klein warst?“ ein kleiner Sohn fragt seine Mutter.
„Gar keins“, antwortet seine Mutter.
„Hattest du ein Tablet?“ fragt er wieder.
„Als ich klein war, gab es weder Tablets noch Smartphones“, sagt die Mutter zu ihrem Sohn. Ihr Sohn ist sehr überrascht.
„Mama, hast du Dino-

”ママが小さいとき、恐竜見たことある？”と息子は聞きました。

”見たことないわよ、ママはそんなに歳をとってないわ”

saurier gesehen, als du ein kleines Kind warst?“ fragt er wieder. „Nein, habe ich nicht, Lieber. So alt bin ich jetzt auch nicht.“

mama, chiisai toki wa donna Suma-To fuxon o tsukatteta no? to osanai musuko ga okāsan ni kikimashita. motenakatta wa yo taburetto motteta? to kare wa mō ichi kai kikimashita. mama ga osanai koro wa, Suma-To fuxon mo, taburetto mo nakatta no yo. to okāsan wa kotaemashita. musuko wa totemo odoroiteimashita. mama ga chiisai toki, kyōryū mita koto aru? to musuko wa kikimashita. mita koto nai wa yo, mama wa sonnani toshi o tottenai wa.

私は今日クラスが４つあります

Heute habe ich vier Fächer

単語

Vokabeln

1. (チェックを)書く [(chekku wo)kaku] - ausschreiben
2. (時間を)取る 、持続する [(jikan wo)toru, ijisuru] - dauern
3. 12 番目 [juunibanme] - zwölfter
4. 1 個半 [ikkohan] - anderthalb
5. 4 番 [yonban] - vierter
6. やく [yaku] - über

7. を乗せる [wo noseru] - anziehen
8. オフィス、事務所 [ofisu, jimusho] - das Büro
9. サンドイッチ [sandoicchi] - das belegte Brot
10. ステップ [suteppu] - die Stufe
11. チョーク [cho-ku] - die Kreide
12. テスト [tesuto] - die Prüfung
13. ブリュッセル [buryusseru] - Brüssel
14. ページ [pe-ji] - die Seite
15. ペア [pea] - das Paar
16. ルール [ru-ru] - die Regel
17. 一覧、概要 [ichiran, gaiyou] - die Zusammenfassung, das Resümee
18. 鉛筆 [enpitsu] - der Bleistift
19. 壊す [kowasu] - die Pause
20. 海 [umi] - der Ozean
21. 開ける [akeru] - öffnen
22. 開始 [kaishi] - anfangen, beginnen
23. 学長室 [gakuchoushitsu] - das Dekanat
24. 議題、もの、物事 [gidai, mono, monogoto] - das Fach; das Ding
25. 教科書、テキスト [kyoukasho, tekisuto] - das Lehrbuch
26. 光 [hikari] - leicht
27. 講義室、教室 [kougishitsu, kyoushitsu] - der Hörsaal
28. 黒板 [kokuban] - das Brett
29. 雑誌 [zasshi] - die Zeitschrift
30. 残される、残る [nokosareru, nokoru] - bleiben
31. 司書 [shisho] - der Bibliothekar
32. 始まり [hajimari] - der Anfang
33. 次の、次 [tsugino, tsugi] - nächster
34. 授業、クラス [jugyou, kurasu] - das Unterricht, der Unterricht, die Kurse, die Fächer
35. 準備する [junbisuru] - sich vorbereiten
36. 暑い [atsui] - heiß
37. 書きとめる [kakitomeru] - notieren
38. 数式 [suushiki] - die Formel
39. 生物学 [seibutsugaku] - die Biologie
40. 請求書、料金 [seikyuusho, ryoukin] - die Rechnung
41. 先生、インストラクター [sensei, insutorakuta-] - der Lehrer
42. 祖父、年を取った男性 [sofu, toshi wo totta dansei] - der Opa, der alte Mann
43. 祖母、年を取った女性 [sofu, toshi wo totta josei] - die Oma, die alte Frau
44. 地理学 [chirigaku] - die Geographie, die Erdkunde
45. 中、中に [naka,nakani] - in
46. 注意深く、丁寧に [chuuibukaku, teineini] - aufmerksam
47. 朝食 [choushoku] - das Frühstück
48. 定規 [jougi] - das Lineal
49. 届く [todoku] - greifen
50. 疲れる [tsukareru] - müde werden
51. 物理学 [butsurigaku] - die Physik
52. 平和;世界 [heiwa, sekai] - der Frieden; die Welt

53. 面白い、興味深い [omoshiroi, kyoumibukai] - interessant
54. 戻る [modoru] - zurückgeben
55. 夜 [yoru] - der Abend
56. 歴史 [rekishi] - die Geschichte

B

今日(きょう)私(わたし)は大学(だいがく)に行(い)きます。私(わたし)はそこに8時(じ)30分(ふん)にいる必要(ひつよう)があります。私(わたし)は着替(きが)えます。外(そと)は暑(あつ)いので私(わたし)は薄着(うすぎ)をします。そして私(わたし)は朝食(ちょうしょく)を食(た)べます。私(わたし)は朝食(ちょうしょく)にさんどいっちを食(た)べ、そして紅茶(こうちゃ)を飲(の)みます。私(わたし)は自分(じぶん)の物(もの)を集(あつ)めます。私(わたし)はのーとぶっく、ぺん、鉛筆(えんぴつ)、定規(じょうぎ)そして歴史(れきし)の教科書(きょうかしょ)を大学(だいがく)に持(も)って行(い)きます。私(わたし)は家(いえ)を出(で)てばす停(てい)に行(い)きます。私(わたし)はばすに乗(の)って大学(だいがく)に行(い)きます。私(わたし)は大学(だいがく)を見(み)つけます。

kyou watashi ha daigaku ni ikimasu. watashi ha sokoni hachiji sanjyuppun ni iru hitsuyou ga arimasu. watashi ha kigaemasu. soto ha atsui node, watashi ha usugi wo shimasu. soshite watashi ha choushoku wo tabemasu. watashi ha choushoku ni sandoicchi wo tabe, soshite koucha wo nomimasu. watashi ha jibun no mono wo atsumemasu. watashi ha no-tobukku, pen, enpitsu, jougi soshite rekishi no kyoukasho wo daigaku ni motte ikimasu. watashi ha ie wo dete basutei ni ikimasu. watashi ha

Heute gehe ich zur Universität. Ich muss dort um halb neun sein. Ich ziehe mich an. Draußen ist es heiß, deshalb nehme ich dünne Kleidung. Dann esse ich das Frühstück. Zum Frühstück esse ich ein belegtes Brot und trinke ich Tee. Ich sammle meine Sachen ein. Ich nehme mein Heft, einen Kugelschreiber, einen Bleistift, ein Lineal und ein Geschichtslehrbuch mit zur Universität. Ich verlasse die Wohnung und

沢山(たくさん)の生徒(せいと)が入(い)り口(くち)にいます。私(わたし)はどあへ行(い)き、大学(だいがく)に入(はい)ります。今日(きょう)私(わたし)はくらすが4つあります。1番目(ばんめ)の授業(じゅぎょう)は物理学(ぶつりがく)、2番目(ばんめ)は歴史(れきし)、3番目(ばんめ)は生物学(せいぶつがく)、そして4番目(ばんめ)は英語(えいご)です。私(わたし)は物理学(ぶつりがく)のために講義室(こうぎしつ)に行(い)く必要(ひつよう)があります。私(わたし)は2階(かい)へと階段(かいだん)を上(のぼ)ります。私(わたし)は物理学(ぶつりがく)の講義室(こうぎしつ)へ行(い)きます。沢山(たくさん)の生徒(せいと)が講義室(こうぎしつ)の近(ちか)くに立(た)っています。授業(じゅぎょう)が始(はじ)まるまでにあと10分(ふん)残(のこ)っています。私(わたし)は講義室(こうぎしつ)に入(はい)り、椅子(いす)に座(すわ)ります。私(わたし)の隣(となり)に座(すわ)ってい

basu ni notte daigaku ni ikimasu. watashi ha daigaku wo mitsukemasu. takusan no seito ga iriguchi ni imasu. watashi ha doa he iki, daigaku ni hairimasu. kyou watashi ha kurasu ga yottsu arimasu. ichibanme no jyugyou ha butsurigaku, nibanme ha rekishi, sanbanme ha seibutsugaku, soshite yonbanme ha eigodesu. watashi ha butsurigaku no tameni kougishitsu ni iku hitsuyou ga arimasu. watashi ha nikai heto kaidan wo agarimasu. watashi ha butsurigaku no kougishitsu he ikimasu. takusan no seito ga kougishitsu no chikaku ni tatteimasu. jugyou ga hajimarumadeni ato jyuppun nokotte imasu. watshi ha kougishitsu ni hairi, isu

gehe zur Bushaltestelle. Ich steige in den Bus ein und fahre zur Universität. Ich sehe die Universität. Neben dem Eingang gibt es viele Studenten. Ich gehe zur Tür und trete ein. Heute habe ich vier Fächer. Das erste - Physik, das zweite - Geschichte, das dritte - Biologie, das vierte - Englisch. Ich muss zum Hörsaal für die Physikunterricht gehen. Ich gehe treppauf bis zur zweiten Etage. Viele Studenten stehen vor dem Hörsaal. Das Unterricht fängt in zehn Minuten an. Ich gehe in den Hörsaal und setze mich. Neben mir

るのは、私(わたし)の友達(ともだち)のまいくです。

彼(かれ)はとても良(よ)い成績(せいせき)を取(と)ります。私(わたし)たちの先生(せんせい)が入(はい)ってきます。彼(かれ)の名前(なまえ)はすてぃーぶん先生(せんせい)です。彼(かれ)はちょーくを取(と)り、黒板(こくばん)に議題(ぎだい)を書(か)きます。生徒(せいと)たちは自分(じぶん)ののーとぶっくとぺんを取(と)り出(だ)します。私(わたし)たちは議題(ぎだい)を書(か)きとめます。すてぃーぶん先生(せんせい)はそれから私(わたし)たちの物理学(ぶつりがく)の本(ほん)を配布(はいふ)します。彼(かれ)は本(ほん)の12ぺーじを開(ひら)くように言(い)います。私(わたし)たちは数式(すうしき)とるーるをのーとぶっくに書(か)きとめます。

すてぃーぶん先生(せんせい)は議題(ぎだい)について私(わたし)たちに話(はな)します。

私(わたし)たちはそれを注意深(ちゅういぶか)く

ni suwarimasu. watashi no tonari ni suwatteiruno ha watashi no tomodachi no maiku desu. kare ha totemo ii seiseki wo torimasu. watashitachi no sensei ga haittekimasu. kare no namae ha sutibunsensei desu. kare ha cho-ku wo tori, kokuban ni gidai wo kakimasu. seito tachi ha jibun no no-tobukku to pcn wo toridashimasu. watashitachi ha gidai wo kakitomemasu. sutibunsensei ha sorekara watashitachi no butsurigaku no hon wo haifu shimasu. kare ha hon no juni pe-ji wo hirakuyouni iimasu. watashitachi ha suushiki to ru-ru wo no-tobukku ni kakitomemasu. sutibunsensei ha gidai ni tsuite watashitachi ni

sitzt mein Freund Mike. Er hat sehr gute Noten. Der Lehrer kommt herein. Er heißt Herr Steven. Er nimmt die Kreide und schreibt das Thema auf die Tafel. Studenten nehmen ihre Hefte und Kugelschreiber heraus. Wir notieren das Thema. Herr Steven gibt uns dann unsere Physiklehrbücher. Er bittet uns, die Bücher auf der zwölften Seite zu öffnen. Wir notieren die Formeln und Regeln in unseren Heften. Herr Steven erklärt uns das Thema. Wir hören aufmerksam. Das Unterricht dauert anderthalb Stunden.

き　　　　じゅぎょう
聴きます。授　業 は1

じかんはんつづ
時間半続きます。そして

わたし　こうぎしつ　で
私 は講義室を出ます。

きゅうけい　はじ
休　憩 が始まりました。

きゅうけい　　ふんつづ
休　憩 は15分　続きます。

つぎ　れきし　じゅぎょう
次は歴史の授　業 です。

わたし　　かい　い　ひつよう
私 は3階に行く必　要があ

れきし　きょうしつ
ります。歴史の教　室 はそこ

わたし　　かい　い
です。私 は3階へ行き、

きょうしつ　はい　　　　わたし
教　室 に入ります。私た

せんせい　　　　　　せんせい
ちの先生はおりべん先生と

い　　　かれ
言います。彼はてーぶるにつき、

しんぶん　よ　　　　　　へや
新　聞 を読んでいます。部屋の

こくばん　　おお　　ちず
黒　板 には大きな地図がかけて

あります。

せいと　かれ　へや　き　　じぶん
生徒は彼の部屋に来て、自分

せき　すわ
たちの席に座ります。

じゅぎょう　はじ　　　　　わたし
授　業 が始まります。私

せんせい　ちず　み
たちの先生は地図を見ます。

hanashimasu. watashitachi ha sore wo chuibukaku kikimasu. jugyou ha ichijikanhan tsudukimasu.soshite watashi ha kougishitsu wo demasu. kyukei ga hajimarimashita. kyukei ha jugofun tsudukimasu. tsugi ha rekishi no jugyou desu. watashi ha sangai ni iku hitsuyou ga arimasu. rekishi no kyoushitsu ha soko desu. watashi ha sangai he iki, kyoushitsu ni hairimasu. watashitachi no sensei ha oribensensei to iimasu. kare ha teburu ni tsuki, shinbun wo yondeimasu. heya no kokuban niha ookina chizu ga kakete arimasu. seito ha kare no heyani kite, jibuntachi no seki ni suwarimasu. jugyou ga hajimarimasu. watashitachi no sen-

Dann verlasse ich den Hörsaal. Die Pause beginnt. Die Pause dauert fünfzehn Minuten. Dann ist die Geschichte. Ich muss auf die dritte Etage gehen. Dort ist der Raum für Geschichte. Ich gehe treppauf und dann in den Saal. Unser Lehrer heißt Herr Oliven. Er sitzt am Tisch und liest eine Zeitung. Eine große Landkarte hängt an der Tafel in seinem Raum. Studenten kommen in den Saal und setzen sich auf ihre Plätze. Die Vorlesung fängt an. Der Lehrer schaut auf die Karte. Er erzählt uns die Geschichte der Stadt Brüssel.

かれ　わたし
彼は私たちにぶりゅっせるの
まち　れきし　おし
町の歴史を教えます。そして
かれ　こくばん　ぎだい　か
彼は黒板に議題を書きま
じゅぎょう　じかんはんつづ
す。授業は1時間半続
わたし　へや
きます。そして私たちは部屋の
そと　で　なが　きゅうけい
外に出ます。長い休憩が
はじ　ふんつづ
始まります。それは30分続
わたし　だいがく　で
きます。私は大学から出て
い　わたし
かふぇに行きます。私の
ともだち　わたし
友達のまいくは私と
いっしょ　き
一緒に来ます。かふぇは
だいがく　ちか　いち
大学の近くに位置します。
わたし　はい
私たちはかふぇに入ります。
わたし
私はぴざとこーひーと
ちゅうもん　わたし
注文します。私はまいく
なか　ふんかん
とかふぇの中で20分間
たいざい　わたし
滞在します。それから私は
た　もの　りょうきん
食べ物の料金をうぇいたー
はら　で
に払い、そしてかふぇを出ます。

sei ha chizu wo mimasu. kare ha watashitachi ni bryusseru no machi no rekishi wo oshiemasu. soshite kare ha kokuban ni gidai wo kakimasu. jugyou ha ichijikanhan tsudukimasu. soshite watashitachi ha heya no soto ni demasu. nagai kyukei ga hajimarimasu. sanjuppun tsudukimasu. watashi ha daigaku kara dęte, kafe ni ikimasu. watashi no tomodachi no maiku ha watashi to issho ni kimasu. kafe ha daigaku no chikakuni ichishimasu. watashitachi ha kafe ni hairimasu. watashi ha piza to ko-hi- wo chumonshimasu. watashi ha maiku to kafe no naka de nijuppunkan taizai shimasu. sorekara watashi ha tabemono no ryoukin wo ueita- ni

Dann schreibt er das Thema an die Tafel. Die Vorlesung dauert anderthalb Stunden. Wir gehen aus dem Saal. Die lange Pause fängt an. Sie dauert eine halbe Stunde. Ich gehe aus der Universität und in ein Café. Mein Freund Mike kommt mit. Das Café liegt in der Nähe. Wir kommen in das Café. Ich bestelle Pizza und Kaffee. Ich sitze mit Mike zwanzig Minute lang im Café. Dann bezahle ich den Kellner und gehe nach draußen. In der dritten Stunde haben wir Biologie. Ich liebe es, zu Biologievorlesungen zu ge-

ばんめ　じゅぎょう
3番目の授業は
せいぶつがく　わたし
生物学です。私は
せいぶつがく　じゅぎょう　い
生物学の授業に行くの
す　わたし
が好きです。私たちのいんすと
せんせい
らくたーのくりすてん先生はと
おもしろ　い
ても面白いことを言います。
じゅぎょう　じかんはんつづ
授業は1時間半続きま
わたし　えいご
す。それから私は英語の
じゅぎょう　い　わたし
授業に行きます。私は
えいご　とくい
英語が得意です。
わたし　そふ　そぼ　す
私の祖父と祖母はいぎりすに住
わたし　かれ
んでいます。私はよく彼らを
たず　い　わたし
訪ねに行きます。私は
じゅぎょう　のち　としょかん　い
授業の後に図書館に行
かんが　あした
こうと考えます。明日
ちりがく
地理学のてすとがあるため、
わたし　よ　じゅんび
私は良く準備をする
ひつよう　わたし
必要があります。私は
せかい　かいよう　ほん
世界の海洋についての本を

harai, soshite kafe wo demasu. sanbanme no jugyou ha seibutsugaku desu. watashi ha seibutsugaku no jugyou ni iku noga sukidesu. watashitachi no insutorakuta- no kurisutinsensei ha totemo omoshiroi koto wo iimasu. jugyou ha ichijikanhan tsudukimasu. Sorekara watashi ha eigo no jugyou ni ikimasu. watashi ha eigo ga tokui desu. watashi no sofu to sobo ha igirisu ni sundeimasu. Watashi ha yoku karera wo tazuneni ikimasu. watashi ha jugyou no ato ni toshokanni ikou to kangaemasu. ashita chirigaku no tesuto ga arutame, watashi ha yoku junbi wo suru hitsuyou ga arimasu. watashi ha sekai no kaiyou ni tsuite

hen. Unser Lehrer Herr Christin erzählt sehr interessante Dinge. Die Vorlesung dauert anderthalb Stunden. Dann gehe ich zum Englischunterricht. Ich spreche Englisch gut. Meine Großeltern wohnen in England. Ich fahre oft dorthin, um sie zu besuchen. Ich denke daran, nach dem Unterricht in die Bibliothek zu gehen. Morgen habe ich einen Test in Geographie, ich muss mich also gut vorbereiten. Ich will ein Buch über die Ozeane der Welt ausleihen. Ich muss eine Zusammenfassung schreiben. Die Bib-

借(か)りたいです。私(わたし)はその概要(がいよう)を作(つく)る必要(ひつよう)があります。図書館(としょかん)は私(わたし)たちの大学(だいがく)にあります。それは4階(かい)にあります。私(わたし)は図書館(としょかん)に行(い)きます。沢山(たくさん)の生徒(せいと)が図書館(としょかん)で座(すわ)っています。彼(かれ)らは読(よ)んだりめもを書(か)きとめたりしています。

すでに午後4時(ごごじ)です。私(わたし)は疲(つか)れました。そのため私(わたし)はその本(ほん)を家(いえ)へ持(も)ち帰(かえ)りたいです。

私(わたし)は司書(ししょ)のところに行(い)きます。私(わたし)は彼(かれ)に海洋(かいよう)についての本(ほん)を見(み)せて欲(ほ)しいと言(い)います。司書(ししょ)は私(わたし)に3冊(さつ)の本(ほん)を見(み)せます。私(わたし)は本(ほん)を見(み)ます。私(わたし)はそのうち2冊(さつ)を家(いえ)に持(も)って帰(かえ)ることに決(き)めます。

no hon wo karitaidesu. watashi ha sono gaiyou wo tsukuru hitsuyou ga arimasu. toshokan wa watashitachi no daigaku ni arimasu. sore ha yonkai ni arimasu. watashi ha toshokan ni ikimasu. takusan no seito ga toshokan de suwatte imasu. karera ha yondari memo wo kakitometari shiteimasu. sudeni gogo yojidesu. watashi ha tsukaremashita. sonotame watashi ha sono hon wo ie he mochikaeritaidesu.

watashi ha shisho no tokoro ni ikimasu. watashi ha kare ni kaiyou ni tsuite no hon wo misetehoshi to iimasu.

shisho ha watashi ni sansatsu no hon wo misemasu. watashi ha hon wo mimasu. watashi ha sonouchi nisatsu

liothek befindet sich in unserer Universität. Sie ist in der vierten Etage. Ich gehe in die Bibliothek. Viele Studenten sitzen dort. Sie lesen und machen Notizen. Es ist schon vier Uhr nachmittags. Ich bin müde. Ich will die Bücher nach Hause mitnehmen. Ich gehe zum Bibliothekar. Ich bitte ihn, mir ein Buch über die Ozeane zu zeigen. Der Bibliothekar zeigt mir drei Bücher. Ich schaue sie an. Ich entscheide mich, zwei Bücher mitzunehmen. Ich nehme auch eine Zeitschrift. Ich leihe die Bücher und die Zeitschrift aus.

わたし　ざっし　と
私　は雑誌も取ります。

わたし　ほん　ざっし
私　は本と雑誌をちぇっくあ

ししょ　わたし　ほん
うとします。司書は　私　に本

ざっし　しゅうかんいない
と雑誌を3週　間　以内に

かえ　い
返さないといけないと言います。

わたし　ほん　ざっし　も　いえ
私　は本と雑誌を持って家

かえ
へ帰ります。

wo ie ni motte kaerukotoni kimemasu. watashi ha zasshi mo torimasu. watshi ha hon to zasshi wo chekkuauto shimasu.shisho ha watshi ni hon to zasshi wo sanshukan inai ni kaesanaitoikenai to iimasu. watashi ha hon to zasshi wo motte ie he kaerimasu.

Der Bibliothekar sagt, dass ich die Bücher und die Zeitschrift in drei Wochen zurückgeben soll. Ich nehme die Bücher und die Zeitschrift und gehe nach Hause.

C

質問と答え

Fragen und Antworten

きょう　い
–あなたは今日どこに行きますか？

きょうわたし　だいがく　い
–今日私は大学に行きます。

なんじ　ひつよう
–あなたは何時にそこにいる必要がありますか？

わたし　じはん　ひつよう
– 私は8時半にそこにいる必要があります。

うす　ふく　き
–あなたはどうして薄い服を着るのですか？

わたし　そと　あつ　うす　ふく　き
– 私は外が暑いため薄い服を着ます。

ちょうしょく　なに　た
–あなたは朝食に何を食べますか？

- Wohin gehst du heute?

- Ich gehe zur Universität.

- Wie spät musst du dort sein?

- Ich muss um halb neun dort sein.

- Warum nimmst du dünne Kleidung?

- Ich nehme dünne Kleidung, weil es draußen heiß ist.

- Was isst du zum Frühstück?

- 私(わたし)は朝食(ちょうしょく)にさんどいっちを食(た)べ、そして紅茶(こうちゃ)を飲(の)みます。

-あなたは大学(だいがく)へ何(なに)を持(も)っていきますか？

- 私(わたし)はのーとぶっく、ぺん、鉛筆(えんぴつ)、定規(じょうぎ)そして歴史(れきし)の教科書(きょうかしょ)を大学(だいがく)へ持(も)っていきます。

-あなたは歩(ある)いて大学(だいがく)に行(い)きますか、それともばすで行(い)きますか？

- 私(わたし)はばすで大学(だいがく)に行(い)きます。

-あなたは今日(きょう)いくつ授業(じゅぎょう)がありますか？

- 私(わたし)は今日(きょう)4つ授業(じゅぎょう)があります。

-あなたは何(なに)の教科(きょうか)を勉強(べんきょう)していますか？

-物理学(ぶつりがく)、歴史(れきし)、生物学(せいぶつがく)そして英語(えいご)です。

-あなたは何階(なんかい)に行(い)く必要(ひつよう)がありますか？

- 私(わたし)は2階(かい)へと階段(かいだん)を上(のぼ)ります。

-あなたは学長(がくちょう)の所(ところ)へ行(い)きますか？

-いいえ、私(わたし)は物理学(ぶつりがく)の講義室(こうぎしつ)に行(い)きます。

- Ich esse ein belegtes Brot und trinke Tee zum Frühstück.

- Was nimmst du mit zur Universität?

- Ich nehme ein Heft, einen Kugelschreiber, einen Bleistift, ein Lineal und das Geschichtslehrbuch mit.

- Gehst du zur Universität zu Fuß oder fährst du mit dem Bus?

- Ich fahre mit dem Bus zur Universität.

- Wie viele Stunden Unterricht hast du heute?

- Heute habe ich vier Stunden.

- Welche Fächer studierst du?

- Physik, Geschichte, Biologie und Englisch.

- Zu welcher Etage musst du gehen?

- Ich gehe treppauf zur zweiten Etage.

- Gehst du zum Dekan?

- Nein, ich gehe in den Phy-

じゅぎょう はじ なんぷんのこ
- 授業が始まるまでにあと何分残っていますか？

じゅぎょう はじ ふんのこ
- 授業が始まるまでにあと10分残っています。

だれ となり すわ
- 誰があなたの隣に座っていますか？

わたし ともだち わたし となり すわ
- 私の友達のまいくが私の隣に座っています。

かれ だいがく よ せいせき と
- 彼は大学で良い成績を取りますか？

かれ よ せいせき と
-はい、彼はとても良い成績を取ります。

せんせい なまえ なに
-あなたの先生の名前は何ですか？

かれ なまえ せんせい
- 彼の名前はすてぃーぶん先生です。

せんせい じゅぎょう はじ
-すてぃーぶん先生の授業はどう始まりますか？

せんせい こくばん ぎだい か
-すてぃーぶん先生は黒板に議題を書きます。

せんせい なに はいふ
-すてぃーぶん先生は何を配布しますか？

せんせい わたし ぶつりがく ほん はいふ
-すてぃーぶん先生は私たちの物理学の本を配布します。

ほん ひら
-その本のどのページを開きますか？

わたし ほん ひら
- 私たちはその本の12ページを開きます。

sikhörsaal.

- Wie viele Minuten bleiben noch zum Anfang des Unterrichts?

- Zehn Minuten bleiben noch zum Unterricht.

- Wer sitzt neben dir?

- Mein Freund Mike sitzt neben mir.

- Hat er gute Noten?

- Ja, er hat sehr gute Noten.

- Wie heißt dein Lehrer?

- Sein Name ist Herr Steven.

- Wie beginnt Herr Steven die Unterricht?

- Er schreibt das Thema an die Tafel.

- Was gibt Herr Steven aus?

- Er gibt Physiklehrbücher aus.

- Auf welcher Seite öffnet ihr das Buch?

- Wir öffnen das Buch auf der zwölften Seite.

なに か
–あなたは 何 をのーとぶっくに書きますか？

- Was notiert ihr in euren Heften?

わたし すうしき
– 私 たちは 数 式 とるーるをのーとぶっくに
か
書きます。

- Wir notieren Formeln und Regeln in unseren Heften.

せんせい はなし
–あなたはすてぃーぶん 先 生 の 話 を
ちゅういぶか き
注 意 深 く聞きますか？

- Hört ihr Herrn Steven aufmerksam zu?

わたし かれ はなし ちゅういぶか
–はい、 私 たちは 彼 の 話 を 注 意 深
き
く聞きます。

- Ja, wir hören ihm aufmerksam zu.

じゅぎょう つづ
– 授 業 はどれくらい 続 きますか？

- Wie lange dauert das Unterricht?

じゅぎょう じかんはんつづ
– 授 業 は1時 間 半 続 きます。

- Das Unterricht dauert anderthalb Stunden.

きゅうけい なが
– 休 憩 はどれくらいの 長 さですか？

- Wie lang ist die Pause?

きゅうけい ふんつづ
– 休 憩 は15 分 続 きます。

- Die Pause dauert fünfzehn Minuten.

れきし きょうしつ なんかい
–歴 史 の 教 室 は 何 階 にありますか？

- Auf welcher Etage ist der Raum für Geschichtsunterricht?

れきし きょうしつ かい
–歴 史 の 教 室 は3 階 にあります。

- Der Raum ist in der dritten Etage.

せんせい なまえ なに
–あなたの 先 生 の 名 前は 何 ですか？

- Wie heißt euer Lehrer?

わたし せんせい なまえ
– 私 たちの 先 生 の 名 前はおりべん
せんせい
先 生 です。

- Sein Name ist Herr Oliven.

かれ きゅうけいちゅうなに
– 彼 は 休 憩 中 何 をしますか？

- Was macht er während der Pause?

かれ しんぶん
– 彼 はてーぶるにつき、そして 新 聞 をよみます。

- Er sitzt am Tisch und liest eine Zeitung.

-歴史(れきし)の教室(きょうしつ)の黒板(こくばん)には何(なに)がかかっていますか？

- 大(おお)きな地図(ちず)が黒板(こくばん)にかけてあります。

- 先生(せんせい)はあなたに何(なに)を教(おし)えますか？

- 彼(かれ)はぶりゅっせるの町(まち)の歴史(れきし)を教(おし)えます。

- 長(なが)い休憩(きゅうけい)の時間(じかん)はどれくらいの長(なが)さですか？

-それは30分(ふん)続(つづ)きます。

- 誰(だれ)があなたとかふぇに行(い)きますか？

- 私(わたし)の友達(ともだち)のまいくが私(わたし)と一緒(いっしょ)に来(き)ます。

-かふぇは遠(とお)いですか？

-いいえ、かふぇは隣(となり)です。

-あなたは何(なに)を注文(ちゅうもん)しますか？

- 私(わたし)はぴざとこーひーを注文(ちゅうもん)します。

-あなたはどれくらいの時間(じかん)かふぇにいますか？

- 私(わたし)はまいくとかふぇに20分(ふん)います。

-あなたは誰(だれ)に食(た)べ物(もの)の料金(りょうきん)を払(はら)いますか？

- 私(わたし)は食(た)べ物(もの)の料金(りょうきん)をうぇいたーに

- Was hängt an der Tafel im Raum für den Geschichtsunterricht?

- Eine große Landkarte hängt an der Tafel.

- Worüber spricht der Lehrer?

- Er erzählt die Geschichte der Stadt Brüssel.

- Wie lange dauert die große Pause?

- Sie dauert dreißig Minuten.

- Wer geht mit dir ins Café?

- Mein Freund Mike geht mit.

- Ist das Café weit?

- Nein, es ist nah.

- Was bestellst du?

- Ich bestelle Pizza und Kaffee.

- Wie lange sitzt ihr im Café?

- Ich sitze mit Mike zwanzig Minuten lang im Café.

- Wen bezahlst du für das Essen?

- Ich bezahle den Kellner.

- Magst du Biologieunter-

はら
払います。

せいぶつがく　じゅぎょう　す
–あなたは生物学の授業は好きですか？

わたし　せいぶつがく　じゅぎょう　い
–はい、私は生物学の授業に行く

す
のが好きです。

せんせい　なまえ
–あなたの先生の名前はくりすてぃんですか？

かれ　なまえ
–はい、彼の名前はくりすてぃんです。

かれ　おもしろ　おし
– 彼はものを面白く教えますか？

わたし　せんせい
–はい、私たちの先生のくりすてぃん

せんせい　おもしろ
先生はものをとても面白くします

えいご　はな
–あなたは英語を話しますか？

わたし　えいご　はな
–はい、私は英語を話します。

そふ　そぼ
–あなたの祖父と祖母はどこにいますか？

わたし　そふ　そぼ　す
– 私の祖父と祖母はいぎりすに住んでいます。

かれ　たず　い
–あなたは彼らを訪ねに行きますか？

わたし　かれ　たず　い
–はい、私はよく彼らを訪ねに行きます。

じゅぎょう　のち　い
–あなたは授業の後どこに行きたいですか？

わたし　としょかん　い　おも
– 私は図書館に行こうと思います。

richt?

- Ja, ich mag es, zum Biologieunterricht zu gehen.

- Heißt dein Lehrer Herr Christin?

- Ja, er heißt Herr Christin.

- Erzählt er alles auf eine interessante Art?

- Ja, unser Lehrer Herr Christin macht alles sehr interessant.

- Sprichst du Englisch?

- Ja, ich spreche Englisch.

- Wo sind deine Großeltern?

- Meine Großeltern wohnen in England.

- Besuchst du sie?

- Ja, ich besuche sie oft.

- Wohin willst du nach dem Unterricht gehen?

- Ich denke daran, in die Bibliothek zu gehen.

- In welchem Fach hast du morgen einen Test?

- Morgen habe ich einen Test

なに　きょうか　あした
－何の教科で明日てすとがありますか？

あしたわたし　ちりがく
－明日私は地理学のてすとがあります。

じゅんび　ひつよう
－あなたはそれのために準備をする必要がありますか？

わたし　じゅんび　ひつよう
－はい、私はよく準備をする必要があります。

なに　しゅるい　ほん　としょかん
－あなたは何の種類の本を図書館から

か
借りたいですか？

わたし　せかい　かいよう　ほん　か
－私は世界の海洋についての本を借りたいです。

ほん　ひつよう
－どうしてあなたはそれらの本が必要ですか？

わたし　がいよう　か　ひつよう
－私は概要を書く必要があります。

としょかん
－図書館はどこですか？

としょかん　わたし　だいがく　かい
－図書館は私たちの大学の4階にあります。

なんにん　せいと　としょかん
－何人の生徒たちが図書館にいますか？

だくさん　せいと　としょかん　すわ
－沢山の生徒たちが図書館で座っています。

かれ　なに
－彼らは何をしますか？

かれ　よ　か
－彼らは読んだりめもを書きとめたりしています。

in Geographie.

- Musst du dich vorbereiten?

- Ja, ich muss mich gut vorbereiten.

- Welche Bücher musst du aus der Bibliothek verleihen?

- Ich brauche ein Buch über die Ozeane der Welt.

- Wofür brauchst du diese Bücher?

- Ich muss eine Zusammenfassung schreiben.

- Wo ist die Bibliothek?

- Die Bibliothek befindet sich in unserer Universität auf der vierten Etage.

- Wie viele Studenten gibt es in der Bibliothek?

- Es gibt viele Studenten in der Bibliothek.

- Was machen sie?

- Sie lesen und machen Notizen.

- Nimmst du ein Buch und setzst du dich, um eine Zu-

-あなたは概要(がいよう)を書(か)くために本(ほん)を取(と)り、そして図書館(としょかん)で座(すわ)りますか？

-いいえ、私(わたし)は疲(つか)れていますので、本(ほん)を家(いえ)に持(も)ち帰(かえ)りたいです。

-あなたは司書(ししょ)に何(なに)を聞(き)きますか？

- 私(わたし)は彼(かれ)に海洋(かいよう)についての本(ほん)を見(み)せて欲(ほ)しいと言(い)います。

-あなたは何冊(なんさつ)の本(ほん)を家(いえ)に持(も)ち帰(かえ)ることを決定(けってい)しますか？

- 私(わたし)は2冊(さつ)の本(ほん)を家(いえ)に持(も)ち帰(かえ)ることを決定(けってい)しましす。

-あなたは雑誌(ざっし)も取(と)りますか？

-はい、私(わたし)は雑誌(ざっし)も取(と)ります。

-あなたはいつ本(ほん)と雑誌(ざっし)を返(かえ)す必要(ひつよう)がありますか？

-司書(ししょ)は私(わたし)に本(ほん)と雑誌(ざっし)を3週間(しゅうかん)以内(いない)に返(かえ)す必要(ひつよう)があると言(い)います。

sammenfassung zu schreiben?

- Nein, ich bin müde, also will ich die Bücher nach Hause mitnehmen.

- Worum bittest du den Bibliothekar?

- Ich bitte ihn, mir ein Buch über die Ozeane zu zeigen.

- Wie viele Bücher willst du nach Hause mitnehmen?

- Ich entscheide mich, zwei Bücher mitzunehmen.

- Nimmst du auch eine Zeitschrift?

- Ja, ich nehme auch eine Zeitschrift.

- Wann musst du die Bücher und die Zeitschrift zurückgeben?

- Der Bibliothekar sagt, ich muss die Bücher und die Zeitschrift in drei Wochen zurückgeben.

15

Die Audiodatei

氷を砕く

Brich das Eis

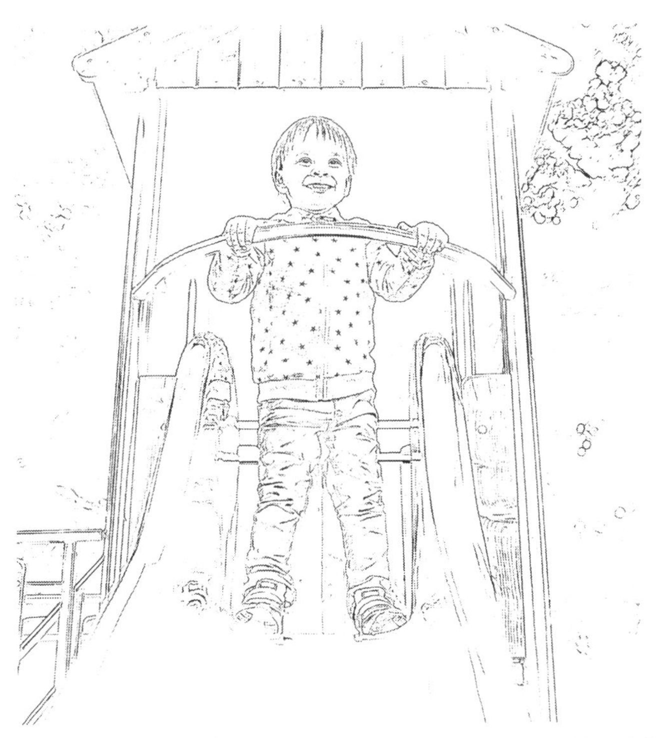

おさな　ろばーと　こうえん　あそ
幼いロバートは公園で遊んでいます。

ろばーと　いえ　かえ　かれ
”ロバート、お家に帰ってきなさい！”と彼の

い
お母さんが言いました。

ろばーと　みあ　ぼく　つか
ロバートはお母さんを見上げて”僕は疲れてる

き
の？”とお母さんに聞きました。

ちが　ろばーと
”違うわよ、ロバート”

Der kleine Robert spielt auf dem Spielplatz.
„Robert, komm nach Hause!“ ruft seine Mutter. Robert sieht zu seiner Mutter auf.
„Bin ich müde?“ fragt er seine Mutter.
„Nein, Lieber“, antwortet Roberts Mutter.
„Ist mir kalt?“ fragt er wieder.
„Nein, Schatz. Du hast

　ぼく　さむ
”僕は寒いのかな？”

　ちが　　　　　　　　　　　　　へ
”違うわ、あなたはお腹が減っているの”

　　　　いまかえ　　　　　　うれ　　　い
”そっか！今帰るよ！”と嬉しそうに言って
あしばや　きたく
足早に帰宅した。

Hunger", sagt die Mutter.
„Okay, Mama! Ich komme!" sagt Robert glücklich und rennt schnell nach Hause.

osanai Roba-To wa kōen de asondeimasu. Roba-To, oie ni kaetteki nasai! to kare no okāsan ga iimashita. Roba-To wa okāsan o miagete boku wa tsukareteru no? to okāsan ni kikimashita. chigau wa yo, Roba-To boku wa samui no ka na? chigau wa, anata wa onaka ga hetteiru no so ka! ima kaeru yo! to ureshisō ni itte ashibaya ni kitakushita.

ジャックはアルバイトとして働きたいです

Jack will eine Teilzeitarbeit finden

単語

Vokabeln

1. ～になる [～ni naru] - werden
2. ～の前、より早く [～no mae, yorihayaku] - früher
3. いっぱい [ippai] - voll
4. こんにちは [konnichiha] - Hallo

5. する 、運び出す [suru, hakobi-dasu] - machen
6. アクティブ [akutibu] - aktiv
7. オランダの [orandano] - niederländisch
8. オランダ人 [orandajinno] - der Niederländer
9. コマーシャル 、広告 [koma-sharu, koukoku] - die Werbung
10. ステータス [sute-tasu] - der Stand, der Status
11. ノック [nokku] - klopfen
12. パートタイム 、非常勤 [pa-totaimu, hijoukin] - Teilzeit
13. パートタイムの仕事 、アルバイト [pa-totaimuno shigoto, a-rubaito] - die Teilzeitarbeit
14. 運ぶ 、抱える [hakobu, kakaeru] - tragen
15. 運転免許 [untenmenkyo] - Führerschein
16. 家族 [kazoku] - die Familie
17. 稼ぐ [kasegu] - verdienen
18. 荷物を積み込む人 、港湾労働者 [nimotsu wo tsumikomuhito, kouwanroudousha] - der Transportarbeiter, der Packer
19. 感謝する [kanshasuru] - danke
20. 願い 、したがる [negai, shitagaru] - wünschen
21. 記入した [kinyuushita] - ausgefüllt
22. 記入する [kinyuusuru] - ausfüllen
23. 教育 [kyouiku] - die Ausbildung, die Erziehung
24. 経営者 、社長 [keieisha, shachou] - der Leiter, der Chef
25. 経験 [keiken] - die Erfahrung
26. 結婚している [kekkonshiteiru] - verheiratet
27. 権利 [kenri] - die Rechte
28. 個人の [kojinno] - persönlich
29. 仕事 [shigoto] - die Arbeit
30. 仕事につく [shigotoni tsuku] - einen Job finden
31. 仕事紹介 、雇用 [shigotoshoukai, koyou] - die Anstellung
32. 自由に 、ペラペラに [jiyuuni, peraperani] - fließend
33. 質問事項 、質問事項表 [shitsumonjikou, shitsumonjikousho] - der Fragebogen
34. 社交的な [shakoutekina] - gesellig
35. 収まる [osamaru] - sich einrichten
36. 女の子 、（女性） [onnanoko, josei] - das Mädchen
37. 人 [hito] - die Person, der Mensch
38. 男性 [dansei] - männlich
39. 提案する 、提供する [teiansuru, teikyousuru] - anbieten
40. 電話 [denwa] - das Telefon
41. 肉体労働 [nikutairoudou] - die Handarbeit
42. 年齢 [nenrei] - das Alter
43. 能力 、スキル [nouryoku, sukiru] - die Fertigkeit, die Kenntnis
44. 苗字 [myouji] - der Familienname
45. 名前 [namae] - der Name
46. 約束 [yakusoku] - versprechen

B

じゃっくはお金を少ししか持っていません。彼はあるばいととして働きたいと考えています。彼は大学の授業の後自由時間があります。彼の友達のまいくは荷物を積み込む人として学校の後すーぱーで働いています。まいくは1日30ゆーろ受け取ります。じゃっくはまいくにどうやって仕事を見つけたか聞きます。まいくはじゃっくに、彼は職業紹介所に行ったと言います。そこで彼はその仕事を提供されました。まいくはじゃっくに紹介所の住所を渡します。じゃっくも職業紹介所に行くことを決めます。紹介所は町の中央に位置します。じゃっくはそこに地下鉄で行きます。彼はすぐに紹介所を見つけます。学生のための仕事の広告が沢山入口にかかっています。じゃっくは中に入ります。そこで彼は長い列を見ます。これらの人々も仕事が欲しいと考えています。彼らはへるぷですくに立っています。人々は個人

Jack hat wenig Geld. Er will eine Teilzeitarbeit finden. Er hat Freizeit nach dem Unterricht. Sein Freund Mike arbeitet als Lader in einem Supermarkt nach der Universität. Mike verdient dreißig Euro pro Tag. Jack fragt Mike, wie er diese Arbeit gefunden hat. Mike sagt Jack, dass es bei der Arbeitsagentur gewesen ist. Dort wurde ihm die Arbeit angeboten. Mike gibt Jack die Adresse der Agentur. Jack entscheidet sich, zur Arbeitsagentur zu gehen. Die Agentur befindet sich im

情報(じょうほう)のための質問事項(しつもんじこう)に答(こた)えています。

じゃっくは列(れつ)に並(なら)びます。じゃっくの番(ばん)が15分(ふん)で来(き)ます。

jakku ha okane wo sukoshi shika motteimasen. kare ha arubaito toshite hatarakitai to kangaete imasu. kare ha daigaku no jugyou no ato jiyuujikan ga arimasu. kare no tomodachi no maiku ha nimotsu wo tsumikomu hito toshite gakkou no ato su-pa- de hataraite imasu. maiku ha ichinichi sanju yu-ro uketorimasu. jakku ha maiku ni douyatte shigoto wo mitsuketaka kikimasu. maiku ha jakku ni, kare ha shokugyoushoukaijo ni itta to iimasu. sokode kare ha sono shigoto wo teikyou saremashita. maiku ha jakku ni shoukaijo no juusho wo watashimasu. jakku mo shokugyoushoukaijo ni ikukoto wo kimemasu. shoukaijo ha machi no chuou ni ichishimasu. jakku ha soko ni chikatetsu de ikimasu. kare ha suguni shoukaijo wo mitsukemasu. gakusei no tameno shigoto no koukoku ga takusan iriguchi ni kakatte imasu. jakku ha naka ni hairimasu. sokode kare ha nagai retsu wo mimasu. korera no hitobito mo shigoto ga hoshii to kangaeteimasu. karera ha herupudesuku ni tatteimasu. hitobito ha kojinjouhou no tameno shitsumonjikou ni kotaeteimasu. jakku ha retsu ni narabimasu. jakku no ban ga juugofun de kimasu.

“こんにちは、私(わたし)の名前(なまえ)はりさです。”へるぷですくの女性(じょせい)がじゃっくに言(い)います。

“konnichiha, watashi no namae ha risa desu.” herupudesuku no josei ga jakku ni iimasu.

“こんにちは、私(わたし)はじゃっくです。”じゃっくは言(い)います。

“konnichiha, watashi ha jakku desu.” jakku ha iimasu.

“あなたは仕事(しごと)を探(さが)していますか？”女性(じょせい)が彼(かれ)

Zentrum. Jack fährt dorthin mit der U-Bahn. Er findet das Büro schnell. Am Eingang hängen viele Anzeigen für Studentenarbeit. Jack kommt hinein. Dort sieht er eine lange Schlange. Es sind Leute, die auch eine Arbeit finden wollen. Sie stehen neben dem Schalter. Die Menschen nehmen Personalfragebogen mit. Jack stellt sich an das Ende der Schlange. In fünfzehn Minuten ist er an der Reihe.

„Hallo, ich bin Lisa", sagt das Mädchen im Schalter zu Jack.

„Hallo, ich bin Jack", sagt Jack.

„Suchst du eine Ar-

に聞(き)きます。

"anata ha shigoto wo sagashite imasuka? " josei ga kare ni kikimasu.

"はい。" じゃっくは言(い)います。

"hai. " jakku ha iimasu.

"あなたはふるたいむとして働(はたら)きたいですか、それともあるばいととして働(はたら)きたいですか？" 女性(じょせい)が聞(き)きます。

"anata ha furutaimu toshite hatarakitaidesuka, soretomo arubaito toshite hatarakitaidesuka? " josei ga kikimasu.

"私(わたし)は学生(がくせい)で、授業(じゅぎょう)の後(のち)に働(はたら)きたいです。" じゃっくは言(い)います。

"watashi ha gakusei de, jugyou no ato ni hatarakitaidesu. " jakku ha iimasu.

"それでは学生(がくせい)のための質問事項表(しつもんじこうひょう)の記入(きにゅう)を完了(かんりょう)させてください。質問(しつもん)事項表(じこうひょう)の記入(きにゅう)が完了(かんりょう)したら、部門長(ぶもんちょう)の所(ところ)にそれを持(も)って行(い)ってください。" 女性(じょせい)は言(い)い、彼(かれ)に質問事項表(しつもんじこうひょう)を渡(わた)します。"soredeha gakusei no tameno shitsumonjikouhyou no kinyuu wo kanryou sasetekudasai. Shitsumonjikouhyou no kinyuu ga kanryoushitara, bumonchou no tokoro ni sore wo motteitte kudasai. " josei ha ii, kare ni shitsumonjikouhyou wo watashimasu.

"ありがとう。" じゃっくは言(い)い、そして女性(じょせい)から

beit?", fragt ihn das Mädchen.

„Ja", antwortet Jack.

„Willst du eine Vollzeitarbeit oder eine Teilzeitarbeit?", fragt das Mädchen.

„Ich studiere und will nach dem Unterricht arbeiten", sagt Jack.

„Nimm, bitte, den Fragebogen für Studenten und fülle ihn aus. Wenn der Fragebogen ausgefüllt ist, gib ihn der Abteilungschefin", sagt das Mädchen und gibt ihm einen Fragebogen.

„Danke", sagt Jack und nimmt den Fragebogen.

Jack nimmt einen Kugelschreiber und füllt den Fragebo-

しつもんじこうひょう　う　と
質問事項表を受け取ります。

"arigatou." jakku ha ii, soshite josei kara shitsumonjikouhyou wo uketorimasu.

と　しつもんじこう　こた
じゃっくはぺんを取り、そして質問事項に答えます。

jakku ha pen wo tori, soshite shitsumonjikou ni kotaemasu.

なまえ
名前：じゃっく

namae: jakku

みょうじ
苗字：すとろーまん

myouji: sutoro-man

せいべつ　だんせい
性別：男性

seibetsu: dansei

ねんれい　さい
年齢：19 才

nenrei: juukyuusai

こくせき
国籍：おらんだ

kokuseki: oranda

けっこんれき　どくしん
結婚歴：独身

kekkonreki: dokushin

きょういく　わたし　だいがく
教育：私はてくのろじーとでざいんの大学で

べんきょう
勉強しています。

kyouiku: watashi ha tekunoroji- to dezain no daigaku de benkyou shiteimasu.

ぜんしょく　わたし　はたら
前職：私は働いたことがありません。

zenshoku: watashi ha hataraitakoto ga arimasen.

のうりょく　けいけん　も
どのような能力と経験を持っていますか？：

gen aus.

Name - Jack

Familienname - Stroman

Geschlecht - männlich

Alter - neunzehn Jahre alt

Staatsangehörigkeit - niederländisch

Familienstand - ledig

Ausbildung - Ich studiere an der Universität für Technologie und Design.

Frühere Arbeit - Ich habe nicht gearbeitet.

Welche Kenntnisse und Erfahrungen haben Sie? - Ich bin eine aktive und gesellige Person. Ich

わたし　かっぱつ　しゃこうてき　　わたし　にくたい
私は活発で社交的です。私は肉体

ろうどう　　　　わたし　　　　　　　　つか
労働ができます。私はこんぴゅーたーを使った

しごと
仕事もできます。

donoyouna nouryoku to keiken wo motteimasuka?: watashi ha kappatsu de shakouteki desu. watashi ha nikutairoudou ga dekimasu. watashi ha konpyu-ta- wo tsukatta shigoto mo dekimasu.

げんご　む　　たんのう　えいご　　　ご
言語(0:無、10:堪能):英語7、どいつ語10、おらん

ご
だ語10

gengo(0-nashi 10-tannou): eigo 7, doitsugo 10, orandago 10

うんてんめんきょ
運転免許:なし

untenmenkyo: nashi

きたい　きゅうりょう　にち
期待する給料:1日 30-40 ゆーろ

kitaisuru kyuryou: ichinichi 30-40yu-ro

でんわばんごう
電話番号:+3456787487

denwabangou: +3456787487

　　　　　　も　　　　ぶもんちょう
じゃっくはそのふぉーむを持ち、そして部門長のお

　　　　　　かれ　　　　　　　　　　はい
ふぃすへいきます。彼はのっくをしておふぃすに入り

ます。jakku ha sono fo-mu wo mochi, soshite bumonchou no ofisu he ikimasu. kare ha nokku wo shite ofisu ni hairimasu.

　　　　わたし　なまえ　　　　　　　わたし
“こんにちは、私の名前はじゃっくです。私は

ぶもんちょう　わたし　しつもんじこうひょう　わた
部門長に私の質問事項表を渡すよ

　い　　　　　　　　　　　　　じょせい
うに言われました。”じゃっくはですくにいる女性に

い
言います。“konnichiha, watashi no namae ha jakkudesu. wa-

kann manuelle Arbeiten machen. Ich kann auch mit dem Computer arbeiten.

Sprachen (0 - nicht, 10 - fließend) - Englisch - 7, Deutsch - 10, Niederländisch - 10

Führerschein - nein

Lohnerwartung - 30-40 Euro pro Tag

Telefonnummer - +3456787487

Jack nimmt den Fragebogen und geht zum Büro der Abteilungschefin. Er klopft und tritt ein.

„Guten Tag, ich heiße Jack. Man hat mir gesagt, meinen Fragebogen der Abteilungschefin abzugeben", sagt Jack zu der Frau, die am Schreibtisch

tashiha bumonchou ni watashi no shitsumonjikouhyou wo watasuyouni iwaremashita. ” jakku ha desuku ni iru josei ni iimasu.

わたし　なまえ
“こんにちは、私の名前はえば・すてぐです。

わたし　ぶもんちょう　　　　　　しつもん
私は部門長です。あなたの質問

じこうひょう　わたし　わた　　　　　　　　かのじょ
事項表を私に渡してください。” 彼女は

こた
答えます。

“konnichiha, watashi no namae ha eba・sutegu desu. watashi ha bumonchou desu. anata no shitsumonjikouhyou wo watashi ni watashitekudasai. ” kanojo ha kotaemasu.

しつもんじこうひょう　わた
“はいどうぞ。” 質問事項表を渡しながら、

い　　　　しごと
じゃっくは言います。“いつ仕事をもらえますか？”

“hai douzo. ” shitsumonjikouhyou wo watashinagara, jakku ha iimasu. “itsu shigoto wo moraemasuka? ”

わたし　　　　　　　　　しごと　み
“私たちがあなたのための仕事を見つけたら、あな

でんわ　　　　かのじょ　い
たに電話します。” 彼女は言います。

“watashitachi ga anatano tameno shigoto wo mitsuketara, anata ni denwashimasu. ” kanojo ha iimasu.

sitzt.

„Guten Tag, ich heiße Eva Steg. Ich bin die Abteilungschefin. Bitte geben sie mir den Fragebogen", sie antwortet.

„Bitte", sagt Jack und gibt ihr seinen Fragebogen. "Wann kann ich eine Arbeit erwarten?"

„Wir werden Sie anrufen, wenn wir für Sie eine Arbeit finden," sie sagt.

C

質問と答え

Fragen und Antworten

たくさん　かね　も
–じゃっくは沢山お金を持っていますか？

かね　すこ　　も
–いいえ、じゃっくはお金を少ししか持っていません。

しごと　ほ
–じゃっくは仕事が欲しいですか？

- Hat Jack viel Geld?

- Nein, Jack hat wenig Geld.

- Will Jack eine Arbeit finden?

- Ja, er will Geld verdienen.

-はい、彼(かれ)はお金(かね)を稼(かせ)ぎたいです。

- 彼(かれ)はあるばいとのための時間(じかん)はありますか？

-はい、彼(かれ)は大学(だいがく)の授業(じゅぎょう)の後(のち)に自由時間(じゆうじかん)があります。

- 彼(かれ)の友達(ともだち)のまいくは何(なに)をしていますか？

- 彼(かれ)の友達(ともだち)のまいくは荷(に)を積(つ)み込(こ)む人(ひと)として、学校(がっこう)の後(のち)すーぱーで働(はたら)いています。

-まいくはいくらもらいますか？

-まいくは1日(にち)30ゆーろもらいます。

-じゃっくはまいくにどこでその仕事(しごと)を見(み)つけたか聞(き)きますか？

-はい、まいくはじゃっくに仕事紹介所(しごとしょうかいしょ)の住所(じゅうしょ)を渡(わた)します。

-この紹介所(しょうかいしょ)はどこですか？

-その紹介所(しょうかいしょ)は町(まち)の中央(ちゅうおう)に位置(いち)します。

-じゃっくはそこにばすで行(い)きますか？

-いいえ、じゃっくはそこに地下鉄(ちかてつ)で行(い)きます。

-じゃっくは紹介所(しょうかいしょ)の入(い)り口(くち)で何(なに)を見(み)ますか？

- Hat er Zeit für eine Teilzeitarbeit?

- Ja, er hat Zeit nach dem Unterricht.

- Was macht sein Freund Mike?

- Er arbeitet als Packer in einem Supermarkt nach dem Unterricht.

- Wie viel Geld verdient Mike?

- Er verdient dreißig Euro pro Tag.

- Fragt Jack seinen Freund, wo er die Arbeit gefunden hat?

- Ja, Mike gibt Jack die Adresse der Arbeitsagentur.

- Wo ist die Agentur?

- Die Agentur befindet sich im Zentrum.

- Fährt Jack dorthin mit dem Bus?

- Nein, Jack fährt mit der U-Bahn dorthin.

- Was sieht Jack am Eingang

- 学生(がくせい)のための仕事(しごと)の広告(こうこく)が沢山(たくさん)入口(いりぐち)にかかっています。

- 紹介所(しょうかいしょ)には沢山人(さわさんじん)がいますか？

-はい、そこで彼(かれ)は長(なが)い列(れつ)を見(み)ます。

-この人々(ひとびと)は誰(だれ)ですか？

-この人々(ひとびと)も仕事(しごと)が欲(ほ)しいと考(かんが)えています。

- 人々(ひとびと)は何(なに)に答(こた)えていますか？

- 人々(ひとびと)は個人情報(こじんじょうほう)の質問事項(しつもんじこう)に答(こた)えています。

-じゃっくはどれくらいの時間(じかん)列(れつ)に並(なら)んでいますか？

-じゃっくは列(れつ)に15分(ふん)並(なら)びます。

-じゃっくはふるたいむとして働(はたら)きたいですか、それともあるばいととして働(はたら)きたいですか？

-じゃっくは大学生(だいがくせい)で、授業(じゅぎょう)の後(のち)に働(はたら)きたいと考(かんが)えています。

-じゃっくは誰(だれ)に完了(かんりょう)した質問事項表(しつもんじこうひょう)を渡(わた)しますか？

zur Agentur?

- Viele Anzeigen für Studentenarbeit hängen am Eingang.

- Gibt es viele Leute in der Agentur?

- Ja, er sieht eine lange Schlange.

- Wer sind diese Leute?

- Es sind Leute, die auch eine Arbeit suchen.

- Was nehmen die Leute?

- Die Leute nehmen Personalfragebogen.

- Wie lange wartet Jack?

- Jack steht Schlange für fünfzehn Minuten.

- Will Jack Vollzeit arbeiten oder such er eine Teilzeitarbeit?

- Jack studiert und will nach dem Unterricht arbeiten.

- Wem gibt Jack den ausgefüllten Fragebogen?

- Er gibt den Fragebogen der

-じゃっくはふぉーむを部門長(ぶもんちょう)に渡(わた)します。

-どれくらい早(はや)くじゃっくは仕事(しごと)をもらえますか？

- 彼(かれ)らはじゃっくのための仕事(しごと)を見(み)つけたら彼(かれ)に電話(でんわ)すると約束(やくそく)します。

Abteilungschefin.

- Wie schnell kann Jack eine Arbeit erwarten?

- Die Abteilungschefin verspricht, ihn anzurufen, wenn sie eine Arbeit für ihn finden.

日独辞書

Wörterbuch Japanisch-Deutsch

(シャワーを) 浴びる、(薬を) 飲む [(shawa- wo) abiru, (kusuri wo) nomu] - nehmen
(チェックを) 書く [(chekku wo) kaku] - ausschreiben
(に) 似ている [(ni) niteiru] - aussehen
(何かを) 取る [(nanika wo) toru] - bekommen
(垂直に) 立てる [(suichokuni) tateru] - stellen, legen
(数) 回 [(suu) kai] - mal(einmal, zweimal etc.)
(時間を) 取る、持続する [(jikan wo) toru, ijisuru] - dauern
(時間を) 消費する [(jikan wo) rouhisuru] - verbringen(Zeit)
(電話を) かける [(denwa wo) kakeru] - anrufen
1、一 [ichi, ichi] - ein
10、十 [juu, juu] - zehn
12、十二 [juuni, juuni] - zwölf
12 番目 [juunibanme] - zwölfter
13、十三 [juusan, juusan] - dreizehn
15、十五 [juugo, juugo] - fünfzehn
18、十八 [juuhachi, juuhachi] - achtzehn
19、十九 [juukyuu, juukyuu] - neunzehn
1 個半 [ikkohan] - anderthalb
2、二 [ni, ni] - zwei
20、二十 [nijuu, nijuu] - zwanzig
2 番 [niban] - zweiter
3、三 [san, san] - drei
300、三百 [sanbyaku] - dreihundert
3 番 [sanban] - dritter
4、四 [yon, yon] - vier
40、四十 [yonjuu, yonjuu] - vierzig
4 番 [yonban] - vierter
5、五 [go, go] - fünf
6、六 [roku, roku] - sechs
7、七 [nana, nana] - sieben
8、八 [hachi, hachi] - acht
800、八百 [happyaku, happyakua] - achthundert
9、九 [kyuu, kyuu] - neun
～なので、だから、それによって [～nanode, dakara, soreniyotte] - deshalb
～かどうか、もし [～kadouka, moshi] - ob
～から、～の外へ [～kara, ～no sotohe] - aus, von
～から、どこから [～kara, dokokara] - woher
～がかかる、値段 [～ga kakaru, nedan] - kosten
～ごろ [～goro] - (rund) um
～するため [～surutame] - so dass
～だけ、ただ [～dake, tada] - nur
～で、～の近くで、～のそばで [～de, ～no chikakude, ～no sobade] - bei, an
～である [～de aru] - sein
～でない [～denai] - nicht
～と一緒に [～to isshoni] - mit
～にある、～がある [～ni aru, ～ga aru] - es gibt, es sind
～になる [～ninaru] - werden
～に位置する, ～にある [～ni ichisuru, ～niaru] - sich befinden
～に沿って [～ni sotte] - entlang
～に入る [～ni hairu] - eingehen

～のため、～にとって [～notame, ～nitotte] - für
～の下 [～no shita] - unter
～の近く、～のそば [～no chikaku, no soba] - nah, in der Nähe
～の後 [～no ato] - nach
～の後ろ、～のため [～no ushiro, ～no tame] - hinter
～の向かいに [～no mukaini] - gegenüber
～の上 [～no ue] - auf
～の前、より早く [～no mae, yorihayaku] - früher
～の方へ [～no houhe] - entgegen
～へ [～he] - zu, nach
～へ運送する [～he unsousuru] - der Transport, der Verkehr
～まで [～made] - bis
～も [～mo] - auch
～を聞く [～wo kiku] - hören
あげる、渡す [ageru, watasu] - geben
あなた [anata] - du, Sie
あなたの [anatano] - dein
あれ [are] - jene(r /s)
いいえ; ～は(が) ない [iie, ～ha(ga) nai] - nein ; es gibt kein(e /en)
いくつか、いくらか [ikutsuka, ikuraka] - irgendwelcher
いちご [ichigo] - die Erdbeere
いっぱい [ippai] - voll
いつ [itsu] - wann, als
いつも [itsumo] - immer
うるさい [urusai] - laut
うるさく [urusaku] - laut
おいしい [oishii] - lecker
おおよそ [ooyoso] - ungefähr
おそらく [osoraku] - wahrscheinlich
お金 [okane] - das Geld
お父さん [otousan] - der Vater
お米 [okome] - der Reis
かける、かかる、つるさがる [kakeru, kakaru, tsurusagaru] - hängen
かびん [kabin] - die Vase
かもしれない [kamoshirenai] - vielleicht
かわいい、美しい [kawaii, utsukushii] - schön
きゅうり [kyuuri] - die Gurke
きれい、きれいにする [kirei, kireinisuru] - reinigen, sauber machen, sauber
きれいにする、かたづける [kireinisuru, katazukeru] - aufräumen
ここ(方向) [koko(houkou)] - hier (her)
このように、なので [konoyouni, nanode] - so
これ [kore] - das, diese /r
これら(複数) [korera(fukusuu)] - diese(Pl.)
こんにちは [konnichiwa , konnichiha] - Hallo
さよならを言う [sayonara wo iu] - sich verabschieden
さらに遠く [saranitooku] - weiter
しかし、けれども、～の間、そして [shikashi, keredomo, ～no aida, soshite] - aber, doch, und
しなければならない、せざるをえない [shinakerebanaranai, sezaruwoenai] - sollen
すぐに [suguni] - sofort, auf der Stelle
すでに [sudeni] - schon
すべて [subete] - alles
する、運び出す [suru, hakobidasu] - machen
そう遠くない [soutookunai] - nicht weit

そう遠くない昔、最近 [soutookunaimukashi, saikin] - letztens, kürzlich
そこ [soko] - dort
そして、後で [soshite, atode] - und, damals, dann
そちら(の方向) [sochira(no houkou)] - dort(hin)
その後、そして [sonoato, soshite] - dann
たんす、箱 [tansu, hako] - die Schublade
だんろ [danro] - der Kamin
つかむ、運転する、輸送する [tsukamu, untensuru, yusousuru] - greifen, fahren
できる、することができる [dekiru, surukotoga dekiru] - können
とても [totemo] - sehr
どうして [doushite] - warum
どうやって [douyatte] - wie
どこ [doko] - wo
どこへ [dokohe] - wohin
どれ、何 [dore, nani] - welcher, welche(r /s) , was für ein(e)
どれくらい、いくら [dorekurai, ikura] - wieviel
なぜ、どうして [naze, doushite] - warum
なぜなら [nazenara] - weil
にわとり、チキン [niwatori, chikin] - das Hühnchen
ぬくもりのある、心地の良い [nukumorinoaru, kokochinoyoi] - gemütlich
ねこ [neko] - die Katze
のどが渇く [nodoga kawaku] - dreißig
の間 [no aida] - zwischen
の間に [no aidani] - unter
の上、に沿って [no ue, ni sotte] - über
の隣に、近く [no tonarini, chikaku] - neben
はい [hai] - ja
はかり [hakari] - die Waage
ばかげたこと、キィエルバサ、ソーセージ [bakagetakoto, kiierubasa, so-se-ji] - die Wurst
ふっとうする [futtousuru] - kochen, sieden
ぶどう [budou] - die Traube(n)
まくら [makura] - das Kissen
または [mataha] - oder
まもなく [mamonaku] - bald
もちろん [mochiron] - natürlich
もっと、よりおおくの、まだ [motto, yoriookuno, mada] - mehr, noch
もも [momo] - der Pfirsich
やく [yaku] - über
ゆでる、いれる [yuderu, ireru] - kochen
よく [yoku] - oft
りんご [ringo] - der Apfel
を除いて [wo nozoite] - ohne
を乗せる [wo noseru] - anziehen
を占める [wo shimeru] -(Platz) nehmen
を通り過ぎる、近く [wo toorisugiru, chikaku] - vorbei, neben
アームチェア [a-muchea] - der Sessel
アイスクリーム [aisukuri-mu] - das Eis
アクティブ [akutibu] - aktiv
アドレス、住所 [adoresu, juusho] - die Adresse
アナウンス [anaunsu] - die Anzeige
アパート [apa-to] - die Wohnung
アルコールの [aruko-runo] - Alkohol
イギリス [igirisu] - England

イギリスの女性 [igirisuno josei] - die Engländerin
イタリア [itaria] - Italien
イタリア人 [itariajin] - der Italiener
ウェイター [ueita-] - der Kellner
エージェント [e-jento] - der Vertreter, der Agent
エリア、地域 [eria, chiiki] - die Parzelle
エレベーター [erebe-ta-] - der Aufzug
オーナー [o-na-] - der Wirt
オフィス、事務所 [ofisu, jimusho] - das Büro
オランダの [orandano] - niederländisch
オランダ人 [orandajinno] - der Niederländer
オレンジ [orenji] - die Orange
カート [ka-to] - der Wagen
カーペット [ka-petto] - der Teppich
カップボード、たんす、本棚 [kappubo-do, tansu] - der Schrank, das Regal
カフェ [kafe] - das Café
ガス [gasu] - das Gas
ガラス [garasu] - das Glas
ガレージ、車庫 [gare-ji, shako] - die Garage
キー、鍵 [ki-, kagi] - der Schlüssel
キオスク [kiosuku] - der Kiosk
キッチン [kicchin] - die Küche
キャベツ [kyabetsu] - der Kohl
クッキー [kukki-] - der Keks, das Törtchen
クラブ [kurabu] - der Klub
クリニック [kurinikku] - die Klinik
グレー [gure-] - grau
ケーキ、デザート [ke-ki, deza-to] - das Dessert, der Nachtisch
ゲーム [ge-mu] - das Spiel
ゲスト [gesuto] - der Gast
コーヒー [ko-hi-] - der Kaffee
コーヒーテーブル [ko-hi-te-buru] - das Tischlein
コーヒーメーカー [ko-hi-me-ka-] - die Kaffeemaschine
コインランドリー [koinrandori-] - die Selbstbedienungswäscherei
コップ [koppu] - die Tasse
コマーシャル、広告 [koma-sharu, koukoku] - die Werbung
コメディー [komedi-] - die Komödie
コレクション [korekushon] - die Sammlung
コンサルタント [konsarutanto] - der Berater
コンピューター [konpyu-ta-] - der Computer
ゴミ、生ごみ [gomi, namagomi] - der Müll, der Abfall
ゴム [gomu] - der Gummi
サーモン [sa-mon] - der Lachs
サッカー [sakka-] - der Fußball
サッカー選手 [sakka-senshu] - der Fußballspieler
サラ [sara] - Sarah
サワークリーム [sawa-kuri-mu] - die Sahne
サンドイッチ [sandoicchi] - das belegte Brot, die Schnitte
シェイクスピア [sheikusupia] - Shakespeare
シャワー [shawa-] - die Dusche
シャンデリア [shanderia] - der Kronleuchter
シリアル [shiriaru] - die Cerealien
シンク [sinku] - der Ausguss, das Becken
ジュース [ju-su] - der Saft
スーパー [su-pa-] - der Supermarkt
スープ [su-pu] - die Suppe

スイッチ [suicchi] - der Schalter
スイッチを入れる [suicchi wo ireru] - einschalten
スキャン [sukyan] - kassieren
スタート [suta-to] - anfangen, beginnen
スタンド [sutando] - stehen
スタンプ [sutanpu] - die Briefmarke
ステータス [sute-tasu] - der Stand, der Status
ステップ [suteppu] - die Stufe
ストーブ [suto-bu] - der Herd
スプーン [supu-n] - der Löffel
スペイン人 [supeinjin] - der Spanier
ソースパン [so-supan] - die Kasserolle, der(Koch) topf
ソーセージ [so-se-ji] - die Wurst
ソファー、カウチ [sofa-, kauchi] - das Sofa
タオル [taoru] - das Handtuch
タクシー [takushi-] - das Taxi
ダイニングルーム [daininguru-mu] - das Speisezimmer
チーズ [chi-zu] - der Käse
チキン [chikin] - die Hühner
チケット [chiketto] - die Fahrkarte
チューリップ [chu-rippu] - die Tulpe
チョーク [cho-ku] - die Kreide
ツアー客 [tsua-kyaku] - der Tourist
テーブル [te-buru] - der Tisch
テーブルクロス [te-burukurosu] - das Tischtuch
ティーポット [ti-potto] - der Teekessel
テクノロジー [tekunoroji-] - die Technologie
テスト [tesuto] - die Prüfung
テレビセット [terebisetto] - der Fernseher
データ、情報 [de-ta, jouhou] - die Angaben
ディスプレイ、陳列する [disupurei, chinretsusuru] - auslegen
デザイン [dezain] - das Design
トースター [to-suta-] - der Toaster
トイレ、バスルーム [toire, basuru-mu] - die Toilette
トマト [tomato] - die Tomate
トロリーバス [torori-basu] - der Oberleitungsbus, der Obus
トンネル [tonneru] - der Tunnel
ドア [doa] - die Tür
ドイツの [doitsuno] - Deutsch
ドライバー、運転手 [doraiba-, untenshu] - der Fahrer
ドライヤー [doraiya-] - der Trockner, der Fön(für die Haare)
ドラッグストア [doraggusutoa] - die Apotheke
ナイフ [naifu] - das Messer
ナプキン [napukin] - die Serviette
ナポリ [napori] - Neapel
ニンジン [ninjin] - die Karotte
ノートブック [notobukku] - das Heft
ノック [nokku] - klopfen
ハチミツ [hachimitsu] - der Honig
ハンドバック、バック [handobakku, bakku] - die Tasche
ハンドル [handoru] - der Griff
ハンバーガー [hanba-ga-] - der Hamburger
バー [ba-] - die Bar, die Gaststätte
バイク、オートバイ [baiku, o-tobai] - das Motorrad
バス [basu] - der Bus
バスケット [basuketto] - der Korb
バスケットボール [basukettobo-ru] - der Basketball
バスタブ [basutabu] - die Badewanne

バスルーム [basuru-mu] - das Badezimmer, das Bad
バナナ [banana] - die Banane
バラ [bara] - die Rose
パートタイム、非常勤 [pa-totaimu, hijoukin] - Teilzeit
パートタイムの仕事、アルバイト [pa-totaimuno shigoto, arubaito] - die Teilzeitarbeit
パイナップル [painappuru] - die Ananas
パス [pasu] - vergehen
パスタ、マカロニ [pasuta, makaroni] - die Nudeln
パスポート [pasupo-to] - der Pass
パッケージ [pakke-ji] - das Päckchen
パパ [papa] - der Papa
パン [pan] - das Brot
ビーチ、砂浜、(川辺の) 浜 [bi-chi, (kawabeno) hama] - der Strand
ピザ [piza] - die Pizza
フィルム [firumu] - der Film
フォーク [fo-ku] - die Gabel
フライト、飛行 [furaito, hikou] - der Flug
フランク [furanku] - Frank
フランス語 [furansugo] - Französisch
ブラシ [burashi] - die Bürste
ブリュッセル [buryusseru] - Brüssel
ブレンダー [burenda-] - der Blender
プラスチック [purasuchikku] - der Kunststoff
ベージュ [be-ju] - beigefarben, beige
ベッド [beddo] - das Bett
ベル、リング [beru, ringu] - die Klingel
ページ [pe-ji] - die Seite
ペア [pea] - das Paar
ホテル [hoteru] - das Hotel
ボトル [botoru] - die Flasche
ポテトチップス [potetochippusu] - die Chips
ポリエチレン、プラスチック [poriechiren, purasuchikku] - Polyethylen, das Plastik, der Kunststoff
マッシュルーム、きのこ [masshuru-mu, kinoko] - der Pilz
ママ [mama] - die Mutter, Mama
ミキサー [mikisa-] - der Mixer
ミニバス [minibasu] - der Minibus
メカニック [mekanikku] - der Mechaniker
メトロ、地下鉄 [metoro, chikatetsu] - die U-Bahn
ユーロ [yu-ro] - der Euro
ライター、作家、記者 [raita-, sakka, kisha] - die Schriftstellerin /der Schriftsteller
ラジオ [rajio] - der Rundfunk, das Radio
ラック、スタンド [rakku, sutando] - der Stand
ラップトップ [rapputoppu] - der Laptop
ランプ [ranpu] - die Lampe
リットル [rittoru] - der Liter
リビングルーム [ribinguru-mu] - das Wohnzimmer
ルール [ru-ru] - die Regel
レシート [reshi-to] - die Rechnung
レストラン [resutoran] - das Restaurant
レモン [remon] - die Zitrone
ロールパン、コッペパン、バン [ro-rupan, koppepan, ban] - das Brötchen
愛、愛する、好き [ai, aisuru, suki] - die Liebe, lieben
安い [yasui] - nicht teuer, preisgünstig
暗い [kurai] - dunkel

案内する、運転する [annaisuru, untensuru] - führen, leiten
椅子 [isu] - der Stuhl
違う、様々な [chigau, samazamana] - verschieden
医者、医師 [isha, ishi] - der Arzt
育つ、大きくなる [sodatsu, oo-kikunaru] - wachsen
育児室 [takujishitsu] - Kinderkrippe
一週間 [ichishuukan] - die Woche
一緒に [isshoni] - zusammen, gemeinsam
一人の、一人用のスペース [hitorino, hitoriyouno supe-su] - Einpersonen
一生懸命働く [isshoukenmei hataraku] - sich bemühen
一片 [ippen] - das Stück
一覧、概要 [ichiran, gaiyou] - die Zusammenfassung, das Resümee
引っ越す(住所を変える) [hikkosu(juusho wo kaeru)] - umziehen
飲む [nomu] - das Getränk, trinken
右に [migini] - rechts
雨 [ame] - der Regen
運ぶ、抱える [hakobu, kakaeru] - tragen
運転して出て行く [untenshite deteiku] - ausfahren
運転する、運送する [untensuru, unsousuru] - fahren
運転免許 [untenmenkyo] - Führerschein
映画館 [eigakan] - das Kino
泳ぐ [oyogu] - schwimmen
英語 [eigo] - Englisch
英国 [eikoku] - Großbritannien
駅 [eki] - die Station, der Bahnhof
遠く、長い距離の [tooku, nagaikyorino] - weit
鉛筆 [enpitsu] - der Bleistift
汚い [kitanai] - schmutzig
横になっている [yokoninatteiru] - liegen
黄色 [kiiro] - gelb
屋根 [yane] - das Dach
温める [atatameru] - aufwärmen
何 [nani] - was
何か [nanika] - etwas
何年 [nannen] - wie viele Jahre
何年も [nannenmo] - Jahre
価値、価格、値段 [kachi, kakaku, nedan] - der Preis, die Kosten(pl.)
可能な、できる [kanouna, dekiru] - möglich
家、家庭 [ie, katei] - das Haus
家で [iede] - zu Hause
家へ帰る道 [ie he kaerumichi] - nach Hause
家具 [kagu] - die Möbel
家族 [kazoku] - die Familie
果物 [kajitsu] - das Obst
稼ぐ [kasegu] - verdienen
花 [hana] - die Blume
荷車 [niguruma] - der Wagen
荷物 [nimotsu] - das Gepäck
荷物を積み込む人、港湾労働者 [nimotsu wo tsumikomuhito, kouwan-roudousha] - der Transportarbeiter, der Packer
会う [au] - treffen
会計、レジ [kaikei, reji] - die Kasse
会計係 [kaikeigakari] - der Kassierer
壊す [kowasu] - die Pause
海 [umi] - der Ozean, die See, das Meer
開く [hiraku] - öffnen, aufmachen
開ける [akeru] - öffnen
開始 [kaishi] - anfangen, beginnen
階 [kai] - die Etage
階段 [kaidan] - das Treppenhaus
外 [soto] - draußen

角 [kado] - die Ecke
革 [kawa] - das Leder
学校 [gakkou] - die Schule
学長室 [gakuchoushitsu] - das Dekanat
寒い [samui] - kalt, kühl
感じる、調子 [kanjiru, choushi] - fühlen
感謝する [kanshasuru] - danke
甘い [amai] - süß
間に合う、～が十分 [maniau, ～ga juubun] - genug sein
丸い [marui] - rund
岸 [kishi] - das Ufer
眼鏡 [megane] - die Brille
願い、したがる [negai, shitagaru] - wünschen
期間 [kikan] - die Periode
機械 [kikai] - die Maschine
気を付ける、注意する [ki wo tsukeru, chuuisuru] - sorgfältig
記入した [kinyuushita] - ausgefüllt
記入する [kinyuusuru] - ausfüllen
記念碑 [kinenhi] - das Denkmal
起きる [okiru] - aufstehen
起き上がる [okiagaru] - aufstehen
輝く [kagayaku] - leuchten, scheinen
議題、もの、物事 [gidai, mono, monogoto] - das Fach ; das Ding
丘、山 [oka, yama] - der Berg
休む、リラックス [yasumu, rirakkusu] - sich ausruhen, sich erholen
休暇 [kyuuka] - der Urlaub, die Ferien
急いで [isoide] - schnell
泣く [naku] - weinen
牛乳 [gyuunyuu] - das Milch
拒否する、断る [kyohisuru, kotowaru] - ablehnen
魚 [sakana] - der Fisch
教える [oshieru] - lehren, beibringen
教育 [kyouiku] - die Ausbildung, die Erziehung
教科書、テキスト [kyoukasho, tekisuto] - das Lehrbuch
橋 [hashi] - die Brücke
鏡 [kagami] - der Spiegel
近く [chikaku] - nah
近づく [chikazuku] - herangehen, sich nähern
近所 [kinjo] - der Nachbar
金属 [kinzoku] - metallen, Metall
金曜日 [kinyoubi] - der Freitag
銀行 [ginkou] - die Bank
空 [kara] - leer
兄弟 [kyoudai] - der Bruder
契約する [keiyakusuru] - einen Vertrag schließen
経営者、社長 [keieisha, shachou] - der Leiter, der Chef
経験 [keiken] - die Erfahrung
警察 [keisatsu] - die Polizei
警察官 [keisatsukan] - der Polizist
劇場 [gekijou] - das Theater
決定、決断 [kettei, ketsudan] - der Entschluss, die Entscheidung
決定する [ketteisuru] - entscheiden
結婚している [kekkonshiteiru] - verheiratet
月 [tsuki] - der Monat
権利 [kenri] - die Rechte
犬 [inu] - der Hund
見せる [miseru] - zeigen
見つける [mitsukeru] - finden
見る [miru] - sehen
現金 [genkin] - das Bargeld
言う、教える [iu, oshieru] - sagen
言語 /言葉 [gengo / kotoba] - die Sprache / die Zunge
個人の [kojinno] - persönlich
古い [furui] - alt

湖 [mizuumi] - der See
雇用、仕事、職 [koyou, shigoto, shoku] - die Anstellung, die Beschäftigung
光 [hikari] - das Licht, leicht
公園 [kouen] - der Park
好き、好む [suki, konomu] - gefallen
広い [hiroi] - geräumig
紅茶 [koucha] - der Tee
考える、思う [kangaeru, omou] - denken
行く /乗って行く [iku / notteiku] - gehen, wegfahren
行く、散歩をする、歩く [iku, sanpo wo suru, aruku] - gehen
行動する、～する [koudousuru, ～suru] - funktionieren
講義室、教室 [kougishitsu, kyoushitsu] - der Hörsaal
郊外 [kougai] - der Vorort, die Vorstadt
高い [takai] - hoch, teuer
高くない [takakunai] - nicht groß
高速道路、ハイウェイ [kousokudouro, haiwei] - die Autobahn
国 [kuni] - das Land
国籍 [kokuseki] - die Nationalität
国民 [kokumin] - national
黒 [kuro] - schwarz
黒板 [kokuban] - das Brett
今 [ima] - jetzt
今日 [kyou] - heute
左に [hidarini] - links
砂糖 [satou] - der Zucker
座る [suwaru] - sich setzen, sitzen
財布 [saifu] - die Geldtasche, das Portmonee
作る [tsukuru] - machen
雑誌 [zasshi] - die Zeitschrift
皿、プレート [sara, pure-to] - die Speise, das Gericht, der Teller
散歩をする [sanpo wo suru] - spazieren gehen
産まれる [umareru] - geboren sein
賛成する [sanseisuru] - zustimmen
残される、残る [nokosareru, nokoru] - bleiben
仕事 [shigoto] - die Arbeit
仕事につく [shigotoni tsuku] - einen Job finden
仕事紹介、雇用 [shigotoshoukai, koyou] - die Anstellung
司書 [shisho] - der Bibliothekar
始まり [hajimari] - der Anfang
始めから [hajimekara] - vom Anfang an
始めに、1 番 [hajimeni, ichiban] - erster
姉妹 [shimai] - die Schwester
子供 [kodomo] - das Kind
指し示された [sashishimesareta] - angezeigt
指し示す [sashishimesu] - anzeigen, andeuten
止まる [tomaru] - die Haltestelle
私 [watashi] - ich
私たち [watashitachi] - uns, wir
私たちの [watashitachino] - unser
私の(私の物) [watashino(watashinomono)] - mein
紙 [kami] - das Papier
紫 [murasaki] - purpurrot
歯 [ha] - der Zahn, die Zähne
歯医者 [haisha] - der Zahnarzt
持ってくる、運ぶ [mottekuru, hakobu] - hinbringen
持つ、所有する、飼う [motsu, shoyuusuru, kau] - haben

時々、いつか [tokidoki, itsuka] - manchmal, irgendwann
時間 [jikan] - die Stunde, die Zeit
次の、次 [tsugino, tsugi] - nächster
治療 [chiryou] - die Behandlung
治療してもらう [chiryoushitemorau] - behandelt werden
自動車、車 [jidousha, kuruma] - das Auto, der Wagen
自分の体を洗う [jibunno karada wo arau] - sich waschen
自由、タダ [jiyuu, tada] - frei
自由に、ペラペラに [jiyuuni, peraperani] - fließend
質問事項、質問事項表 [shitsumonjikou, shitsumonjikousho] - der Fragebogen
写真、絵 [shashin, e] - das Foto, das Bild
写真を撮る [shashin wo toru] - fotografieren
社交的な [shakoutekina] - gesellig
車のサービス [kurumano sa-bisu] - der Autoservice
蛇口、栓 [jaguchi, sen] - der Wasserhahn
取っ手 [totte] - die Hand
取る [toru] - nehmen
手に入れる、とどく、取り出すために [teniireru, todoku, toridasutameni] - bekommen, nach etwas greifen
手配する、予約する [tehaisuru, yoyakusuru] - sich verabreden
授業、クラス [jugyou, kurasu] - das Unterricht, der Unterricht, die Kurse, die Fächer
収まる [osamaru] - sich einrichten
修復、修理 [shuufuku, shuuri] - die Renovierung
拾う、ピックアップする、持ち去る [hirou, pikkuappusuru, mochisaru] - wegnehmen
終わらせる [owaraseru] - machen, schaffen
集める、収集する [atsumeru, shuushuusuru] - sich versammeln, sammeln
住む [sumu] - leben
柔らかい [yawarakai] - weich
渋滞 [juutai] - der Stau
宿泊施設、アパート [shukuhakushisetsu, apa-to] - die Unterkunft, die Wohnung
出て行く [dęteiku] -(hin) ausgehen
出口 [deguchi] - der Ausgang
準備する [junbisuru] - sich vorbereiten
暑い [atsui] - heiß
書きとめる [kakitomeru] - notieren
書く [kaku] - aufschreiben, schreiben
助ける、手伝う [tasukeru, tetsudau] - helfen
女の子、(女性) [onnanoko, josei] - das Mädchen
女性 [josei] - die Frau
小さい [chiisai] - klein
小さいピース [chiisaipi-su] - ein Stückchen
小さいラグ、マット [chiisairagu, matto] - der Läufer, der Bettvorleger
小さなテーブル [chiisanate-buru] - das Tischlein
少し、いくつか [sukoshi, ikutsuka] - einige, wenig
少し、少量の [sukoshi, suuryouno] - ein bisschen
床 [yuka] - der Fußboden, die Etage
招待する [shoutaisuru] - einladen
笑う [warau] - lachen
上に [ueni] - obere

上に行く、昇る、上がる [ueni iku, noboru, agaru] - steigen
乗る、行く [noru, iku] - fahren
場所 [basho] - der Ort, der Platz
情報、インフォメーション [jouhou, infome-shon] - die Auskunft
職業、専門職 [shokugyou, senmonshoku] - der Beruf, das Fach
色 [iro] - die Farbe
食べる [taberu] - essen
食べ物 [tabemono] - das Essen
食器 [shokki] - das Geschirr
食料品店 [shokuryouhinten] - das Lebensmittelgeschäft
信号 [shingou] - die Ampel
寝る [neru] - schlafen
心地の良い [kokochinoyoi] - bequem
新しい [atarashii] - neu
新しくない [atarashikunai] - nicht neu
新聞 [shinbunshi] - die Zeitung
真っすぐ [massugu] - geradeaus
真ん中、～の途中 [mannaka, ～notochuu] - in der Mitte
人 [hito] - die Person, der Mensch
人々 [hitobito] - die Leute
人生 [jinsei] - das Leben
図書館 [toshokan] - die Bibliothek, die Bücherei
水 [mizu] - das Wasser
数字、番号 [suuji, bangou] - die Nummer
数式 [suushiki] - die Formel
成功する、無事にすむ [Seikousuru, bujinisumu] - gelingen
生 [nama] - roh
生徒 [seito] - der Schüler
生物学 [seibutsugaku] - die Biologie
製品、食品 [seihin, shokuhin] - die Lebensmittel
請求書、料金 [seikyuusho, ryoukin] - die Rechnung
青 [ao] - blau
静か [shizuka] - still
静かに [shizukani] - still, leise
石鹸 [sekken] - die Seife
赤 [aka] - rot
切り落とす [kiriotosu] - abschneiden
切る [kiru] - schneiden
説明する [setsumeisuru] - erklären
絶対～しない [zettai～shinai] - nie(mals)
先生、インストラクター [sensei, insutorakuta-] - der Lehrer
専門家、プロフェッショナル [senmonka, purofesshonaru] - professionell
川 [kawa] - der Fluss
洗う、きれいにする、洗濯する [arau, kireinisuru, sentakusuru] - waschen
洗濯、洗う [sentaku, arau] - das Waschen
洗濯機、～洗機、洗っている [sentakuki, ～senki, aratteiru] - das Waschen
洗濯物、下着、リネン [sentakumono, shitagi, rinen] - die Wäsche, die Unterwäsche
洗面台 [senmendai] - das Waschbecken
船 [fune] - das Schiff
選ぶ [erabu] - wählen
全て [subete] - alles
全ての [subeteno] - jeder
全体、すべて [zentai, subete] - ganze
祖父、年を取った男性 [sofu, toshi wo totta dansei] - der Opa, der alte Mann
祖母、年を取った女性 [sofu, toshi wo totta josei] - die Oma, die alte Frau
素晴らしい [subarashii] - herrlich
窓 [mado] - das Fenster

走る [hashiru] - laufen
測る [hakaru] - wiegen
足す、追加する [tasu, tsuikasuru] - (hin) zufügen
続く [tsuzuku] - weitermachen
他の [hokano] - andere(r /s)
太陽 [taiyou] - die Sonne
待つ [motsu] - warten
袋 [fukuro] - das Paket
代理店、紹介所 [dairiten, shoukaijo] - die Agentur, das Büro
大きい [ookii] - groß
大きくない [ookikunai] - nicht groß
大学 [daigaku] - die Universität
大学の生徒、大学生 [daigakuno seito, daigakusei] - der Student
大通り [oodoori] - der Boulevard
沢山、とても [takusan, totemo] - viele
棚、シェルフ [tana, sherufu] - das Regal
誰 [dare] - wer
誰か [dareka] - jemand
誰の [dareno] - wessen
探す [sagasu] - suchen
探偵 [tantei] - der Detektiv
断る [kotowaru] - absagen
暖かい [atatakai] - warm
男性 [dansei] - der Mann, männlich
値段 [nedan] - der Preis
知り合いになる、習得する、習う [shiriaininaru, shuutokusuru, narau] - kennenlernen
知る [shiru] - kennen
地球、地面、土 [chikyuu, jimen, tsuchi] - die Erde, der Boden
地図、マップ [chizu, mappu] - die Landkarte
地理学 [chirigaku] - die Geographie, die Erdkunde
置く [oku] - legen
茶色 [chairo] - braun
着替える [kigaeru] - sich ankleiden
中、中に [naka, nakani] - innen, drinnen, in
中央 [chuuou] - das Zentrum, zentral
昼食 [chuushoku] - das Mittagsessen
昼食を食べる [choushoku wo taberu] - zu Mittag essen
注ぎ入れる [sosogiireru] -(ein) gießen
注ぐ [sosogu] - gießen, schütten
注意深く、丁寧に [chuuibukaku, teineini] - aufmerksam
注文する [chuumonsuru] - bestellen
喋る [shaberu] - sprechen
朝 [asa] - der Morgen
朝食 [choushoku] - das Frühstück
朝食を食べる [choushoku wo taberu] - frühstücken, Frühstück essen
町 [machi] - die Stadt
町の広場 [machinohiroba] - der Platz
長い、長い間 [nagai, nagaiaida] - lange
鳥 [tori] - der Vogel
通す /まで [toosu /made] - durch / in
通路、セクション [tsuuro, sekushon] - die Abteilung
通路、運賃 [tsuuro, unchin] - die Fahrt
定規 [jougi] - das Lineal
庭 [niwa] - der Garten
提案 [teian] - der Vorschlag
提案する、提供する [teiansuru, teikyousuru] - vorschlagen, anbieten
提出する、戻す [teishutsusuru, modosu] - zurückgeben, abgeben
適切な、適した [tekisetsuna, tekishita] - geeignet, passend
天井 [tenjou] - die Decke

天気 [tenki] - der Wetter
店 [mise] - das Geschäft, der Laden
電子レンジ [denshirenji] - die Mikrowelle
電話 [denwa] - das Telefon
電話する [denwasuru] - das Telefon, rufen
土曜日 [doyoubi] - der Samstag
盗む [nusumu] - stehlen
答え [kotae] - antworten
到着する [touchakusuru] - erreichen
踏みつける [fumitsukeru] - treten, trampeln
頭 [atama] - gehen
働く、仕事 [hataraku, shigoto] - die Arbeit
働く人 [hatarakuhito] - der Arbeiter
動く、引っ越す [ugoku, hikkosu] - sich bewegen
動く、機能する [ugoku, kinousuru] - arbeiten, funktionieren
動物 [doubutsu] - das Tier
同行する [doukousuru] - begleiten
道、行き方 [michi, ikikata] - der Weg
道、道路 [michi, douro] - die Straße
道路 [douro] - der Weg
読む [yomu] - lesen
届く [todoku] - greifen
肉 [niku] - das Fleisch
肉体労働 [nikutairoudou] - die Handarbeit
日 [hi] - der Tag
日曜日 [nichiyoubi] - der Sonntag
乳、牛乳 [nyuu, gyuunyuu] - die Milch
入る [hairu] -(her) einkommen
入口 [iriguchi] - der Eingang
熱い [atsui] - heiß
年 [toshi] - das Jahr
年上 [toshiue] - älter
年齢 [nenrei] - das Alter
燃やす [moyasu] - brennen
能力、スキル [nouryoku, sukiru] - die Fertigkeit, die Kenntnis
買う [kau] - kaufen
売られる [urareru] - verkauft werden
売る [uru] - verkaufen
白 [shiro] - weiß
箱 [hako] - die Schachtel, die Kiste
半分 [hanbun] - die Hälfte
彼 /彼女 /それ [kare /kanojo /sore] - er /sie /es
彼に、彼を、彼の [kareni, karewo, kareno] - ihn, sein
彼ら(複数) [karera(fukusuu)] - sie(Pl.)
疲れる [tsukareru] - müde werden
飛ぶ [tobu] - fliegen
飛行機 [hikouki] - das Flugzeug
飛行場 [hikoujou] - der Flughafen
美術館 [bijutsukan] - das Museum
必要 [hitsuyou] - nötig, notwendig
必要がある、しなければならない [hitsuyouga aru, shinakerebanaranai] - brauchen
病気である [byoukidearu] - krank sein
病気になる [byoukininaru] - krank werden, erkranken
苗字 [myouji] - der Familienname
不動産 [fudousan] - die Immobilie, das Grundbesitz
怖い [kowai] - schrecklich, fürchterlich
普段、いつも [fudan, itsumo] - normalerweise
部屋 [heya] - das Zimmer
払う [harau] - bezahlen
物 [mono] - das Ding
物理学 [butsurigaku] - die Physik
分 [fun] - die Minute

噴水 [funsui] - der Springbrunnen, die Fontäne
聞く、尋ねる [kiku, tazuneru] - fragen
平和 ;世界 [heiwa, sekai] - der Frieden ; die Welt
壁 [kabe] - die Wand
勉強する、学ぶ [benkyousuru, manabu] - lernen
弁護士 [bengoshi] - der(Rechts) anwalt
保険 [hoken] - die Versicherung
歩いて [aruite] - zu Fuß
歩く、行く [aruku, iku] - gehen
歩道 [hodou] - der Bürgersteig, der Fußweg
方向 [houkou] - die Richtung
忙しい [isogashii] - beschäftigt
冒険 [bouken] - das Abenteuer
本 [hon] - das Buch
無言で、静かに [mugonde, shizukani] - schweigend
名前 [namae] - der Name
名前で呼ぶ、名前をつける [namaede yobu, namae wo tsukeru] - rufen, nennen
明かり、電気 [akari, denki] - das Licht
明るい [akarui] - hell
明日 [ashita] - morgen
面白い、興味深い [omoshiroi, kyoumibukai] - lustig, interessant
木 [ki] - der Baum
木々、草木 [kigi, kusaki] - die Grünfläche
木製の [mokuseino] - Holz
戻る、背中 [modoru, senaka] - zurückgeben, zurückkehren, zurück
夜 [yoru] - der Abend
夜に [yoruni] - abends, am Abend
野菜 [yasai] - das Gemüse
約束 [yakusoku] - versprechen
友達 [tomodachi] - der Freund /die Freundin
遊ぶ [asobu] - spielen
郵便局 [yuubinkyoku] - das Postamt
洋服、ローブ [youfuku, ro-bu] - die Kleidung
用意する、用意された [youisuru, youisareta] - fertig
用意する、料理する [youisuru, ryourisuru] - zubereiten
欲しい [hoshii] - wollen
落ち着いて [ochitsuite] - ruhig
卵 [tamago] - das Ei
立つ [tatsu] - stehen
旅行 [ryokou] - reisen
両親 [ryoushin] - die Eltern
良い、上手い [yoi, umai] - gut
良くなる [yokunaru] - besser
緑 [midori] - grün
冷たい、寒い [tsumetai, samui] - kühl
冷蔵庫 [reizouko] - der Kühlschrank
歴史 [rekishi] - die Geschichte
列 [retsu] - die Schlange
列車 [ressha] - der Zug
廊下、通路 [rouka, tsuuro] - der Flur, der Saal, die Halle
話し合う、議論する [hanashiau, gironsuru] - besprechen
話す [hanasu] - reden, sagen, sich unterhalten
話す、喋る [hanasu, shaberu] - sprechen, plaudern
腕時計 [udedokei] - anschauen

独日辞書

Wörterbuch Deutsch-Japanish

(be)zahlen - 払う [harau]
(ein)gießen - 注ぎ入れる [sosogii-reru]
(her)einkommen - 入る [hairu]
(hin)ausgehen - 出て行く [dęteiku]
(hin)zufügen - 足す、追加する [tasu, tsuikasuru]
(Platz)nehmen - を占める [wo shime-ru]
(rund)um - ～ごろ [～goro]
Abend, der - 夜 [yoru]
abends, am Abend - 夜に [yoruni]
Abenteuer, das - 冒険 [bouken]
aber, doch, und - しかし、けれども、～の間、そして [shikashi, keredomo, ～no aida, soshite]
ablehnen - 拒否する、断る [kyo-hisuru, kotowaru]
absagen - 断る [kotowaru]
abschneiden - 切り落とす [kiriotosu]
Abteilung, die - 通路、セクション [tsuuro, sekushon]
acht - 8、八 [hachi, hachi]
achthundert - 800、八百 [happyaku, happyakua]
achtzehn - 18、十八 [juuhachi, juuha-chi]
Adresse, die - アドレス、住所 [adoresu, juusho]
Agentur, die; das Büro - 代理店、紹介所 [dairiten, shoukaijo]
aktiv - アクティブ [akutibu]
Alkohol - アルコールの [aruko-runo]
alles - すべて [subete]
alt - 古い [furui]
älter - 年上 [toshiue]
Alter, das - 年齢 [nenrei]
Ampel, die - 信号 [shingou]
Ananas, die - パイナップル [painap-puru]
anbieten - 提案する、提供する [tei-ansuru, teikyousuru]
andere(r /s) - 他の [hokano]
anderthalb - 1 個半 [ikkohan]
Anfang, der - 始まり [hajimari]
anfangen, beginnen - 開始、スタート [kaishi, suta-to]
Angaben, die - データ、情報 [de-ta, jouhou]
angezeigt - 指し示された [sash-ishimesareta]
anrufen - (電話を)かける [(denwa wo)kakeru]
anschauen - 腕時計 [udedokei]
Anstellung, die - 仕事紹介、雇用 [shigotoshoukai, koyou]
Anstellung, die; die Beschäftigung - 雇用、仕事、職 [koyou, shigoto, shoku]
antworten - 答え [kotae]
Anzeige, die - アナウンス [anaunsu]
anzeigen, andeuten - 指し示す [sashishimesu]
anziehen - を乗せる [wo noseru]
Apfel, der - りんご [ringo]
Apotheke, die - ドラッグストア [do-raggusutoa]
Arbeit, die - 働く、仕事 [hataraku, shigoto]
arbeiten, funktionieren - 動く、機能する [ugoku, kinousuru]
Arbeiter, der - 働く人 [hatarakuhito]
Arzt, der - 医者、医師 [isha, ishi]
auch - ～も [～mo]
auf - ～の上 [～no ue]

aufmerksam - 注意深く、丁寧に [chuuibukaku, teineini]
aufräumen - きれいにする、かたづける [kireinisuru, katazukeru]
aufschreiben - 書く [kaku]
aufstehen - 起き上がる、起きる [oki-agaru, okiru]
aufwärmen - 温める [atatameru]
Aufzug, der - エレベーター [erebe-ta-]
aus, von - ～から、～の外へ [～kara, ～no sotohe]
Ausbildung, die; die Erziehung - 教育 [kyouiku]
ausfahren - 運転して出て行く [un-tenshite deteiku]
ausfüllen - 記入する [kinyuusuru]
Ausgang, der - 出口 [deguchi]
ausgefüllt - 記入した [kinyuushita]
Ausguss, der; das Becken - シンク [sinku]
Auskunft, die - 情報、インフォメーション [jouhou, infome-shon]
auslegen - ディスプレイ、陳列する [disupurei, chinretsusuru]
ausschreiben - (チェックを)書く [(chekku wo)kaku]
aussehen - (に)似ている [(ni) niteiru]
Auto, das; der Wagen - 自動車、車 [jidousha, kuruma]
Autobahn, die - 高速道路、ハイウェイ [kousokudouro, haiwei]
Autoservice, der - 車のサービス [kur-umano sa-bisu]
Badewanne, die - バスタブ [basutabu]
Badezimmer, das; das Bad - バスルーム [basuru-mu]
bald - まもなく [mamonaku]
Banane, die - バナナ [banana]
Bank, die - 銀行 [ginkou]
Bar, die; die Gaststätte - バー [ba-]
Bargeld, das - 現金 [genkin]
Basketball, der - バスケットボール [basukettobo-ru]
Baum, der - 木 [ki]
begleiten - 同行する [doukousuru]
behandelt werden - 治療してもらう [chiryoushitemorau]
Behandlung, die - 治療 [chiryou]
bei, an - ～で、～の近くで、～のそばで [～de, ～no chikakude, ～no sobade]
beigefarben, beige - ベージュ [be-ju]
bekommen - (何かを)取る [(nanika wo) toru]
bekommen, nach etwas greifen - 手に入れる、とどく、取り出すために [teniireru, todoku, toridasutameni]
bequem - 心地の良い [kokochinoyoi]
Berater, der - コンサルタント [konsa-rutanto]
Berg, der - 丘、山 [oka, yama]
Beruf, der; das Fach - 職業、専門職 [shokugyou, senmonshoku]
beschäftigt - 忙しい [isogashii]
besprechen - 話し合う、議論する [hanashiau, gironsuru]
besser - 良くなる [yokunaru]
bestellen - 注文する [chuumonsuru]
Bett, das - ベッド [beddo]
bezahlen - 払う [harau]
Bibliothek, die; die Bücherei - 図書館 [toshokan]
Bibliothekar, der - 司書 [shisho]
Bild, das - 写真、絵 [shashin, e]
Biologie, die - 生物学 [seibutsugaku]
bis - ～まで [～made]
blau - 青 [ao]
bleiben - 残される、残る [nokosareru, nokoru]
Bleistift, der - 鉛筆 [enpitsu]

Blender, der - ブレンダー [burenda-]
Blume, die - 花 [hana]
Boulevard, der - 大通り [oodoori]
brauchen - 必要がある、しなければならない [hitsuyouga aru, shinakerebanaranai]
braun - 茶色 [chairo]
brennen - 燃やす [moyasu]
Brett, das - 黒板 [kokuban]
Briefmarke, die - スタンプ [sutanpu]
Brille, die - 眼鏡 [megane]
Brot, das - パン [pan]
Brötchen, das - ロールパン、コッペパン、バン [ro-rupan, koppepan, ban]
Brücke, die - 橋 [hashi]
Bruder, der - 兄弟 [kyoudai]
Brüssel - ブリュッセル [buryusseru]
Buch, das - 本 [hon]
Bürgersteig, der; der Fußweg - 歩道 [hodou]
Büro, das - オフィス、事務所 [ofisu, jimusho]
Bürste, die - ブラシ [burashi]
Bus, der - バス [basu]
Café, das - カフェ [kafe]
Cerealien, die - シリアル [shiriaru]
Chips, die - ポテトチップス [potetochippusu]
Computer, der - コンピューター [konpyu-ta-]
Dach, das - 屋根 [yane]
damals, dann - そして [soshite]
danke - 感謝する [kanshasuru]
dann - 後で、その後、そして [atode, sonoato, soshite]
das - これ [kore]
das belegte Brot, die Schnitte - サンドイッチ [sandoicchi]
dauern - (時間を)取る、持続する [(jikan wo)toru, ijisuru]
Decke, die - 天井 [tenjou]
dein - あなたの [anatano]
Dekanat, das - 学長室 [gakuchoushitsu]
denken - 考える、思う [kangaeru, omou]
Denkmal, das - 記念碑 [kinenhi]
deshalb - 〜なので、だから、それによって [〜nanode, dakara, soreniyotte]
Design, das - デザイン [dezain]
Dessert, das; der Nachtisch - ケーキ、デザート [ke-ki, deza-to]
Detektiv, der - 探偵 [tantei]
Deutsch - ドイツの [doitsuno]
diese /r - これ [kore]
diese(Pl.) - これら(複数) [korera(fukusuu)]
Ding, das - 物 [mono]
dort - そこ [soko]
dort(hin) - そちら(の方向) [sochira(no houkou)]
draußen - 外 [soto]
drei - 3、三 [san, san]
dreihundert - 300、三百 [sanbyaku]
dreißig - のどが渇く [nodoga kawaku]
dreizehn - 13、十三 [juusan, juusan]
dritter - 3 番 [sanban]
du, Sie - あなた [anata]
dunkel - 暗い [kurai]
durch/in - 通す /まで [toosu /made]
Dusche, die - シャワー [shawa-]
Ecke, die - 角 [kado]
Ei, das - 卵 [tamago]
ein - 1、一 [ichi, ichi]
ein bisschen - 少し、少量の [sukoshi, suuryouno]
ein Stückchen - 小さいピース [chii-saipi-su]

einen Job finden - 仕事につく [shi-gotoni tsuku]
einen Vertrag schließen - 契約する [keiyakusuru]
Eingang, der - 入口 [iriguchi]
eingehen - 〜に入る [〜ni hairu]
einige - 少し、いくつか [sukoshi, ikutsuka]
einladen - 招待する [shoutaisuru]
Einpersonen - 一人の、一人用のスペース [hitorino, hitoriyouno supe-su]
einschalten - スイッチを入れる [suic-chi wo ireru]
Eis, das - アイスクリーム [aisukuri-mu]
Eltern, die - 両親 [ryoushin]
England - イギリス [igirisu]
Engländerin, die - イギリスの女性 [igirisuno josei]
Englisch - 英語 [eigo]
entgegen - 〜の方へ [〜no houhe]
entlang - 〜に沿って [〜ni sotte]
entscheiden - 決定する [ketteisuru]
Entschluss, der; die Entscheidung - 決定、決断 [kettei, ketsudan]
er /sie /es - 彼 /彼女 /それ [kare /kanojo /sore]
Erdbeere, die - いちご [ichigo]
Erde, die; der Boden - 地球、地面、土 [chikyuu, jimen, tsuchi]
Erfahrung, die - 経験 [keiken]
erklären - 説明する [setsumeisuru]
erreichen - 到着する [touchakusuru]
erster - 始めに、1 番 [hajimeni, ichiban]
es gibt, es sind - 〜にある、〜がある [〜ni aru, 〜ga aru]
essen - 食べる [taberu]
Essen, das - 食べ物 [tabemono]
Etage, die - 階 [kai]
etwas - 何か [nanika]
Euro, der - ユーロ [yu-ro]
Fach, das; das Ding - 議題、もの、物事 [gidai, mono, monogoto]
fahren - 乗る、行く、運送する [noru, iku, unsousuru]
Fahrer, der - ドライバー、運転手 [doraiba-, untenshu]
Fahrkarte, die - チケット [chiketto]
Fahrt, die - 通路、運賃 [tsuuro, un-chin]
Familie, die - 家族 [kazoku]
Familienname, der - 苗字 [myouji]
Farbe, die - 色 [iro]
Fenster, das - 窓 [mado]
Fernseher, der - テレビセット [tere-bisetto]
fertig - 用意する、用意された [y-ouisuru, youisareta]
Fertigkeit, die; die Kenntnis - 能力、スキル [nouryoku, sukiru]
Film, der - フィルム [firumu]
finden - 見つける [mitsukeru]
Fisch, der - 魚 [sakana]
Flasche, die - ボトル [botoru]
Fleisch, das - 肉 [niku]
fliegen - 飛ぶ [tobu]
fließend - 自由に、ペラペラに [jiyu-uni, peraperani]
Flug, der - フライト、飛行 [furaito, hikou]
Flughafen, der - 飛行場 [hikoujou]
Flugzeug, das - 飛行機 [hikouki]
Flur, der - 廊下 [rouka]
Fluss, der - 川 [kawa]
Formel, die - 数式 [suushiki]
Foto, das - 写真 [shashin]
fotografieren - 写真を撮る [shashin wo toru]

Fragebogen, der - 質問事項、質問事項表 [shitsumonjikou, shitsumonji-kousho]
fragen - 聞く、尋ねる [kiku, tazuneru]
Frank - フランク [furanku]
Französisch - フランス語 [furansugo]
Frau, die - 女性 [josei]
frei - 自由、タダ [jiyuu, tada]
Freitag, der - 金曜日 [kinyoubi]
Freund, der /die Freundin - 友達 [to-modachi]
Frieden, der; die Welt - 平和;世界 [heiwa, sekai]
früher - ～の前、より早く [～no mae, yorihayaku]
Frühstück, das - 朝食 [choushoku]
frühstücken, Frühstück essen - 朝食を食べる [choushoku wo taberu]
fühlen - 感じる、調子 [kanjiru, choushi]
führen, leiten - 案内する、運転する [annaisuru, untensuru]
Führerschein - 運転免許 [untenmen-kyo]
fünf - 5、五 [go, go]
fünfzehn - 15、十五 [juugo, juugo]
funktionieren - 行動する、～する [koudousuru, ～suru]
für - ～のため、～にとって [～notame, ～nitotte]
Fußball, der - サッカー [sakka-]
Fußballspieler, der - サッカー選手 [sakka-senshu]
Fußboden, der; die Etage - 床 [yuka]
Gabel, die - フォーク [fo-ku]
ganze - 全体、すべて [zentai, subete]
Garage, die - ガレージ、車庫 [gare-ji, shako]
Garten, der - 庭 [niwa]
Gas, das - ガス [gasu]
Gast, der - ゲスト [gesuto]
geben - あげる、渡す [ageru, watasu]
geboren sein - 産まれる [umareru]
geeignet, passend - 適切な、適した [tekisetsuna, tekishita]
gefallen - 好き、好む [suki, konomu]
gegenüber - ～の向かいに [～no mukaini]
gehen - 頭、行く、散歩をする、歩く [atama, iku, sanpo wo suru, aruku]
gehen, wegfahren - 行く /乗って行く [iku/notteiku]
gelb - 黄色 [kiiro]
Geld, das - お金 [okane]
Geldtasche, die; das Portmonee - 財布 [saifu]
gelingen - 成功する、無事にすむ [Seikousuru, bujinisumu]
Gemüse, das - 野菜 [yasai]
gemütlich - ぬくもりのある、心地の良い [nukumorinoaru, kokochinoyoi]
genug sein - 間に合う、～が十分 [maniau, ～ga juubun]
Geographie, die; die Erdkunde - 地理学 [chirigaku]
Gepäck, das - 荷物 [nimotsu]
geradeaus - 真っすぐ [massugu]
geräumig - 広い [hiroi]
Geschäft, das; der Laden - 店 [mise]
Geschichte, die - 歴史 [rekishi]
Geschirr, das - 食器 [shokki]
gesellig - 社交的な [shakoutekina]
Getränk, das - 飲む [nomu]
gießen, schütten - 注ぐ [sosogu]
Glas, das - ガラス [garasu]
grau - グレー [gure-]
greifen - 届く、つかむ [todoku, tsukamu]
Griff, der - ハンドル [handoru]

groß - 大きい [ookii]
Großbritannien - 英国 [eikoku]
grün - 緑 [midori]
Grünfläche, die - 木々、草木 [kigi, kusaki]
Gummi, der - ゴム [gomu]
Gurke, die - きゅうり [kyuuri]
gut - 良い、上手い [yoi, umai]
haben - 持つ、所有する、飼う [motsu, shoyuusuru, kau]
Hälfte, die - 半分 [hanbun]
Hallo - こんにちは [konnichiha] / [konnichiwa]
Haltestelle, die - 止まる [tomaru]
Hamburger, der - ハンバーガー [han-ba-ga-]
Hand, die - 取っ手 [totte]
Handarbeit, die - 肉体労働 [nikutairoudou]
Handtuch, das - タオル [taoru]
hängen - かける、かかる、つるさがる [kakeru, kakaru, tsurusagaru]
Haus, das - 家、家庭 [ie, katei]
Heft, das - ノートブック [notobukku]
heiß - 暑い [atsui], 熱い [atsui]
helfen - 助ける、手伝う [tasukeru, tetsudau]
hell - 明るい [akarui]
herangehen, sich nähern - 近づく [chikazuku]
Herd, der - ストーブ [suto-bu]
herrlich - 素晴らしい [subarashii]
heute - 今日 [kyou]
hier(her) - ここ(方向) [koko(houkou)]
hinbringen - 持ってくる、運ぶ [mottekuru, hakobu]
hinter - ～の後ろ、～のため [～no ushiro, ～no tame]
hoch - 高い [takai]
Holz - 木製の [mokuseino]
Honig, der - ハチミツ [hachimitsu]
hören - ～を聞く [～wo kiku]
Hörsaal, der - 講義室、教室 [kougishitsu, kyoushitsu]
Hotel, das - ホテル [hoteru]
Hühnchen, das - にわとり、チキン [niwatori, chikin]
Hühner, die - チキン [chikin]
Hund, der - 犬 [inu]
ich - 私 [watashi]
ihn, sein - 彼に、彼を、彼の [kareni, karewo, kareno]
immer - いつも [itsumo]
Immobilie, die; das Grundbesitz - 不動産 [fudousan]
in - ～にある、～の中 [～ni aru, ～no naka]; 中、中に [naka, nakani]
in der Mitte - 真ん中、～の途中 [mannaka, ～notochuu]
innen, drinnen - 中 [naka]
interessant - 面白い、興味深い [omoshiroi, kyoumibukai]
irgendwann - 時々、いつか [tokidoki, itsuka]
irgendwelcher - いくつか、いくらか [ikutsuka, ikuraka]
Italien - イタリア [itaria]
Italiener, der - イタリア人 [itariajin]
ja - はい [hai]
Jahr, das - 年 [toshi]
Jahre - 何年も [nannenmo]
jeder - 全ての [subeteno]
jemand - 誰か [dareka]
jene(r /s) - あれ [are]
jetzt - 今 [ima]
Kaffee, der - コーヒー [ko-hi-]
Kaffeemaschine, die - コーヒーメーカー [ko-hi-me-ka-]
kalt, kühl - 寒い [samui]
Kamin, der - だんろ [danro]

Karotte, die - ニンジン [ninjin]
Käse, der - チーズ [chi-zu]
Kasse, die - 会計、レジ [kaikei, reji]
Kasserolle, die; der (Koch)topf - ソースパン [so-supan]
kassieren - スキャン [sukyan]
Kassierer, der - 会計係 [kaikeigakari]
Katze, die - ねこ [neko]
kaufen - 買う [kau]
Keks, der; das Törtchen - クッキー [kukki-]
Kellner, der - ウェイター [ueita-]
kennen - 知る [shiru]
kennenlernen - 知り合いになる、習得する、習う [shiriaininaru, shuutokusuru, narau]
Kind, das - 子供 [kodomo]
Kinderkrippe - 育児室 [takujishitsu]
Kino, das - 映画館 [eigakan]
Kiosk, der - キオスク [kiosuku]
Kissen, das - まくら [makura]
Kleidung, die - 洋服、ローブ [youfuku, ro-bu]
klein - 小さい [chiisai]
Klingel, die - ベル、リング [beru, ringu]
Klinik, die - クリニック [kurinikku]
klopfen - ノック [nokku]
Klub, der - クラブ [kurabu]
kochen - ゆでる、いれる [yuderu, ireru]
kochen, sieden - ふっとうする [futtousuru]
Kohl, der - キャベツ [kyabetsu]
Komödie, die - コメディー [komedi-]
können - できる、することができる [dekiru, surukotoga dekiru]
Korb, der - バスケット [basuketto]
kosten - ～がかかる、値段 [～ga kakaru, nedan]
krank sein - 病気である [byoukidearu]
krank werden, erkranken - 病気になる [byoukininaru]
Kreide, die - チョーク [cho-ku]
Kronleuchter, der - シャンデリア [shanderia]
Küche, die - キッチン [kicchin]
kühl - 冷たい、寒い [tsumetai, samui]
Kühlschrank, der - 冷蔵庫 [reizouko]
Kunststoff, der - プラスチック [purasuchikku]
lachen - 笑う [warau]
Lachs, der - サーモン [sa-mon]
Lampe, die - ランプ [ranpu]
Land, das - 国 [kuni]
Landkarte, die - 地図、マップ [chizu, mappu]
lange - 長い、長い間 [nagai, nagaiaida]
Laptop, der - ラップトップ [rapputoppu]
laufen - 走る [hashiru]
Läufer, der; der Bettvorleger - 小さいラグ、マット [chiisairagu, matto]
laut - うるさい、うるさく [urusai, urusaku]
leben - 住む [sumu]
Leben, das - 人生 [jinsei]
Lebensmittel, die - 製品、食品 [seihin, shokuhin]
Lebensmittelgeschäft, das - 食料品店 [shokuryouhinten]
lecker - おいしい [oishii]
Leder, das - 革 [kawa]
leer - 空 [kara]
legen - 置く [oku]
Lehrbuch, das - 教科書、テキスト [kyoukasho, tekisuto]
lehren, beibringen - 教える [oshieru]

Lehrer, der - 先生、インストラクター [sensei, insutorakuta-]
Leiter, der; der Chef - 経営者、社長 [keieisha, shachou]
lernen - 勉強する、学ぶ [benkyo-usuru, manabu]
lesen - 読む [yomu]
letztens, kürzlich - そう遠くない昔、最近 [soutookunaimukashi, saikin]
leuchten, scheinen - 輝く [kagayaku]
Leute, die - 人々 [hitobito]
Licht, das - 明かり、電気 [akari, denki]
Licht, das; leicht - 光 [hikari]
Liebe, die; lieben - 愛、愛する、好き [ai, aisuru, suki]
liegen - 横になっている [yokoninatt-eiru]
Lineal, das - 定規 [jougi]
links - 左に [hidarini]
Liter, der - リットル [rittoru]
Löffel, der - スプーン [supu-n]
lustig - 面白い [omoshiroi]
machen - する、運び出す、作る [suru, hakobidasu, tsukuru]
machen, schaffen - 終わらせる [owa-raseru]
Mädchen, das - 女の子、（女性） [onnanoko, josei]
mal(einmal, zweimal etc.) -(数）回 [(suu)kai]
manchmal - 時々 [tokidoki]
Mann, der - 男性 [dansei]
männlich - 男性 [dansei]
Maschine, die - 機械 [kikai]
Mechaniker, der - メカニック [meka-nikku]
mehr, noch - もっと、よりおおくの、まだ [motto, yoriookuno, mada]
mein - 私の(私の物) [watashi-no(watashinomono)]
Messer, das - ナイフ [naifu]
metallen, Metall - 金属 [kinzoku]
Mikrowelle, die - 電子レンジ [denshi-renji]
Milch, die - 乳、牛乳 [nyuu, gyu-unyuu]
Minibus, der - ミニバス [minibasu]
Minute, die - 分 [fun]
mit - ～と一緒に [～to isshoni]
Mittagsessen, das - 昼食 [chuushoku]
Mixer, der - ミキサー [mikisa-]
Möbel, die - 家具 [kagu]
möglich - 可能な、できる [kanouna, dekiru]
Monat, der - 月 [tsuki]
morgen - 明日 [ashita]
Morgen, der - 朝 [asa]
Motorrad, das - バイク、オートバイ [baiku, o-tobai]
müde werden - 疲れる [tsukareru]
Müll, der; der Abfall - ゴミ、生ごみ [gomi, namagomi]
Museum, das - 美術館 [bijutsukan]
Mutter, die; Mama - ママ [mama]
nach - ～の後 [～no ato]
nach Hause - 家へ帰る道 [ie he kaer-umichi]
Nachbar, der - 近所 [kinjo]
nächster - 次の、次 [tsugino, tsugi]
nah, in der Nähe - ～の近く、～のそば [～no chikaku, no soba]
Name, der - 名前 [namae]
national - 国民 [kokumin]
Nationalität, die - 国籍 [kokuseki]
natürlich - もちろん [mochiron]
Neapel - ナポリ [napori]
neben - の隣に、近く [no tonarini, chikaku]

nehmen - (シャワーを)浴びる、(薬を)飲む、取る [(shawa- wo) abiru,(kusuri wo) nomu, toru]
nein; es gibt kein(e /en) - いいえ;～は(が)ない [iie, ～ha(ga) nai]
nennen, rufen - 名前で呼ぶ、名前をつける [namaede yobu, namae wo tsukeru]
neu - 新しい [atarashii]
neun - 9、九 [kyuu, kyuu]
neunzehn - 19、十九 [juukyuu, juukyuu]
nicht - ～でない [～denai]
nicht groß - 大きくない、高くない [ookikunai, takakunai]
nicht neu - 新しくない [atarashikunai]
nicht teuer, preisgünstig - 安い [yasui]
nicht weit - そう遠くない [soutookunai]
nie(mals) - 絶対～しない [zettai～shinai]
Niederländer, der - オランダ人 [orandajinno]
niederländisch - オランダの [orandano]
normalerweise - 普段、いつも [fudan, itsumo]
notieren - 書きとめる [kakitomeru]
nötig, notwendig - 必要 [hitsuyou]
Nudeln, die - パスタ、マカロニ [pasuta, makaroni]
Nummer, die - 数字、番号 [suuji, bangou]
nur - ～だけ、ただ [～dake, tada]
ob - ～かどうか、もし [～kadouka, moshi]
obere - 上に [ueni]
Oberleitungsbus, der; der Obus - トロリーバス [torori-basu]
Obst, das - 果物 [kajitsu]
oder - または [mataha]
öffnen, aufmachen - 開ける [akeru], 開く [hiraku]
oft - よく [yoku]
ohne - を除いて [wo nozoite]
Oma, die; die alte Frau - 祖母、年を取った女性 [sofu, toshi wo totta josei]
Opa, der; der alte Mann - 祖父、年を取った男性 [sofu, toshi wo totta dansei]
Orange, die - オレンジ [orenji]
Ort, der; der Platz - 場所 [basho]
Ozean, der - 海 [umi]
Paar, das - ペア [pea]
Päckchen, das - パッケージ [pakke-ji]
Paket, das - 袋 [fukuro]
Papa, der - パパ [papa]
Papier, das - 紙 [kami]
Park, der - 公園 [kouen]
Parzelle, die - エリア、地域 [eria, chi-iki]
Pass, der - パスポート [pasupo-to]
Pause, die - 壊す [kowasu]
Periode, die - 期間 [kikan]
Person, die; der Mensch - 人 [hito]
persönlich - 個人の [kojinno]
Pfirsich, der - もも [momo]
Physik, die - 物理学 [butsurigaku]
Pilz, der - マッシュルーム、きのこ [masshuru-mu, kinoko]
Pizza, die - ピザ [piza]
Platz, der - 町の広場 [machinohiroba]
Polizei, die - 警察 [keisatsu]
Polizist, der - 警察官 [keisatsukan]
Polyethylen, das Plastik, der Kunststoff - ポリエチレン、プラスチック [poriechiren, purasuchikku]
Postamt, das - 郵便局 [yuubinkyoku]

Preis, der; die Kosten(pl.) - 価値、価格、値段 [kachi, kakaku, nedan]
professionell - 専門家、プロフェッショナル [senmonka, purofesshonaru]
Prüfung, die - テスト [tesuto]
purpurrot - 紫 [murasaki]
Rechnung, die - 請求書、レシート、料金 [seikyuusho, reshi-to, ryoukin]
Rechte, die - 権利 [kenri]
rechts - 右に [migini]
(Rechts)anwalt, der - 弁護士 [bengoshi]
reden, sich unterhalten - 話す [hanasu]
Regal, das - 棚、シェルフ [tana, sherufu]
Regel, die - ルール [ru-ru]
Regen, der - 雨 [ame]
reinigen, sauber machen - きれい [kirei]
Reis, der - お米 [okome]
reisen - 旅行 [ryokou]
Renovierung, die - 修復、修理 [shuufuku, shuuri]
Restaurant, das - レストラン [resutoran]
Richtung, die - 方向 [houkou]
roh - 生 [nama]
Rose, die - バラ [bara]
rot - 赤 [aka]
rufen - 電話する [denwasuru]
ruhig - 落ち着いて [ochitsuite]
rund - 丸い [marui]
Rundfunk, der; das Radio - ラジオ [rajio]
Saal, der; die Halle - 廊下、通路 [rouka, tsuuro]
Saft, der - ジュース [ju-su]
sagen - 話す、言う、教える [hanasu, iu, oshieru]
Sahne, die - サワークリーム [sawakuri-mu]
Sammlung, die - コレクション [korekushon]
Samstag, der - 土曜日 [doyoubi]
Sarah - サラ [sara]
sauber - きれい、きれいにする [kirei, kireinisuru]
Schachtel, die; die Kiste - 箱 [hako]
Schalter, der - スイッチ [suicchi]
Schiff, das - 船 [fune]
schlafen - 寝る [neru]
Schlange, die - 列 [retsu]
Schlüssel, der - キー、鍵 [ki-, kagi]
schmutzig - 汚い [kitanai]
schneiden - 切る [kiru]
schnell - 急いで [isoide]
schön - かわいい、美しい [kawaii, utsukushii]
schon - すでに [sudeni]
Schrank, der; das Regal - カップボード、たんす、本棚 [kappubo-do, tansu]
schrecklich, fürchterlich - 怖い [kowai]
schreiben - 書く [kaku]
Schriftstellerin, die /der Schriftsteller - ライター、作家、記者 [raita-, sakka, kisha]
Schublade, die - たんす、箱 [tansu, hako]
Schule, die - 学校 [gakkou]
Schüler, der - 生徒 [seito]
schwarz - 黒 [kuro]
schweigend - 無言で、静かに [mugonde, shizukani]
Schwester, die - 姉妹 [shimai]
schwimmen - 泳ぐ [oyogu]
sechs - 6、六 [roku, roku]
See, der - 湖 [mizuumi]

See, die; das Meer - 海 [umi]
sehen - 見る [miru]
sehr - とても [totemo]
Seife, die - 石鹸 [sekken]
sein - ～である [～de aru]
Seite, die - ページ [pe-ji]
Selbstbedienungswäscherei, die - コインランドリー [koinrandori-]
Serviette, die - ナプキン [napukin]
Sessel, der - アームチェア [a-muchea]
Shakespeare - シェイクスピア [shei-kusupia]
sich ankleiden - 着替える [kigaeru]
sich ausruhen, sich erholen - 休む、リラックス [yasumu, rirakkusu]
sich befinden - ～に位置する, ～にある [～ni ichisuru, ～niaru]
sich bemühen - 一生懸命働く [iss-houkenmei hataraku]
sich bewegen - 動く、引っ越す [ugoku, hikkosu]
sich einrichten - 収まる [osamaru]
sich setzen - 座る [suwaru]
sich verabreden - 手配する、予約する [tehaisuru, yoyakusuru]
sich verabschieden - さよならを言う [sayonara wo iu]
sich versammeln, sammeln - 集める、収集する [atsumeru, shuushuusuru]
sich vorbereiten - 準備する [jun-bisuru]
sich waschen - 自分の体を洗う [jibunno karada wo arau]
sie(Pl.) - 彼ら(複数) [karera(fukusuu)]
sieben - 7、七 [nana, nana]
sitzen - 座る [suwaru]
so - このように、なので [konoyouni, nanode]
so dass - ～するため [～surutame]
Sofa, das - ソファー、カウチ [sofa-, kauchi]
sofort, auf der Stelle - すぐに [suguni]
sollen - しなければならない、せざるをえない [shinakerebanaranai, seza-ruwoenai]
Sonne, die - 太陽 [taiyou]
Sonntag, der - 日曜日 [nichiyoubi]
sorgfältig - 気を付ける、注意する [ki wo tsukeru, chuuisuru]
Spanier, der - スペイン人 [supeinjin]
spazieren gehen - 散歩をする [sanpo wo suru]
Speise, die; das Gericht - 皿 [sara]
Speisezimmer, das - ダイニングルーム [dainínguru-mu]
Spiegel, der - 鏡 [kagami]
Spiel, das - ゲーム [ge-mu]
spielen - 遊ぶ [asobu]
Sprache, die/die Zunge - 言語 /言葉 [gengo/kotoba]
sprechen, plaudern - 話す、喋る [ha-nasu, shaberu]
Springbrunnen, der; die Fontäne - 噴水 [funsui]
Stadt, die - 町 [machi]
Stand, der - ラック、スタンド [rakku, sutando]
Stand, der; der Status - ステータス [sute-tasu]
Station, die; der Bahnhof - 駅 [eki]
Stau, der - 渋滞 [juutai]
stehen - スタンド、立つ [sutando, tatsu]
stehlen - 盗む [nusumu]
steigen - 上に行く、昇る、上がる [ueni iku, noboru, agaru]
stellen, legen - (垂直に)立てる [(suichokuni)tateru]
still - 静か [shizuka]

still, leise - 静かに [shizukani]
Strand, der - ビーチ、砂浜、(川辺の)浜 [bi-chi,(kawabeno)hama]
Straße, die - 道、道路 [michi, douro]
Stück, das - 一片 [ippen]
Student, der - 大学の生徒、大学生 [daigakuno seito, daigakusei]
Stufe, die - ステップ [suteppu]
Stuhl, der - 椅子 [isu]
Stunde, die - 時間 [jikan]
suchen - 探す [sagasu]
Supermarkt, der - スーパー [su-pa-]
Suppe, die - スープ [su-pu]
süß - 甘い [amai]
Tag, der - 日 [hi]
Tasche, die - ハンドバック、バック [handobakku, bakku]
Tasse, die - コップ [koppu]
Taxi, das - タクシー [takushi-]
Technologie, die - テクノロジー [te-kunoroji-]
Tee, der - 紅茶 [koucha]
Teekessel, der - ティーポット [ti-potto]
Teilzeit - パートタイム、非常勤 [pa-totaimu, hijoukin]
Teilzeitarbeit, die - パートタイムの仕事、アルバイト [pa-totaimuno shigoto, arubaito]
Telefon, das - 電話、電話する [denwa, denwasuru]
Teller, der - 皿、プレート [sara, pure-to]
Teppich, der - カーペット [ka-petto]
teuer - 高い [takai]
Theater, das - 劇場 [gekijou]
Tier, das - 動物 [doubutsu]
Tisch, der - テーブル [te-buru]
Tischlein, das - 小さなテーブル、コーヒーテーブル [chiisanate-buru, ko-hi-te-buru]
Tischtuch, das - テーブルクロス [te-burukurosu]
Toaster, der - トースター [to-suta-]
Toilette, die - トイレ、バスルーム [toire, basuru-mu]
Tomate, die - トマト [tomato]
Tourist, der - ツアー客 [tsua-kyaku]
tragen - 運ぶ、抱える [hakobu, ka-kaeru]
Transport, der; der Verkehr - ～へ運送する [～he unsousuru]
Transportarbeiter, der; der Packer - 荷物を積み込む人、港湾労働者 [ni-motsu wo tsumikomuhito, kouwan-roudousha]
Traube(n), die - ぶどう [budou]
treffen - 会う [au]
Treppenhaus, das - 階段 [kaidan]
treten, trampeln - 踏みつける [fu-mitsukeru]
trinken - 飲む [nomu]
Trockner, der; der Fön(für die Haare) - ドライヤー [doraiya-]
Tulpe, die - チューリップ [chu-rippu]
Tunnel, der - トンネル [tonneru]
Tür, die - ドア [doa]
U-Bahn, die - メトロ、地下鉄 [metoro, chikatetsu]
über - の上、に沿って、やく [no ue, ni sotte, yaku]
Ufer, das - 岸 [kishi]
umziehen - 引っ越す(住所を変える) [hikkosu(juusho wo kaeru)]
und - そして [soshite]
ungefähr - おおよそ [ooyoso]
Universität, die - 大学 [daigaku]
uns - 私たち [watashitachi]

unser - 私たちの [watashitachino]
unter - の間に、～の下 [no aidani, ～no shita]
Unterkunft, die; die Wohnung - 宿泊施設、アパート [shukuhakushisetsu, apa-to]
Unterricht, das; der Unterricht, die Kurse, die Fächer - 授業、クラス [jugyou, kurasu]
Urlaub, der; die Ferien - 休暇 [kyuuka]
Vase, die - かびん [kabin]
Vater, der - お父さん [otousan]
verbringen (Zeit) - (時間を)消費する [(jikan wo) rouhisuru]
verdienen - 稼ぐ [kasegu]
vergehen - パス [pasu]
verheiratet - 結婚している [kekkonshiteiru]
verkaufen - 売る [uru]
verkauft werden - 売られる [urareru]
verschieden - 違う、様々な [chigau, samazamana]
Versicherung, die - 保険 [hoken]
versprechen - 約束 [yakusoku]
Vertreter, der; der Agent - エージェント [e-jento]
viele - 沢山、とても [takusan, totemo]
vielleicht - かもしれない [kamoshirenai]
vier - 4、四 [yon, yon]
vierter - 4 番 [yonban]
vierzig - 40、四十 [yonjuu, yonjuu]
Vogel, der - 鳥 [tori]
voll - いっぱい [ippai]
vom Anfang an - 始めから [hajimekara]
vorbei, neben - を通り過ぎる、近く [wo toorisugiru, chikaku]
Vorort, der; die Vorstadt - 郊外 [kougai]
Vorschlag, der - 提案 [teian]
vorschlagen - 提案する [teiansuru]
Waage, die - はかり [hakari]
wachsen - 育つ、大きくなる [sodatsu, ookikunaru]
Wagen, der - カート、荷車 [ka-to, niguruma]
wählen - 選ぶ [erabu]
wahrscheinlich - おそらく [osoraku]
Wand, die - 壁 [kabe]
wann, als - いつ [itsu]
warm - 暖かい [atatakai]
warten - 待つ [motsu]
warum - なぜ、どうして [naze, doushite]
was - 何 [nani]
Waschbecken, das - 洗面台 [senmendai]
Wäsche, die; die Unterwäsche - 洗濯物、下着、リネン [sentakumono, shitagi, rinen]
waschen - 洗う、きれいにする、洗濯する [arau, kireinisuru, sentakusuru]
Waschen, das - 洗濯、洗う [sentaku, arau], 洗濯機、～洗機、洗っている [sentakuki, ～senki, aratteiru]
Wasser, das - 水 [mizu]
Wasserhahn, der - 蛇口、栓 [jaguchi, sen]
Weg, der - 道路、道、行き方 [douro, michi, ikikata]
wegnehmen - 拾う、ピックアップする、持ち去る [hirou, pikkuappusuru, mochisaru]
weich - 柔らかい [yawarakai]
weil - なぜなら [nazenara]
weinen - 泣く [naku]
weiß - 白 [shiro]

weit - 遠く、長い距離の [tooku, nagaikyorino]
weiter - さらに遠く [saranitooku]
weitermachen - 続く [tsuzuku]
welche(r /s), was für ein(e) - どれ、何 [dore, nani]
wenig - 少し、いくつか [sukoshi, ikutsuka]
wer - 誰 [dare]
Werbung, die - コマーシャル、広告 [koma-sharu, koukoku]
werden - ～になる [～ninaru]
wessen - 誰の [dareno]
Wetter, der - 天気 [tenki]
wie - どうやって [douyatte]
wie viele Jahre - 何年 [nannen]
wiegen - 測る [hakaru]
wieviel - どれくらい、いくら [dore-kurai, ikura]
wir - 私たち [watashitachi]
Wirt, der - オーナー [o-na-]
wo - どこ [doko]
Woche, die - 一週間 [ichishuukan]
woher - ～から、どこから [～kara, dokokara]
wohin - どこへ [dokohe]
Wohnung, die - アパート [apa-to]
Wohnzimmer, das - リビングルーム [ribinguru-mu]
wollen - 欲しい [hoshii]
wünschen - 願い、したがる [negai, shitagaru]
Wurst, die - ばかげたこと、キィエルバサ、ソーセージ [bakagetakoto, kiierubasa, so-se-ji]
Zahn, der; die Zähne - 歯 [ha]
Zahnarzt, der - 歯医者 [haisha]
zehn - 10、十 [juu, juu]
zeigen - 見せる [miseru]
Zeit, die - 時間 [jikan]
Zeitschrift, die - 雑誌 [zasshi]
Zeitung, die - 新聞 [shinbunshi]
zentral - 中央 [chuuou]
Zentrum, das - 中央 [chuuou]
Zimmer, das - 部屋 [heya]
Zitrone, die - レモン [remon]
zu Fuß - 歩いて [aruite]
zu Hause - 家で [iede]
zu Mittag essen - 昼食を食べる [choushoku wo taberu]
zu, nach - ～へ [～he]
zubereiten - 用意する、料理する [y-ouisuru, ryourisuru]
Zucker, der - 砂糖 [satou]
Zug, der - 列車 [ressha]
zurück - 戻る、背中 [modoru, senaka]
zurückgeben - 戻る [modoru]
zurückgeben, abgeben - 提出する、戻す [teishutsusuru, modosu]
zurückkehren - 戻る [modoru]
zusammen, gemeinsam - 一緒に [iss-honi]
Zusammenfassung, die; das Resümee - 一覧、概要 [ichiran, gaiyou]
zustimmen - 賛成する [sanseisuru]
zwanzig - 20、二十 [nijuu, nijuu]
zwei - 2、二 [ni, ni]
zweiter - 2 番 [niban]
zwischen - の間 [no aida]
zwölf - 12、十二 [juuni, juuni]
zwölfter - 12 番目 [juunibanme]

Buchtipps

Das Erste Japanische Lesebuch für Anfänger
Stufen A1 A2
Zweisprachig mit Japanisch-deutscher Übersetzung

Das Buch enthält einen Kurs für Anfänger und fortgeschrittene Anfänger, wobei die Texte auf Deutsch und auf Japanisch nebeneinanderstehen. Die Motivation des Schülers wird durch lustige Alltagsgeschichten über das Kennenlernen neuer Freunde, Studieren, die Arbeitssuche, das Arbeiten etc. aufrechterhalten. Die dabei verwendete Methode basiert auf der natürlichen menschlichen Gabe, sich Wörter zu merken, die immer wieder und systematisch im Text auftauchen. Sätze werden stets aus den in den vorherigen Kapiteln erklärten Wörtern gebildet. Das zweite und die folgenden Kapitel des Anfängerkurses haben nur jeweils etwa dreißig neue Wörter. Die Audiodateien sind auf www.lppbooks.com/Buch/Japanisch-Band1/ inklusive erhältlich.

Kaufoptionen

Erste Japanische Fragen und Antworten für Anfänger
Stufen A1 A2 Zweisprachig mit Japanisch-deutscher Übersetzung

Das Buch enthält einen Kurs für Anfänger und fortgeschrittene Anfänger, wobei die Texte auf Deutsch und auf Japanisch nebeneinanderstehen. Die Lektionen sind in zwei Blöcke unterteilt: zweisprachige Texte und Verständnisfragen zu den Gesprächsinhalten. Das Buch enthält einige einfache Beispiele für Fragen und Antworten im Japanischen. Die dabei verwendete Methode basiert auf der natürlichen menschlichen Gabe, sich Wörter zu merken, die immer wieder und systematisch im Text auftauchen. Sätze werden stets aus den in den vorherigen Kapiteln erklärten Wörtern gebildet. Die Audiodateien sind auf www.lppbooks.com/Buch/Japanisch-Band5/ inklusive erhältlich.

Kaufoptionen

Das Erste Japanische Lesebuch für Kaufmännische Berufe und Wirtschaft
Stufen A1 A2
Zweisprachig mit Japanisch-deutscher Übersetzung

In jedem Kapitel wird eine Anzahl an Vokabeln vermittelt, die anschließend direkt in kurzen, einprägsamen Sätzen und Texten veranschaulicht werden. Dabei handelt es sich durchgehend um alltagstaugliches Material für Berufssituationen wie Telefonate, Besprechungen, Geschäftsreisen und Geschäftskorrespondenz. Die Übungen bauen logisch aufeinander auf, sodass die Texte allmählich komplexer werden. Die Audiodateien sind auf www.lppbooks.com/Buch/Japanisch-Band12/ inklusive erhältlich.

Kaufoptionen

Das Erste Japanische Lesebuch für Studenten

Zweisprachig mit Japanisch-deutscher Übersetzung Stufe A1 und A2

Die Dialoge sind praxisnah und alltagstauglich. Die dabei verwendete Methode basiert auf der natürlichen menschlichen Gabe, sich Wörter zu merken, die immer wieder und systematisch im Text auftauchen. In jedem Kapitel wird eine Anzahl an Vokabeln vermittelt, die anschließend direkt in kurzen, einprägsamen Texten und Dialogen veranschaulicht werden. Die Audiodateien sind auf www.lppbooks.com/Buch/Japanisch-Band10/ inklusive erhältlich.

Kaufoptionen

Japanische Vokabelkarten
Kana 110 Karten
Hiragana / Katakana
Romaji / Übersetzung
Beispiele von Kanji

Homepage

Kaufoptionen

Japanische Vokabelkarten Kana

110 Karten (85 x 54 mm) mit Hiragana und Katakana und mit Beispielwörter. Mit Smartphone QR-Codes scannen und Audiodateien aufrufen, damit Sie Ihre japanische Aussprache verbessern können. Eine Kartenseite enthält ein Kana-Zeichen von Hiragana und Katakana und Strichreihenfolge. Die andere Kartenseite enthält Romaji und Übersetzung. Gelegentlich wird zusätzlich Beispiel in Kanji angegeben. Die kompakte Kartengröße erlaubt es, die Lernkarten in einer Hand zu halten.

Japanische Vokabelkarten Set 1

Diese Vokabelkarten beschreiben viele Gegenstände, die uns zu Hause umgeben. Da das Lernen im Kontext interessanter ist, wird jedes Nomen durch eine Beschreibung ergänzt, wie z. B. groß, klein, aromatisch etc, zum Beispiel: 彼女のデオドラントは香が良い。/ かのじょのでおどらんとわこうがよい。(Ihr Deodorant ist aromatisch). Possessiv- und Demonstrativpronomen wie ihr, mein, dieser erweitern die Möglichkeiten neue Vokabeln zu verwenden. Jede Vokabelkarte enthält Kanji und Kana der Vokabeln und des Beispielsatzes. Scannen Sie QR-Code auf den Vokabelkarten mit Ihrem Smartphone und hören Sie sich entsprechende Audio-dateien an.

Japanische Vokabelkarten
Set 1 100 Karten
Desktop 1-21 Wohnzimmer 22-40
Küche 41-61 Badezimmer 62-81
Schlafzimmer 82-100

Homepage

Kaufoptionen

Kaufoptionen

Das Erste Japanische Lesebuch für Medizinische Fachangestellte

Stufen A1 / A2

Zweisprachig mit Japanisch-deutscher Übersetzung

Die Lektionstexte und Vokabeln behandeln Themen wie Patientengespräche, Diagnostik, die Beschreibung von Symptomen und vieles mehr, was man im Kontakt mit Ärzten und Patienten braucht. Die Lektionen sind in mehrere Blöcke unterteilt: Vokabelliste mit Lautschrift und Übersetzung, kurze Übungsdialoge und Texte (zweisprachig) und meistens im Anschluss einige Verständnisfragen zu den Inhalten. Es ist ein praktisches Lesebuch, das die typische Situationen in Krankenhaus und Arztpraxis behandeln. Die Audiodateien sind online inklusive erhältlich.

Zeitfracht Medien GmbH
Ferdinand-Jühlke-Straße 7
99095 Erfurt, Deutschland
produktsicherheit@kolibri360.de